Astrid Elsbernd
Ansgar Glane

Ich bin doch nicht aus Holz

Wie Patienten verletzende
und schädigende Pflege erleben

**ULLSTEIN
MOSBY**

Astrid Elsbernd
Krankenschwester, Diplom Kauffrau (FH) – Krankenpflegemanagement, Osnabrück

Ansgar Glane
Krankenpfleger, Diplom Kaufmann (FH) – Krankenpflegemanagement, Georgsmarienhütte

Bearbeiter:
Helmut Kurz, OStR, Herborn

Die Deutsche Bibliothek – CIP-Einheitsaufnahme

Elsbernd, Astrid:
Ich bin doch nicht aus Holz : Wie Patienten verletzende
und schädigende Pflege erleben / Astrid Elsbernd ;
Ansgar Glane. - Berlin ; Wiesbaden : Ullstein Mosby, 1996
    Zugl.: Diplomarbeit
    ISBN 3-86126-563-X
NE: Glane, Ansgar:

© Ullstein Mosby GmbH & Co. KG, Berlin/Wiesbaden, 1996

Die Verfasser haben größte Mühe darauf verwandt, daß die Angaben von Medikamenten, ihre Dosierung und Applikationen dem jeweiligen Wissensstand bei der Fertigstellung des Werkes entsprechen. Da jedoch die Medizin als Wissenschaft ständig im Fluß ist, da menschliche Irrtümer und Druckfehler nie völlig auszuschließen sind, übernimmt der Verlag für derartige Angaben keine Gewähr. Jeder Anwender ist daher dringend aufgefordert, alle Angaben in eigener Verantwortung auf ihre Richtigkeit zu überprüfen.

Die Wiedergabe von Gebrauchsnamen, Handelsnamen oder Warenbezeichnungen in diesem Werk berechtigt auch ohne besondere Kennzeichnung nicht zur Annahme, daß solche Namen im Sinne der Warenzeichen-Warenschutz-Gesetzgebung als frei zu betrachten wären und daher von jedermann benutzt werden dürfen.

Lektorat: Jürgen Georg
Titelillustration: Andrea Neumann, Osnabrück
Herstellung: Annette Meeser
Satz: SATZFABRIK 1035, Berlin
Druck und buchbinderische Verarbeitung: Paderborner Druck Centrum

Printed in Germany

ISBN 3-86126-563-X

Geleitwort

Jede Hilfe, die ein Mensch einem anderen zuteil werden läßt, wird durchaus unterschiedlich erfahren von demjenigen, der sie anbietet und dem, der sie annimmt. Diese grundlegende Erkenntnis zwischenmenschlichen Geschehens ist, aus verschiedenen psychosozialen Perspektiven betrachtet, nicht gerade neu, doch scheint sie im Bereich ärztlichen und pflegerischen Handelns noch wenig Beachtung gefunden zu haben. Dies heißt natürlich nicht, daß im (Gesundheitswesen Tätige als individuelle Menschen keine Erfahrungen aufweisen, die diese Erkenntnis bestätigen könnten und daß sie nicht auch oft bewußt darauf in einer angemessenen Weise reagieren. Man kann aber kaum behaupten, daß die Erfahrung des Patienten ein integraler und explizit identifizierter Faktor in der Planung, Durchführung und Evaluation medizinischer und pflegerischer Interventionen auf einer ausreichend breiten Basis ist, um zum gängigen professionellen Repertoire gerechnet zu werden. Auch könnte es gar nicht anders sein. Das wohl noch weitgehend vorherrschende Verständnis in der Medizin postuliert einen „objektiv" zu erfassenden Krankheitszustand und -verlauf, auf die mit empirisch erprobten und zuweilen theoretisch fundierten Mitteln eingewirkt werden kann. In einer schon teilweise erklärbaren, doch noch weiterhin zu untersuchenden und zu deutenden Entwicklung übernahm die Pflege diese Sichtweise. Dies gestattete ebenfalls die den Pfegenden eher näherliegende Betrachtung individueller und subjektiver Erfahrungen als emotional und unwissenschaftlich abzutun. Infolgedessen fanden auch qualitative Vorgehensweisen in der medizinischen Forschung wenig Resonanz, während es der Pflege im deutschsprachigen Raum bis vor wenigen Jahren nicht gelang, pflegerisch bedeutsame Phänomene zu identifizieren und wissenschaftlich zu erkunden.

Dies hat sich geändert. Die Pflege hat nach einer jahrzehntelangen Verzögerung auch Einzug in bundesdeutsche Fachhochschulen und Universitäten gehalten. Studierende in pflegeorientierten Studiengängen können nun Wissen und Kompetenzen erwerben, die ihnen ermöglichen, pflegerische Praxis aus denen dieser Praxis relevanten Perspektiven zu erkunden.

Doch auch Forschen will gelernt sein. Im Verlauf von drei Semestern wird den Studierenden des Diplomstudienganges Krankenpflegemanagement an der Fachhochschule Osnabrück in ihrem Hauptstudium die Möglichkeit geboten, den Forschungsprozeß theoretisch zu erarbeiten und in Gruppenprojekten praktisch umzusetzen. In diesem Zusammenhang gingen Astrid Elsbernd und Ansgar Glane der sensitiven Frage von Aggression und Gewalt in der Praxis der Pflege aus der Sicht der Pflegenden nach. Die in fokussierten Interviews gesammelten Erfahrungen wiesen nicht nur darauf hin, daß Pflegende selten Unterstützung in oft traumatischen Situationen zur Verfügung steht, sondern auch darauf, daß die Problematik tief in alltäglichen Pflegesituationen verwurzelt ist.

Es mangelt an Begrifflichkeiten und einem theoretischen Rahmen, der offensichtlichen Frage nachzugehen, wie wohl die Patienten das Verhalten von Pflegenden, welches diese selbst als aggressiv bewertet haben, wahrnehmen und erfahren. Die vorliegende Arbeit bezeugt, daß sich die Verfasser der Komplexität der Aufgabe, die sie sich für ihre gemeinsame Diplomarbeit gestellt hatten, durchaus bewußt waren. So war es auch eine langdiskutierte, jedoch wohlüberlegte Entscheidung, die sicher für manche Leser provozierend erscheinen mag, überhaupt die Möglichkeit ins Auge zu fassen, daß Patienten pflegerisches Verhalten als verletzend oder gar schädigend erleben könnten.

Die sich in zwölf Interviews und sieben Selbstberichten eröffnende Erlebenswelt von Patienten und Patientinnen wird beunruhigen und geradezu deswegen erschüttern, weil sie von einem so alltäglichen Geschehen bestimmt wird, das jedem im Krankenhaus Tätigen vertraut ist. „Objektiv" betrachtet, so wie dies aus traditioneller medizinischer und pflegerischer Sicht verstanden werden mag, ist in den meisten Fällen kaum etwas Außergewöhnliches passiert. Ein stiller, in sich zurückgezogener Patient; ein anderer, der vernünftigerweise nur notwendigste Anforderungen an das belastete Pflegepersonal stellt; ein ängstlich wirkender Patient, der übermäßig vor ganz geläufigen pflegerischen Aktivitäten zurückscheut und natürlich auch ein schwieriger Patient, der sich beschwert und dem Grenzen gesetzt werden müssen – das ist das menschliche Kaleidoskop, das man wohl überall kennt. Was sich an Besorgnis, Verängstigung, Beleidigung, Zorn und Schmerz hinter diesen so anscheinend leicht einzuordnenden Verhaltensweisen verbirgt und welche Konsequenzen dieses weithin unerkannte Erleben des Patienten für ihn hat, bleibt gemeinhin verborgen. Manch einer mag es auch gern dabei belassen. Doch für viele Pflegende könnte eine Ahnung davon verbunden mit einer kaum selbstverschuldeten Unfähigkeit, dieser menschlichen Realität in einer effektiven Weise zu begegnen, einer der Auslöser für die Entscheidung sein, dem Beruf den Rücken zu kehren oder sich zum reinen Selbstschutz noch mehr von dem Patienten als einem individuellen Menschen zu distanzieren.

Dies ist kein bequemes Buch. Es bietet und verlangt Ehrlichkeit, die Bereitschaft zu einer kritischen Auseinandersetzung mit dem eigenen Tun und Lassen sowie ein professionelles Selbstbewußtsein, das nicht zu verteidigen sucht, was nicht verteidigt werden kann, sondern die eigene Betroffenheit in die Bereitschaft, neue Wege zu gehen, umzusetzen weiß. Man darf sich wünschen, daß vor allem in der Praxis der Pflege tätige Kolleginnen und Kollegen die Gelegenheit wahrnehmen, sich mit diesem Buch auseinanderzusetzen. Ihnen könnte dabei in der inner- und außerbetrieblichen Fort- und Weiterbildung geholfen werden. Für Lehrende und leitende Pflegepersonen, aber insbesonders auch für die in der Organisation der Pflege mitverantwortlichen Ärzte und Krankenhausmanager sollte es eine „Pflichtlektüre" sein (wenn man dies nur anordnen könnte). Studentinnen und Studenten in pflegeorientierten Studiengängen dürfen sich inspirieren lassen und zudem etwas von der Faszination, die das Forschen auch in einem zeitlich begrenzten Rahmen hat, verspüren.

Osnabrück im Januar 1996   **Dr. Ruth Schröck**

Professorin für Krankenpflege
Fachhochschule Osnabrück

Vorwort

In diesem Buch wird ein Forschungsunternehmen, das sich über einen Zeitraum von fast zehn Monaten erstreckte, in seinem gesamten Prozeß beschrieben. Forschungsarbeiten, die sich mit dem Erleben von anderen Menschen und hier mit dem Erleben von Patienten* im Krankenhaus beschäftigen, sind nicht nur im Rahmen einer Diplomarbeit, sondern auch in der Pflegeforschung in Deutschland selten anzutreffen. Daher wurden die umfangreichen Vorüberlegungen und die der Studie vorausgehende Literaturanalyse zu einer wichtigen Basis im Forschungsprozeß und werden ebenso wie die methodische Vorgehensweise der Darstellung der Ergebnisse vorangestellt.

Wir wählten einen qualitativen Forschungsansatz, da wir uns mit den Wahrheiten von anderen Menschen in einer intensiven Form auseinandersetzen wollten. Dies verlangte nicht nur die Mobilisation all unserer Ressourcen, sondern auch die Bereitschaft, in einen gemeinsamen Entdeckungsprozeß einzutreten, der durch Diskussionen und persönliche Reflexion gekennzeichnet war.

Für uns als langjährig in der Pflege Tätige stellte diese Art der Auseinandersetzung mit Patienten und ihrem Erleben eine neue Form des Lernens dar. So durften wir bei der Erarbeitung der Studie Erfahrungen sammeln, die nicht nur unsere persönlichen Einstellungen, sondern auch unser Handeln als Pflegende maßgeblich veränderten. Damit auch der Leser in einen ähnlichen Entdeckungsprozeß eintreten kann, wählten wir bei der Darstellung der Ergebnisse bewußt eine beschreibende Form, die es ermöglicht, das Erleben einzelner Patienten nachzuvollziehen und zu verstehen. Lesern, die einen Einblick in das Erleben von Patienten gewinnen wollen, wird dieser Teil der Studie neben den Vorüberlegungen und der Literaturanalyse als Kernstück des Buches zum Lesen empfohlen.

Unsere Diplomarbeit konnte in dieser Form nur erarbeitet werden, da sich die Patienten, die an der Untersuchung teilnahmen, als Experten unseren Fragen stellten. Durch ihre Offenheit und Bereitschaft, auf Erlebnisse, die teilweise mit tiefgehenden Emotionen behaftet waren, zurückzuschauen, konnten sie uns ihr Erleben beschreiben und damit zugänglich machen. Unser ganz besonderer Dank gilt daher den von uns befragten Patien-

---

* Diese Studie handelt von Patientenerleben. Mit „Patienten" können in der heutigen Sprachregelung sowohl Männer als auch Frauen gemeint sein. Wir bitten die Leserinnen, es uns nachzusehen, wenn wir uns auf die Begriffe „der Patient", „der Interviewpartner", „der Leser", „der Student" und so weiter beschränken und nur dort, wo eindeutig eine Frau gemeint ist, die Begriffe „die Patientin", „die Interviewpartnerin", „die Leserin", „die Studentin" und so weiter verwenden. Wir sahen uns nicht in der Lage, das Sprachproblem völlig zufriedenstellend zu lösen, und zogen eine einfache Sprache einer zwar korrekten, aber teilweise unübersichtlichen vor.

ten, die sich trotz einiger Belastungen an unserer Befragung beteiligten. Darüberhinaus danken wir aber auch all den Menschen, die uns über den langen Zeitraum hinweg persönlich begleiteten und uns all die Unterstützung zuteil werden ließen, die notwendig war, unser Unternehmen zu Ende zu führen.

Hier möchten wir besonders Frau Professor Dr. Ruth Schröck hervorheben, die uns fachlich und persönlich sehr engagiert während der Forschungsarbeit begleitete. Auf ihre Initiative hin konnten wir mit Herrn Jürgen Georg Kontakt aufnehmen, der uns die Veröffentlichung des Buches im Ullstein Mosby Verlag ermöglichte. So danken wir Herrn Georg für sein Interesse und Engagement, Forschungsarbeiten aus dem Bereich Pflege einer breiten Leserschaft zugänglich zu machen.

Inhalt

1. Der Themenfindungsprozeß

In jedem Forschungsvorhaben nimmt der Themenfindungsprozeß im Rahmen der Untersuchung eine zentrale Stellung ein. So dient er nicht nur zur Identifikation des zu beforschenden Problems, sondern bestimmt im weiteren Verlauf die Konzeptualisierung des gesamten Forschungsprozesses. In dieser grundlegenden Phase der Arbeit orientierten wir uns an zwei Fragestellungen, die uns Orientierung im Themenfindungsprozeß geben konnten:

1. Wie läßt sich das zu beforschende Problem identifizieren und begrifflich erfassen?
2. In welchen größeren Zusammenhang läßt es sich einordnen und welche Ziele der Untersuchung können benannt werden?

Anhand dieser Orientierungsfragen möchten wir hier unseren Themenfindungsprozeß beschreiben. Wir weisen an dieser Stelle aber darauf hin, daß nur einige wesentliche Gedanken des keineswegs linear verlaufenden Prozesses aufgezeigt werden können. Die letztendliche Orientierung im Prozeß wurde durch lange und tiefgreifende Gespräche miteinander und mit Freunden erreicht.

1.1   Zur Problemidentifikation

Das Herauskristallisieren des zu beforschenden Problems kann in einem unmittelbaren Zusammenhang mit dem Anlaß des Forschungsvorhabens gesehen werden. Im Rahmen unseres Hauptstudiums „Krankenpflegemanagement" konnten wir mit anderen Studenten zusammen eine explorative Studie zum Thema „Gewalt und Aggression in pflegerischen Situationen" durchführen. In ihr beschäftigte uns das von Pflegenden selbst als aggressiv bewertete Verhalten in alltäglichen pflegerischen Situationen. Wir fanden heraus, daß Pflegende in verschiedenen Situationen in unterschiedlicher Intensität eigenes aggressives Verhalten gegenüber Patienten wahrgenommen haben. Im Zusammenhang mit der Auswertung des Datenmaterials ergaben sich viele Fragen, die unbeantwortet bleiben mußten. Dabei beschäftigte uns eine Frage im besonderen Maße, und dies nicht zuletzt deswegen, weil auch einige unserer damaligen Interviewpartner sie im Verlauf der Gespräche offen formulierten. Diese Frage, die als Ausgangspunkt unserer Untersuchung zu betrachten ist, läßt sich wie folgt formulieren:

„Haben Patienten das von den Pflegenden selbst als aggressiv bewertete Verhalten als solches wahrgenommen bzw. bewertet?"

Für uns nahm diese Frage neben anderen sich ergebenden Fragen einen besonderen Stellenwert ein und forderte unser Forschungsinteresse heraus. In der folgenden Zeit betrachteten wir diese Frage in vielen langen Diskussionen und überlegten, welche weiteren Fragen mit diesem aufgeworfenen Problem in Verbindung stehen könnten. Mit Hilfe eines von uns erstellten Fragenkataloges versuchten wir, die Fragen in eine Ordnung zu bringen, um so herauszufinden, welche möglichen Dimensionen sich hinter dem von uns aufgeworfenen Problem verbergen. Im Anschluß an diese Überlegungen kristallisierten sich folgende Fragestellungen heraus, die eine deutliche Orientierung zur Problemidentifikation bewirkten und aus diesem Grunde hier aufgeführt werden:

1. Welche Verhaltensweisen von Pflegenden erleben Patienten?
2. Wie erleben Patienten sich selbst in pflegerischen Situationen?
3. Gibt es Verhaltensweisen von Pflegenden, die vom Patienten als aggressiv bewertet werden?
4. Gibt es andere Verhaltensweisen von Pflegenden, die Patienten erleben und ablehnen bzw. nicht wünschen, da sie als negativ empfunden werden?

Bei der sich anschließenden Auseinandersetzung mit diesen Orientierungsfragen beschlossen wir, daß wir das Erleben von Patienten näher betrachten und dabei den Blick auf die Erlebnisse richten wollen, in denen Patienten bei sich selbst Gedanken, Gefühle und Reaktionen feststellten, die sie als nicht angenehm bzw. negativ bewerteten und aufgrund dessen sie die zugrundeliegenden Verhaltensweisen von Pflegenden ablehnten. In dieser Phase des Unternehmens bemerkten wir, daß unser Erfahrungshintergrund als langjährig in der Pflege Tätige nicht ausreichend war, auszumachen, um welche Verhaltensweisen es sich unter diesem Blickwinkel handeln könnte. Wir hatten jedoch im Rahmen der explorativen Studie zur Aggression und Gewalt von Pflegenden deutliche Hinweise auf Verhaltensweisen bekommen, von denen wir zunächst einmal annahmen, daß sie von Patienten wahrgenommen wurden und möglicherweise Gefühle und Gedanken auslösten, die von Patienten als nicht angenehm erlebt wurden. Auch die Auseinandersetzung mit den definitorischen Ansätzen zur Aggression, die die negativen Folgen von aggressivem Handeln in den Vordergrund stellen und unter einem aggressiven Handeln ein zielgerichtetes Tätigwerden verstehen, das eine Schädigung eines anderen Menschen zur Folge hat, unterstützte unsere Annahme, daß Patienten Verhaltensweisen von Pflegenden erleben, die bei ihnen seelische, körperliche oder soziale Schädigungen auslösen. Diese negativen Folgen, die mit dem Verhalten von Pflegenden im unmittelbaren Zusammenhang stehen, können von den Patienten möglicherweise auch als solche erlebt und beschrieben werden. So nahmen wir an, daß diese negativen Folgen von Patienten nicht gewünscht werden und daß aufgrund dessen auch die zugrundeliegenden Verhaltensweisen von Pflegenden abgelehnt werden.

In diesem Zusammenhang überlegten wir auch, ob Patienten Verhaltensweisen von Pflegenden erleben, die nicht mit einem aggressiven Verhalten in Verbindung stehen, jedoch im gleichen oder ähnlichen Maße dazu beitragen, daß Patienten negative seelische, körperliche oder soziale Folgen erleben und aus diesem Grunde sich selbst als geschädigt oder verletzt fühlen. An einigen Beispielen aus unserem beruflichen Alltag verdeutlichten wir uns, daß ähnliche negative Folgen beispielsweise durch Unachtsamkeit, Desinteresse oder auch fehlerhafte fachliche Ausübung der pflegerischen Tätigkeit von Patienten erlebt werden könnten.

Ausgehend davon versuchten wir, unsere Forschungsfrage begrifflich zu fassen und Ausdrücke zu finden, die die unterschiedlichen negativen Folgen in ihren Dimensionen beleuchten. So wählten wir die Ausdrücke als schädigend erlebt und als verletzend erlebt, da wir davon ausgingen, daß sie Gedanken zum Thema hervorrufen würden, die in unterschiedliche Richtungen weisen. So könnte der Ausdruck als schädigend erlebt das Augenmerk eher auf körperlich erlebte negative Folgen richten, die auch von außen betrachtet werden können, und der Ausdruck als verletzend erlebt den Blickwinkel eher auf die seelischen und soziale Folgen lenken. Bei dieser Begriffswahl war es uns wichtig, daß die Menschen, die mit unserer Forschungsfrage konfrontiert werden, Assoziationen entwickeln und dabei die Konzentration auf negativ erlebte Folgen richten.

Zum Abschluß dieser Überlegungen wurde das Thema der Untersuchung wie folgt formuliert:

> Über das von Patienten als schädigend und/oder verletzend erlebte
> Verhalten von Pflegenden

1.2   Über den Zusammenhang der Studie und deren Zielsetzung

Unter der von uns gewählten Forschungsfrage wird das Erleben der Patienten in pflegerischen Situationen und die in ihnen erlebten Verhaltensweisen bzw. Haltungen von Pflegenden beforscht. Dabei werden neben der genauen Betrachtung des Erlebens unter dem von uns gewählten Schwerpunkt auch Aussagen über das Erleben der Pflege und den Bedingungen, unter denen sie stattfindet, gewonnen. Die Erfassung und Beschreibung des individuellen Erlebens von Patienten kann unserer Meinung nach wichtige Hinweise auf die Effektivität pflegerischen Handelns sowie Ansätze zur Gestaltung einer effektiveren Pflege von Patienten geben. Im Rahmen dieser Studie werden die Individualität und Einzigartigkeit der Patienten in den Mittelpunkt unserer Betrachtung treten und weniger die Verhaltensweisen von Pflegenden, die zwar dem Erleben der Patienten ursächlich zugrunde liegen, jedoch nicht aus einer objektiven fachlichen Sicht näher analysiert werden.

Abschließend möchten wir hier in der Darstellung des Themenfindungsprozesses die wesentlichen Ziele der Untersuchung benennen:

1. Das Erleben, die Gedanken, Gefühle und die sich daraus ableitenden Verhaltensweisen von Patienten, die pflegerische Leistungen im Krankenhaus erhalten haben, sollen inhaltlich erfaßt und beschrieben werden.
2. Durch das Erfassen und Beschreiben vom Erlebten soll das Verstehen von Patienten in ihrer Einzigartigkeit und Individualität mit ihren spezifischen Problemen gefördert werden.
3. Durch die Schaffung von Transparenz des Erlebens von Patienten sollen Hinweise auf mögliche Defizite in der pflegerischen Betreuung gegeben werden, um auf dieser Grundlage Lösungswege erarbeiten zu können.

2. Vorüberlegungen und Literaturanalyse

Im Anschluß an den Themenfindungsprozeß stand in unserem Forschungsprozeß zunächst das Studium der vielfältigen Literatur im Vordergrund, das zur Spezifizierung und Strukturierung der aufgeworfenen Fragestellungen dienen sollte. Dabei orientierten wir uns an dem Fragenkatalog, den wir im Rahmen des Themenfindungsprozesses erstellt hatten. Es wurde deutlich, daß sich das zu beforschende Problem nur in einem größeren Zusammenhang erleuchten läßt. Im folgenden wird die Erarbeitung wesentlicher Themenschwerpunkte, die uns im Rahmen der Exploration als wichtig erschienen, dargestellt werden. Neben der Auseinandersetzung mit der vielfältigen Literatur konnten wir in dieser Phase der Arbeit außerdem eine kleinere Befragung durchführen, die ebenfalls dazu dienen sollte, den Zugang zum Forschungsthema zu erleichtern. In der sich anschließenden Modelldarstellung konkretisierten wir unsere Vorstellungen und unser Vorwissen zum Untersuchungsgegenstand, um dann den Forschungsplan zu erarbeiten.

2.1 Über die Wahrnehmung und das Erleben

Unser Forschungsinteresse richtete sich schon in einer frühen Phase des Unternehmens auf das Erleben von Patienten. So erschien es uns zunächst einmal sinnvoll, einige Aspekte zur Wahrnehmung und dem Erleben von Menschen zusammenzutragen. Hier sollen nun einige allgemeine Erkenntnisse aus der Wahrnehmungspsychologie hinzugezogen werden, um dann anschließend die Kommunikation und Interaktion, als einen wesentlichen Bestandteil dessen, was Menschen in ihrer Umgebung erleben, näher zu umreißen. Eine Übertragung der verschiedenen Aspekte auf unsere Fragestellung wird in die Teilbereiche eingearbeitet werden, wobei die Interaktion auch auf mögliche Aggressionspotentiale hin betrachtet werden wird.

2.1.1 Der Prozeß der Wahrnehmung und des Erlebens

In der Wahrnehmungspsychologie beschäftigt man sich mit den Fragen, wie Menschen Reize aus der Umwelt aufnehmen und verarbeiten, welche Sinneseindrücke zum bewußten Erleben führen und welchen Stellenwert diese Wahrnehmungen in dem Erleben und Verhalten von Menschen haben. Die Wahrnehmung bildet die Grundlage unserer Erkenntnisse über die Welt, die uns umgibt. Die Grundfrage der Wahrnehmung wurde von Koffka treffend so formuliert: „Wie kommt es, daß Dinge so aussehen, wie sie aussehen?" (in: Flade 1988, 833).

Der Mensch nimmt mit seinen fünf Sinnen, dem Tastsinn, dem Geschmackssinn, dem Gehör, dem Geruchssinn und der Fähigkeit zu sehen, Reize aus der Umwelt auf und verarbeitet sie mittels seines neuro-physiologischen Nervensystems. Unter einem Reiz versteht man zunächst nur die physikalische Energie, die eine Wirkung auf den Organismus ausübt. Dabei fügen sich verschiedene Reize zu Mustern zusammen, die von der wahrnehmenden Person als Signale interpretiert werden und Informationen über die Umwelt geben. Die von den Sinnesorganen aufgenommenen Reize werden vom Menschen geordnet, interpretiert, und als Ergebnis dessen entsteht ein Wahrnehmungseindruck.

Der Mensch ist in der Lage, komplexe Reizbegebenheiten zu erkennen, was ihm letztendlich auch das Überleben in verschiedenen Situationen ermöglicht. Dabei nimmt der Mensch unterschiedliche Bestandteile in einer Situation wahr:

– den Wahrnehmungsgegenstand (Wahrnehmungsobjekt),
– sich selbst als wahrnehmende Person (Wahrnehmungssubjekt) und
– die räumliche Beziehung zwischen dem Gegenstand und sich selbst.

Gleichzeitig bildet der Mensch ein Wahrnehmungsbild, eine innere Abbildung des Wahrnehmungsgegenstandes, auch als innere Repräsentation oder Modell benannt, das als Ergebnis der Wahrnehmung existiert (Schönpflug & Schönpflug 1983, 68).

Und doch ist der Mensch nicht zuletzt aufgrund seiner begrenzten Kapazität bei der Aufnahme und Verarbeitung von Reizen nicht in der Lage, alle Reize in gleicher Intensität wahrzunehmen. In diesem Zusammenhang spricht man im allgemeinen von der selektiven Wahrnehmung und umschreibt damit den Umstand, daß nicht alle Sinneseindrücke bewußt wahrgenommen werden. So beschreibt Juchli, daß sich der Mensch mit Hilfe des selektiven Wahrnehmens ein annehmbares Beobachtungsfeld erschafft und durch das Ausblenden von Wahrnehmungen, die er als unwichtig einstuft, in der Lage ist, sich auf das für ihn Wesentliche zu konzentrieren. Diese Wahrnehmungsfilterung berge jedoch die Gefahr, daß Wichtiges ausgeblendet wird oder Dinge, die der Mensch nicht wahrhaben will, wie beispielsweise Unerwünschtes, Beängstigendes oder auch Tabuisiertes, übersehen werden (Juchli 1991, 114).

Welche Reize nun ein Bestandteil des Wahrnehmungseindruckes werden, hängt von vielen Faktoren ab, die man grob in personelle und situative Faktoren unterteilen kann.

Zu den personellen Faktoren gehören nicht nur die Erfahrungen und Kenntnisse, die ein Mensch im Laufe seines Lebens erworben hat, sondern auch die Interessens- und Motivlage sowie seine physiologische Fähigkeit, Reize überhaupt wahrzunehmen. So unterliegt jeder Mensch bei der Wahrnehmung individuellen Wahrnehmungsschwellen. Dabei markieren die absoluten Schwellen die geringste Stärke eines Reizes, der unter günstigen Bedingungen noch wahrgenommen werden kann, während die Unterschiedsschwellen den Punkt markieren, an dem ein Mensch die Differenz in der Intensität von Reizen noch gerade wahrnehmen kann (Krech & Crutchfield 1992, 28–29). Der Mensch gleicht neue Wahrnehmungen mit dem in seinem Gedächtnis gespeicherten Wissen ab, wobei dieser Vorgang wechselseitig zu betrachten ist, denn einerseits fördert gespeichertes Wissen das Erkennen eines Wahrnehmungsobjektes, und gleichzeitig bereichert der Mensch sein Wissen durch die erlebten Situationen (Schönpflug & Schönpflug 1983, 69). In Anlehnung an Tulving unterscheiden Schönpflug & Schönpflug zwischen dem Episoden- und Bedeutungsgedächtnis. Was in der Wahrnehmung zunächst erfaßt wird, ist eine Episode. Um diese in ihrer Bedeutung zu erkennen, muß der Mensch sie mit seinem Bedeutungsgedächtnis abgleichen und ist dann in der Lage, die Episode zu interpretieren. Ist der Rückgriff auf das Bedeutungsgedächtnis nicht möglich, so muß eine Episode in ihrer Bedeutung neu erschlossen werden. Der Mensch speichert demnach sowohl Bedeutungen wie auch Episoden im Gedächtnis und kann auf beide Bestandteile zurückgreifen. Dabei sind die Episoden, die gespeichert sind, mit einer Bedeutung versehen (Schönpflug & Schönpflug 1983, 70).

Ob ein Sinneseindruck zum bewußten Erleben führt, hängt aber auch im wesentlichen davon ab, ob der Mensch bestimmten Reizen Aufmerksamkeit zumißt. Die Aufmerksamkeit stellt eine nicht beobachtbare Phase im Wahrnehmungsprozeß dar, die den Menschen dazu befähigt, selektiv auf für ihn relevante Merkmale der Umwelt zu reagieren und irrelevante zu ignorieren (Flade 1988, 834). Die Aufmerksamkeit wiederum ist in aller Regel durch die Interessens- und Motivlage des Menschen gekennzeichnet. Über die Motive der Wahrnehmung existieren verschiedene Theorien, die hier nur kurz benannt werden können. Die Theorie von der Existenz eines eigenen Erkenntnismotives geht davon aus, daß jeder Mensch bestrebt ist, sich und seine Umwelt zu erkennen, während die Theorie der optimalen Stimulierung das Motiv des Abwehrens von Langeweile und Eintönigkeit und der daraus resultierenden Aktivität des Menschen, um neue Erfahrungen zu sammeln, in den Vordergrund rückt. Die Handlungstheorie der Wahrnehmung betrachtet die Wahrnehmung als Voraussetzung und Mittel der erfolgreichen Tätigkeit, denn erst in dem Wahrnehmen von Mangelzuständen werde der Mensch in die Lage versetzt, die Ziele für sein Tätigwerden zu definieren (Schönpflug & Schönpflug 1983, 71–72).

Die Wahrnehmung komplexer Reizgegebenheiten hängt auch von situativen Faktoren ab. So können die jeweiligen Reizschwellen und deren individuelle Ausprägungen durch situationsbedingte Reize beeinflußt werden, beispielsweise indem sogenannte Störreize die Wahrnehmung eines Reizes, der unter anderen Umständen regelmäßig wahrgenommen wird, beeinträchtigen und sogar verhindern. Auch die Aufmerksamkeit kann in verschiedenen Situationen variieren, selbst wenn die Interessens- und Motivlage des Menschen sich nicht geändert hat. So erregen besonders veränderte und neue Situationen sowie sich ständig wiederholende oder in ihrer Intensität wechselnde Reize die Aufmerksamkeit.

Die Wahrnehmung kann demnach als ein aktiver Prozeß verstanden werden, in dem verschiedene Sinneseindrücke geordnet und interpretiert, das heißt mit einer Bedeutung versehen werden. Dabei fügen sich die Wirkungen verschiedener Reize so zusammen, daß ein einheitliches Erleben zustande kommt. Schulz von Thun hebt in seiner Betrachtung darüber hinaus hervor, daß Menschen nicht nur die wahrgenommenen Sinneseindrücke interpretieren, sondern auch mit eigenen Gefühlen versehen. Dabei kommt der seelischen Verfassung des Empfängers eine bedeutende Rolle zu (Schulz von Thun 1994a, 72). So können Menschen mit unterschiedlichen Gefühlen auf Sinneseindrücke reagieren, auch wenn bei einigen Reizen regelmäßig ähnliche Gefühle entstehen, wie beispielsweise die Furcht im Dunkeln (Dörner & Selg 1985, 92).

Mit dem Begriff „Erleben" sind einige Schwierigkeiten verbunden, was sicherlich ein Grund dafür sein mag, daß nur selten der Versuch unternommen wird, ihn zu definieren. Die größte Schwierigkeit besteht wohl in der Erfassung des menschlichen Erlebens, denn es ist nur unmittelbar in der Selbstbeobachtung (Introspektion) zugänglich. Dabei bildet das Bewußtsein die wesentliche Schlüsselgröße, da es das Wissen um das Erleben widerspiegelt (Dörner & Selg 1985, 19–20). Diese Introspektion kann selbstverständlich nur vom Individuum selbst durchgeführt werden und schon aus diesem Grunde keinen Anspruch auf Verallgemeinbarkeit erheben. Handelt es sich um ein Erleben von komplexen Situationen, so muß man sich vor Augen halten, daß schon minimale Änderungen von Bedingungen ausschlaggebend dafür sein können, daß Menschen die gleichen Situationen unterschiedlich erleben, und nur eine Anhäufung von Einzelerleben kann einen Gegenstand in seinem Gesamtbild vervollständigen (Dörner & Selg 1985, 25).

Durch die Auseinandersetzung mit der allgemeinen Literatur über die Wahrnehmung und das Erleben konnten wir einige wertvolle Hinweise zum Untersuchungszusammenhang bekommen. Neben anderen Aspekten wurde uns vor allem deutlich, daß bei dem Erleben die Vorerfahrungen, Motive und Einstellungen des Menschen eine wesentliche beeinflussende Rolle spielen. Doch auch die Situation, in der sich Patienten zum Zeitpunkt des Krankenhausaufenthaltes befinden, hat einen Einfluß darauf, warum gleiche Situationen von verschiedenen Patienten möglicherweise unterschiedlich wahrgenommen werden. Situationen im Krankenhaus könnten demnach von seiten der Patienten nicht nur aufgrund der „Neuheit" oder „Ungewöhnlichkeit" mehr Aufmerksamkeit zukommen, sondern auch, weil die Patienten selbst sich in einer für sie neuen und oft auch lebensbedrohlichen Situation befinden, in der sie ihre Krankheit, wie immer man sie auch definieren mag, verarbeiten müssen. In diesem Prozeß können sie jedoch nicht nur die verschiedenen Wahrnehmungsobjekte, sondern auch sich selbst verändert erleben. Patienten im Krankenhaus werden in der Regel das Motiv verfolgen, mit der für sie veränderten Lebenssituation zurecht zu kommen, und ihr Interesse wird sich vornehmlich auf Heilung oder Linderung ihrer Beschwerden konzentrieren. Diese Überlegungen können Hinweise darauf geben, daß die Selektion dessen, was bewußt erlebt wird, sich gegenüber Situationen außerhalb des Krankenhauses verändert und nun Dinge in den Vordergrund treten, denen ansonsten in gewöhnlichen Lebenssituationen kaum Aufmerksamkeit zukommt.

Wie gezeigt wurde, können in Situationen verschiedene Bestandteile wahrgenommen werden. Bei den Wahrnehmungsgegenständen können Personen, materielle Gegenstände oder auch der Interaktionsprozeß zwischen Menschen wahrgenommen werden. Da die Kommunikation und Interaktion zwischen Patienten und Pflegenden als ein zentrales Thema der Arbeit angesehen werden, soll nun im folgenden das Kommunikations- bzw. Interaktionsmodell von Schulz von Thun erläutert werden, um so tiefere Einblicke in ein mögliches interaktionales Geschehen zwischen Patienten und Pflegenden zu erlangen.

2.1.2   Die Kommunikation und Interaktion

Die Kommunikation und Interaktion dient der Informationsweitergabe zwischen Menschen und erscheint als wichtiger Schlüssel zum Erkennen und Interpretieren von Situationen. Zunächst muß festgestellt werden, daß Menschen sich zu jedem Zeitpunkt auf eine bewußte oder unbewußte Art verhalten und das Verhalten von anderen Menschen wahrnehmen, interpretieren, mit Gefühlen versehen und darauf reagieren. Es entsteht ein Interaktionsprozeß. Die Basis dieses Prozesses bildet die Kommunikation des bzw. der jeweiligen Partner (Sender), die Nachrichten zu einem anderen bzw. zu anderen Menschen (Empfänger) senden. Dabei ist unter einer Nachricht ein vielfältiges Paket mit sprachlichen und nicht-sprachlichen Anteile wie beispielsweise der Mimik und Gestik zu verstehen (Schulz von Thun 1994a, 33).

2.1.2.1 Das Kommunikations- und Interaktionsmodell von Schulz von Thun

Schulz von Thun und seine Mitarbeiter haben verschiedene Ansätze der Psychologie, wie etwa Beiträge von Rogers, Adler, Cohn, Perls und Watzlawick, so zusammengebracht, daß ein gut verständliches und leicht anzuwendendes Modell entstand. Dabei eignet sich das Modell nicht nur zur Analyse einer konkreten Kommunikation bzw. Interaktion, sondern vielmehr können verschiedene Kommunikationsstörungen eingeordnet und bewertet werden.

Während eines Interaktionsprozesses tauschen die beteiligten Personen Nachrichten wechselseitig aus. Das Senden oder Mitteilen einer Nachricht muß von 4 Aspekten her betrachtet werden, in denen verschiedene Botschaften verdeckt oder offen gesendet werden. Schulz von Thun spricht von der „quadratischen Nachricht", die dem Empfänger vom Sender übermittelt wird. Folgendes Schaubild kann diesen Zusammenhang verdeutlichen:

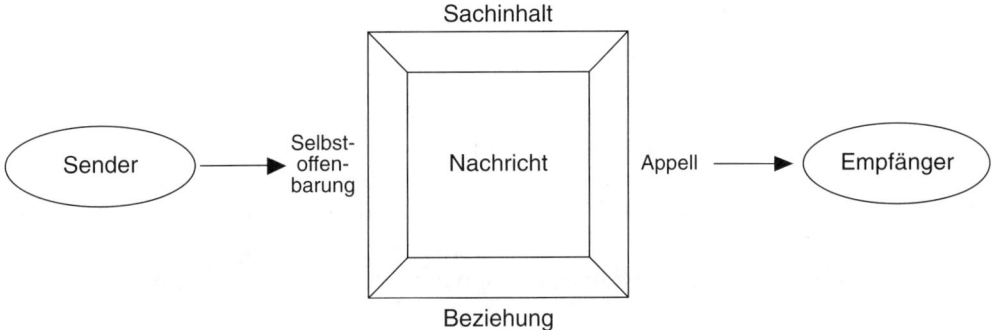

Abb. 1: Die vier Seiten (Aspekte) einer Nachricht – ein psychologisches Modell der zwischenmenschlichen Kommunikation (nach: Schulz von Thun 1994a, 30)

Neben den sachlichen Informationen enthält eine Nachricht auch immer Informationen zum Beziehungsaspekt, nämlich wie der Sender zum Empfänger steht und was er von diesem hält. Mit jeder Nachricht sagt der Sender auch etwas über sich selbst aus und daher enthält jede Nachricht auch einen Selbstoffenbarungsaspekt des Senders. Bei dem Appellaspekt soll dem Umstand Rechnung getragen werden, daß jeder Sender etwas beim Empfänger der Nachricht bewirken will. Schulz von Thun verdeutlicht, daß jede Kommunikation alle vier Aspekte in unterschiedlicher Ausprägung enthält und somit die Kommunikation eine Vielzahl von Botschaften beinhaltet, die oft nur verschlüsselt mitgeteilt werden.

Der Empfänger einer Nachricht nimmt die vier Aspekte in unterschiedlicher und individueller Art und Weise wahr. Schulz von Thun spricht von dem „vierohrigen Empfänger", der prinzipiell die freie Auswahl hat, auf welche der Botschaften er reagieren will. Oft jedoch sei festzustellen, daß der Empfänger einer Nachricht nicht immer in der Lage ist, alle vier Aspekte gleichermaßen wahrzunehmen, und so zugunsten einer Botschaft andere Botschaften außer acht läßt. Die empfangene Nachricht wird so zu einem Machwerk des Empfängers, wobei der Empfänger sich oft gar nicht bewußt ist, daß er nur einen bestimmten Aspekt der Nachricht aufgreift und andere Aspekte gar nicht wahrnimmt (Schulz von Thun 1994a, 44).

Schulz von Thun unterscheidet drei verschiedene Vorgänge, aus denen sich nun die innere Reaktion des Empfängers aufbaut (Schulz von Thun 1994a, 72). Den Ausgangspunkt bildet die Wahrnehmung der Reize durch die zur Verfügung stehenden Sinne. Daraufhin wird das Wahrgenommene interpretiert, das heißt mit einer Bedeutung versehen. Von dem Wahrnehmen und Interpretieren ist der Vorgang des Fühlens zu trennen. In ihm werden das Wahrgenommene und die dessen Interpretation mit eigenen Gefühlen versehen. Daraufhin baut der Empfänger einer Nachricht eine für ihn sinnvolle Reaktion auf. Es entsteht ein Interaktionsprozeß, in dem Sender und Empfänger von Nachrichten sich wechselseitig beeinflussen. Dieser Prozeß läßt sich kreisförmig darstellen, was verdeutlicht, daß es nicht möglich ist, den Ausgangs- bzw. Anfangspunkt einer Interaktion zu bestimmen.

2.1.2.2   Kommunikation und ihre Störungen

Störungen können sowohl durch das Senden der Nachricht, als auch in dem Empfangen der Nachricht auftreten. Zunächst soll die Interaktion von der Seite des Senders einer Nachricht her betrachtet werden. Betrachtet man die vier Aspekte einer Nachricht isoliert, so können in jedem Aspekt Probleme verborgen sein, die hier im einzelnen nicht näher erläutert werden können.

Die gesendeten Nachrichten können kongruent oder inkongruent sein. Eine Nachricht heißt dann kongruent, wenn alle Signale in die gleiche Richtung weisen, wenn sie in sich stimmig sind (Schulz von Thun 1994a, 35). Inkongruenz tritt besonders dann auf, wenn sprachliche und nicht sprachliche Signale nicht aufeinander abgestimmt sind oder, im schlimmsten Falle, sich widersprechen. So werden die Nachrichten durch den situativen Kontext, durch die Art der Formulierung, das heißt durch die angemessene sprachliche Darstellung, durch die Körperbewegungen, das heißt die Mimik und Gestik, und durch den jeweils gewählten Tonfall qualifiziert. Inkongruente Nachrichten stellen für den Empfänger nicht nur ein großes „Verständnisproblem" dar, sondern wirken sogar vermutlich als „Krankmacher", wenn der Empfänger vom Sender abhängig ist (Schulz von Thun 1994a, 39).

Doch auch auf der Seite des Empfängers können Kommunikationsstörungen auftreten. Selbst eine in sich kongruente Nachricht kann durch das beispielsweise einseitige Wahrnehmen des Empfängers verzerrt werden. Kann sich der Empfänger nur auf den Sachaspekt einer Nachricht konzentrieren, wird er nicht nur die anderen Botschaften „überhören", sondern das Gespräch bzw. die Interaktion in eine andere Richtung lenken, als dies vom Sender der Nachricht beabsichtigt war. Zum einen kann es möglich sein, daß der Empfänger generell bestimmte Aspekte einer Nachricht nur abgeschwächt wahrnehmen kann, zum anderen muß stets betrachtet werden, in welcher psychischen Verfassung ein Empfänger die Nachricht erhält, interpretiert und mit Gefühlen versieht. Auch können in der Nachricht Reize verborgen sein, die beim Empfänger wie Schlüsselreize wirken, das heißt der Empfänger reagiert vornehmlich auf einen bestimmten Aspekt der Nachricht, unabhängig davon, ob dieser Aspekt einen angemessenen Stellenwert aus Sicht des Senders einnimmt. Diese Schlüsselreize können sich in allen Aspekten wie auch in den verschiedenen Qualifizierungsformen der Nachricht finden lassen.

Festzustellen ist, daß es sich bei der Interaktion um ein Geschehen handelt, an dem Sender und Empfänger einer Nachricht gleichermaßen beteiligt und wechselseitig miteinander verbunden sind. Dabei stellt Schulz von Thun fest, daß die persönlichen Eigenarten und die individuellen Verhaltensweisen interaktionsbedingt sind (Schulz von Thun 1994a, 83). Diese Sichtweise sei ent-individualisierend und ent-moralisierend, da die Verhaltensweisen der beteiligten Personen primär aus der Situation und den ungeschriebenen Regeln der Interaktion heraus betrachtet werden und die persönlichen Eigenarten in den Hintergrund treten. Die Interaktionspartner werden hier neutral als „Spieler" gesehen. Die Schuldfrage nimmt bei dieser Betrachtungsweise keinen Raum ein, und somit wird die Dimension der moralischen Verurteilung ausgeschaltet. Schulz von Thun sieht in dieser Sichtweise der Interaktionspartner die Chance, sich mit dem System auseinanderzusetzen, in dem der Interaktionsprozeß stattfindet, und auf diesen Einfluß zu nehmen. Diese Sichtweise eröffnet die Möglichkeit, die müßige Diskussion über den Anfang und die oft damit verbundene Schuldfrage zu beenden und sich auf einer übergeordneten Ebene, der sogenannten Metakommunikation, das Wechselspiel zu betrachten und zu analysieren.

Systemtheoretisch werden also der Prozeß der Interaktion betrachtet und weniger die Eigenarten des jeweiligen „Spielers", wobei nicht in Frage gestellt wird, daß ein jeder Spieler persönliche Besonderheiten mit in den Interaktionsprozeß hereinträgt. Dabei wird angenommen, daß einem Interaktionsprozeß eine gewisse Einzigartigkeit und eine Eigendynamik zugrunde liegt. Unter der systemtheoretischen Sicht wird eben dieser Prozeß betrachtet und nicht die einzelnen Personen, die an diesem Prozeß beteiligt sind.

Das Interaktionsmodell erschien uns aus zweierlei Gründen als interessant und brauchbar. Zum einen stand die Überlegung im Vordergrund, daß wir bei der Auseinandersetzung mit dem Erleben von Patienten dieses Modell durchaus als Hilfestellung verstehen können, denn durch die Beachtung der vier Aspekte von Nachrichten könnte unser Verstehen der Nachrichten von Patienten erleichtert werden. Zudem gab uns dieses Modell Hinweise darauf, daß einige Anstrengungen auch von unserer Seite nötig sein würden, unsere Nachrichten gegenüber den zu befragenden Patienten eindeutig zu qualifizieren und damit das Verstehen der Patienten zu verbessern. Weiter erkannten wir, daß es möglicherweise für Patienten schwierig sein würde, die systemtheoretische Sicht der Interaktion zu erkennen und sie aus diesem Grunde die persönlichen Besonderheiten und Verhaltensweisen der Pflegenden in erster Linie nicht als interaktionsbedingt begreifen könnten, sondern als von ihrer Seite nicht zu beeinflussende Faktoren im Interaktionsprozeß. Dabei könnte die seelische Verfassung der Patienten ausschlaggebend dafür sein, wie sie das Verhalten von seiten der Pflegenden interpretieren und mit eigenen Gefühlen versehen. Die Verfassung des jeweiligen Patienten müßte demnach in die Betrachtung mit einbezogen werden, um überhaupt verstehen zu können, warum bestimmte Aspekte einer Nachricht vom Patienten auf seine individuelle Art und Weise verstanden wird.

2.1.2.3   Kommunikations- und Interaktionstile

Schulz von Thun unterscheidet acht verschiedene Kommunikationsstile, die im Rahmen dieser Arbeit nicht alle eingehend betrachtet werden können (Schulz von Thun 1994b). Bei den Interaktionsstilen handelt es sich um bestimmte Weisen, wie sich Menschen gegenübertreten und ihre Beziehungen gestalten. Doch sollen an dieser Stelle zwei sich ergänzende Kommunikationsstile kurz erläutert werden, da sie sich im Rahmen der Studie als durchaus relevant herausstellten.

Der bedürftig-abhängige Stil und der helfende Stil sind Kommunikationsstile, die sich komplementär zueinander verhalten. Dabei soll der bedürftig-abhängige Kommunikationsstil hier eher von der Seite des Senders von Nachrichten und der helfende Stil aus der Sicht des Empfängers betrachtet werden. Zum besseren Verstehen könnte man fiktiverweise auch einmal annehmen, daß es sich bei dem Sender stets um einen Patienten handelt und bei dem Empfänger um einen Pflegenden. Eine typische Konstellation beider Stile soll hier nun aufgezeigt werden.

Beim bedürftig-abhängigen Stil gibt der Sender die Nachricht weiter, daß er hilflos und überfordert ist, und übersendet zugleich dem Empfänger Botschaften, die darauf hindeuten, daß dieser für ihn Sorge tragen, ihn behüten und schützen soll. Im Sinne der „quadratischen Nachricht" werden primär folgende Botschaften übermittelt:

- die Selbstoffenbarung der Hilflosigkeit,
- die Beziehungsbotschaft, die dem Empfänger signalisiert, daß er als stark und kompetent eingestuft werden und
- die Appelle an den Empfänger, daß dieser Hilfe und Schutz anbieten soll.

Diese Grundbotschaften können offen, werden jedoch weitaus häufiger verdeckt übermittelt. Oft überstrahlen Tonfall, Mimik, Gestik und die Art der Formulierungen die gesamte Interaktion (Schulz von Thun 1994b, 65).

Der bedürftig-abhängige Stil findet seine Erklärung zu einem gewissen Teil in den persönlichen Erfahrungen, die über die Jahre der Kindheit und darüber hinaus gesammelt wurden, jedoch ist auch die gegenwärtige Interaktionssituation dafür ausschlaggebend, daß der Stil erfolgversprechend angewendet werden kann. Kurzum, es bedarf eines Gegenparts, den nicht selten der helfende Stil darstellt.

Beim helfenden Stil als dem komplementären Kommunikationsstil zum bedürftig-abhängigen Kommunikationsstil steht der Empfänger von Nachrichten im Vordergrund. Dabei signalisiert der Empfänger der Nachricht, daß er einerseits stark, belastbar und unabhängig ist, die Hilfesignale des Senders versteht und andererseits bereit ist, den Sender aktiv zu stützen. Die seelische Grundhaltung, die diesem Stil zugrunde liegt, ist die Ansicht, daß eigene persönliche Schwächen und das Bedürftigsein eher einer Katastrophe ähneln (Schulz von Thun 1994b, 77). Das eigene „Anlehnungsbedürfnis" wird ignoriert, ja sogar verleugnet. Dieses Phänomen hat Schmidbauer aufgegriffen, auf im Gesundheitswesen tätige Personen übertragen und es mit dem Begriff „hilflose Helfer" näher gekennzeichnet. Er weist darauf hin, daß gerade bei diesen Berufsgruppen der helfende

Stil häufiger anzutreffen ist. Fatalerweise werden bei diesem Kommunikationsstil dem „Hilfsbedürftigen" all die Fürsorglichkeit und Unterstützungen zuteil, die im schlimmsten Falle dem „Helfer" nicht zuteil werden (Schmidbauer 1992, 194–195).

Betrachtet man die Interaktion aus dem systemtheoretischen Blickwinkel, so findet man zwei verschiedene Interaktionssituationen, die durch diesen Kommunikationsstil hervorgerufen werden können. Diese Kommunikationsstile sind darauf ausgerichtet, daß der Sender einer Nachricht stets seine schwachen Seiten in den Vordergrund bringt und gleichzeitig den Empfänger dazu ermuntert, nur die starken Seiten in die Interaktion einfließen zu lassen, um so den Sender zu unterstützen und zu schützen. Für den Empfänger können gerade die Beziehungsbotschaften „verführerisch" sein, da er sich stets während des Interaktionsprozesses im „seelischen Vorteil" wähnen kann. Gleichzeitig jedoch muß der Empfänger in aller Regel seine eigenen „schwachen Anteile" in der Person leugnen. Problematisch stellt sich die wiederkehrende Bestätigung des Senders dar, da er in seiner Schwäche immer erneut bestätigt wird und eine Weiterentwicklung der Stärken scheinbar unmöglich ist. Dies kann zu einer andauernden latenten Kränkung führen, die beim Sender mit Gefühlen wie etwa Wut begleitet werden können. Diesen Gefühlen teilweise ausgesetzt, kann der Vertreter des helfenden Stils auf zweierlei Arten und Weisen reagieren. Zum einen kann er sich vom Sender distanzieren und ihm die geforderte Unterstützung versagen, was allerdings paradoxerweise eher dazu führt, daß der Sender durch das sich verstärkende Gefühl des Alleingelassenwerdens nun immer deutlichere Botschaften zum Empfänger sendet, die jedoch zur Folge haben können, daß dieser sich noch weiter distanziert. Zum anderen kann er dies jedoch auch als eine Herausforderung begreifen und seine Anstrengungen noch verstärken. Schulz von Thun beschreibt, daß diese Reaktion in aller Regel mit aggressiven Gefühlsbeimischungen erfolgt, denn eine gewisse Frustration darüber, daß die Hilfe nicht auf fruchtbaren Boden fällt, tritt zutage, die sich nunmehr in fast offenen Demütigungen bemerkbar machen (Schulz von Thun 1994b, 84).

Diese Interaktionssituation stellt sich für beide Beteiligte als im höchsten Maße unzufriedenstellend dar, und es bedarf einer langwierigen Entwicklung beider Personen, zum einen Autonomie und Verantwortung für das eigene Leben und zum anderen ein geeignetes Maß an Anteilnahme und Distanziertheit zu erlangen. Dabei steht das Erkennen der eigenen persönlichen Stärken und Schwächen sowie das Umgehen mit beiden im Vordergrund. Um jedoch die Interaktions- und Kommunikationsstörungen erfolgreich zu beheben, bedarf es des Erkennens der Interaktionsstruktur und des Durchbrechens der Kommunikationskreisläufe.

2.1.2.4 Aggressives Verhalten im Interaktionsprozeß

An einem Beispiel sollen an dieser Stelle mögliche Interaktionsstörungen verdeutlicht werden. Dabei wird gezeigt, daß es auch Verhaltensweisen von Pflegenden im Interaktionsprozeß mit Patienten geben kann, die aus einem Aggressionspotential heraus entstehen. Uns hat dieses Beispiel einige Male beschäftigt, da es uns zu den Ausgangsüberlegungen im Themenfindungsprozeß zurückführte. Das Beispiel soll als alltäglich begriffen werden und stellt eine Situation dar, die von uns einige Male in ähnlicher Form erlebt wurde.

Auf einer chirurgischen Station gehen Pflegende am Abend routinemäßig durch die Krankenzimmer, um Patienten zu fragen, ob sie Schmerzen haben und für die bevorstehende Nacht Schmerzmittel benötigen. Eine Krankenschwester betritt ein Krankenzimmer und fragt einen Patienten im ernsten und leicht distanzierten Ton: „Haben Sie Schmerzen?" Der Patient dreht sich zur Krankenschwester hin und antwortet: „Ach nein, es geht schon Schwester. Haben die anderen Patienten eigentlich nach dieser Operation auch häufiger Schmerzen?". Daraufhin nickt die Krankenschwester und geht aus dem Zimmer.

Diese kleine Beispielsituation wirft unserer Meinung nach viele Fragen auf. Zunächst ist zu fragen, ob Patient und Krankenschwester sich überhaupt verstanden haben. Im besten Fall kann man davon ausgehen, daß beide sich sehr wohl verstanden haben und der Interaktionsprozeß ohne Störungen verlaufen ist. Jedoch kann man auch annehmen, daß hier eine Interaktionsstörung vorliegt, denn die Reaktion der Krankenschwester deutet darauf hin, daß sie lediglich den Sachaspekt der Nachricht des Patienten aufgegriffen hat und den Patienten nur in der Form verstanden hat, daß dieser mit dem sich im Satz befindlichen Wort „Nein" ausdrücken wollte, daß er keine Schmerzen hat und daher auch kein Schmerzmittel benötigt. Wenn der Patient in diesem Beispiel der Krankenschwester jedoch signalisieren wollte, daß er in seiner momentanen Situation vielmehr das Gespräch über seine Schmerzen sucht, als die bloße Beseitigung der Schmerzen mit einem Schmerzmedikament, kann man von einer Störung in der Interaktion sprechen. Mit anderen Worten, die Krankenschwester kann die Nachricht des Patienten mißverstanden und darauf hin eine Reaktion aufgebaut haben, die vom Patienten nicht beabsichtigt war. Die Reaktion der Krankenschwester könnte bei dem Patienten unter anderem zweierlei bewirken: Zum einen kann er sich mißverstanden fühlen und verschiedene Gefühle, wie beispielsweise Hilflosigkeit oder auch Wut, aufbauen, und zum anderen kann das Problem bestehen bleiben, daß er weiterhin Schmerzen hat, auch wenn sie für ihn möglicherweise nicht im Mittelpunkt stehen. Das Verhalten der Krankenschwester könnte demnach unterschiedliche Folgen, die der Patient als negativ empfindet, mit sich bringen. An diesem Beispiel kann jedoch auch überlegt werden, was denn vorgefallen sein könnte, wenn die Schwester die Nachricht des Patienten zwar im Sinne des Patienten verstanden hat, jedoch ihre Reaktion bewußt so aufbaute, weil sie nicht auf die Signale der Beziehungs- und Appellebene eingehen wollte. Anders ausgedrückt könnte man annehmen, daß die Krankenschwester die Nachricht des Patienten absichtlich „falsch" interpretiert und eine Reaktion aufgebaut hat, die dem Patienten signalisieren soll, daß sie seine Wünsche absichtlich ignoriert. Für den Patienten wiederum wird nicht unbedingt deutlich, aus welchem Grunde seine Nachricht ignoriert wurde. Auch in dem Fall, daß die Krankenschwester sich aggressiv verhält, muß er dies Verhalten nicht unbedingt als aggressives Verhalten erleben. Bei ihm könnten aufgrund der Reaktion der Krankenschwester wiederum Gefühle von Hilflosigkeit auftreten, und die Schmerzen könnten bestehen bleiben. Aggressives Verhalten in einem Interaktionsprozeß ist also nicht immer als solches zu identifizieren. So erschien es uns als sinnvoll, das Themengebiet „Aggression" näher zu betrachten und daraufhin zu untersuchen, inwieweit negative Folgen für den Patienten durch aggressives Verhalten von Pflegenden ausgelöst werden.

Abgesehen von den unterschiedlichen Konzepten zur Aggression und Gewalt lassen sich bei den verschiedenen Autoren zwei definitorische Schwerpunkte zum Begriff Aggression bilden. Zum einen wird Aggression als eine Kraft verstanden, die die Schädigung eines anderen zum Ziel hat. Von dieser an den negativen Folgen von Aggression orientierten Betrachtungsweise weicht der Ansatz ab, der Aggression gemäß seinem Wortstamm „ad-gredi" (lat.) als einen neutralen Begriff verwendet und hierunter lediglich das sich auf eine Person oder einen Gegenstand Hinbewegen meint (Rauchfleisch 1992, 11). Gewalt wird im allgemeinen als eine Teilmenge der Aggression verstanden, die sich vor allem auf die Anwendung von physischen Aggressionen bezieht, auch wenn einige Autoren, wie beispielsweise Galtung, den Begriff Gewalt erheblich weiter fassen und darunter Handlungen begreifen, die einen anderen Menschen so beeinflussen, daß seine aktuelle somatische und geistige Verwirklichung geringer ist als seine potentielle (Selg et al 1988, 17).

Von dem Begriff Aggression zu unterscheiden ist der Begriff Aggressivität. Aschenbach und Hilke bezeichnen die Aggressivität als „aggressive Sinngehalte", die Aufforderungen zur Verfolgung von Handlungsorientierungen oder zur Ausführung von Handlungen in bestimmten Situationen darstellen, die nach Meinung oder Vermutung des Handelnden eine beabsichtigte oder in Kauf genommene Verhinderung von Handlungsorientierungen einer anderen Person bedeuten (Aschenbach & Hilke 1982, 427–428). Doch nur wenn die Aufforderungen auch in Handlungen umgesetzt werden, spricht man von Aggression.

In den verschiedenen Aggressionstheorien werden die möglichen Ursachen für das Entstehen von Aggressionen beleuchtet und bestimmte Aspekte in den Vordergrund gerückt. Im wesentlichen lassen sich folgende Aggressionstheorien unterscheiden:

1. Triebtheorien

Bei den Triebtheorien lassen sich die psychoanalytischen Triebtheorien, die ihren Ursprung in Freud und Adler nehmen, und die ethnologischen Triebtheorien, die auf die Studien von Lorenz zurückgreifen, unterscheiden. Für Lorenz stellt die Aggressivität von Menschen einen endogenen Instinkt dar, der nicht situationsbedingt ist, sondern eher zwangsläufig immer wieder zu einer neuen Entladung führt. Lorenz bezog seine Annahmen zur Aggression aus Beobachtungen des Verhaltens von Tieren. Für Freud sind Aggressionen ein Ausdruck des Todestriebes, der jedem Menschen innewohnt. Dabei haben Aggressionen zwar eine lebenserhaltende Funktion, können jedoch für andere Menschen gefährlich sein (Klessmann 1992, 47). Des weiteren sieht Freud einen starken Zusammenhang zwischen erlebter Angst und eigenen Aggressionen. Dabei wird die Angst als eine sehr unangenehme Empfindung des Menschen charakterisiert, da sie mit Ohnmachtsgefühlen verbunden ist. Diesen könne nur durch Flucht oder Kampf begegnet werden. Insofern hat die Aggression vielfach eine angstabwehrende Funktion (Klessmann 1992, 48).

2. Frustrations – Aggressionstheorie

Bei der Frustrations-Aggressionshypothese, die auf experimentelle Studien in den 30iger Jahren von Dollard und seinen Mitarbeitern zurückzuführen ist, wird die Aggression als ein reaktives Moment begriffen. Sie besagt, daß jede Behinderung des Auftretens einer Zielreaktion, die zu einer bestimmten Zeit in einer bestimmten Verhaltenssequenz auftritt, zu einer Frustration führt. Dabei hat jede Frustration eine Aggression gegen die frustrierende Person zur Folge (Rauchfleisch 1992, 24). Aggressionen sind demnach als ein Reiz-Reaktions-Schema zu begreifen.

3. Lernpsychologische Theorien

Lerntheoretiker, wie beispielsweise Berkowitz und Bandura, betonen die lerntheoretischen Auffassungen zur Klärung von Aggressionen. Dabei wird aggressives Verhalten durch Belohnung und Erfolg sowie durch die Nachahmung von Vorbildern, die durch aggressives Verhalten Erfolg haben, erlernt.

Im Rahmen dieser Arbeit erscheint es wenig sinnvoll, die verschiedenen Theorien eingehender zu behandeln, denn sie setzen sich primär mit den Entstehungsgründen von Aggressionen auseinander und betrachten dabei weniger, welche möglichen Auswirkungen Aggressionen auf den Menschen, gegen den sie gerichtet sind, haben.

Weitaus interessanter erscheint in diesem Zusammenhang, daß Aggressionen und das daraus resultierende Verhalten im Interaktionsprozeß vielfältige Formen annehmen. In der Literatur werden unterschiedliche Einteilungen verwendet, und es sollen hier nur wesentliche Formen und Unterschiede dargelegt werden. Am häufigsten werden offene und verdeckte Aggressionen gegeneinander abgegrenzt. Bei den offenen Aggressionen handelt es sich um körperliches und/oder verbales Verhalten. Bei dem körperlichen aggressiven Verhalten werden in der Regel dem Gegenüber objektivierbare Verletzungen oder auch Schmerzen zugefügt. Im Alltag weitaus häufiger anzutreffen sind die verbalen Aggressionen wie beispielsweise das Beschimpfen, Drohen, Anschuldigen und das Äußern von abfälligen Bemerkungen. Verdeckte Aggressionen werden demgegenüber in Worten, Bildern oder auch durch die Mimik und Gestik vermittelt, sind jedoch nicht sogleich als Aggressionen identifizierbar, sondern verbergen sich häufig sogar hinter betont freundlichen Umgangsformen. Verdeckte Aggressionen sind für Menschen, die sich gut bzw. über einen längeren Zeitraum kennen, wesentlich leichter zu erkennen (Selg et al 1988, 20–21). Weiter können Aggressionen in direkte und indirekte Formen eingeteilt werden. Das direkte aggressive Verhalten wendet sich gegen eine anwesende Person, während die indirekte Aggression sich gegen jemanden wendet, der nicht anwesend ist. Hierunter fällt insbesondere die sogenannte üble Nachrede. Häufig wird auch das Begriffspaar „direkt und verschoben" verwendet, um dem Tatbestand Rechnung zu tragen, daß es zu Verschiebungen des Objektes und der Form des aggressiven Verhaltens kommen kann. Dabei werden beispielsweise Aggressionen nicht gegenüber dem Vorgesetzen geäußert, auf den sie eigentlich gerichtet sind, sondern gegenüber dem Unterstellten, oder aber statt des Anwendens von körperlicher Gewalt wird die Form des Schimpfens genutzt. Des weiteren lassen sich Aggressionen danach klassifizieren, ob sie von Individuen oder von Gruppen begangen werden.

An dieser Stelle muß betont werden, daß es meist schwierig ist, ein Verhalten eines Menschen als eindeutig aggressiv zu identifizieren. Weder „Täter" noch „Opfer" kommt dabei eine objektive Stellung zu, und selbst wenn ein objektivierbarer Schaden entstanden ist, wie beispielsweise eine Verletzung, kann nicht immer eindeutig geklärt werden, ob es sich um ein zielgerichtetes Verhalten handelte und der Schaden auch tatsächlich angestrebt wurde. Besonders schwierig ist es, aggressives Verhalten in der Rekonstruktion zu erkennen, denn Situationen sind durch eine Vielzahl von Variablen determiniert, die nicht ausschließlich in den beteiligten Personen zu suchen sind. Und selbst die beteiligten Personen befinden sich in stetiger Veränderung, und auf die zum Zeitpunkt der Handlung vorliegenden Meinungen, Interpretationen und Gefühle kann zu einem späteren Zeitpunkt nur bedingt geschlossen werden. Wie jedoch Menschen Verhalten zu einem späteren Zeitpunkt interpretieren und welche Gefühle sie mit der vergangenen Handlung verbinden, sind oft ein wichtiger Schlüssel zur Analyse des Vergangenen. Dabei soll es uns aber primär nicht um die Rekonstruktion der Situation gehen, sondern die Betrachtung der Interpretations- und Gefühlslage.

2.2   Der Patient in der Organisation Krankenhaus

Patienten suchen in aller Regel die Organisation Krankenhaus auf, um dort die Wiederherstellung ihrer Gesundheit oder die Linderung krankheitsbedingter Beschwerden zu erlangen. Bei ihrem Eintritt in diese Organisation werden sie nicht nur mit dem Regelwerk und den organisatorischen Rahmenbedingungen der Organisation konfrontiert, sondern auch mit den verschiedenen Gruppen und Individuen, die in dieser Organisation tätig sind und als soziales Gefüge die Normen und Werte der Organisation und im weitesten Sinne der Gesellschaft in ihrem Handeln ausdrücken. Dabei sind Patienten zunächst einmal die Empfänger der Dienstleistungen, die die verschiedenen Berufsgruppen für sie anbieten. Darüber hinaus werden sie mit bestimmten Erwartungen und Vorstellungen von seiten des Personals bezüglich ihrer Rolle konfrontiert und fügen sich im allgemeinen in das soziale Gebilde ein. Schon das Wort „Patient", dessen etymologischer Ursprung im lateinischen Wort „patiens" liegt und mit Leidender, Duldender und Geduldiger übersetzt wird, deutet darauf hin, daß Patienten im Krankenhaus eine eher passive Rolle einnehmen.

Mit dem in einer Organisation herrschenden Regelwerk und der für sie spezifischen Organisationskultur werden nicht nur die Patienten konfrontiert, sondern auch das Verhalten einzelner Mitarbeiter wird hierdurch geprägt, so daß sie im Sinne der Organisation handeln und somit zum Träger dieser Zielsetzungen werden. In diesem Teil der Arbeit werden wir uns genauer damit auseinandersetzen, wie Patienten die Organisation Krankenhaus erleben und wie die Organisation das Handeln und Verhalten der Mitarbeiter gegenüber den Patienten beeinflußt und festlegt.

2.2.1   Allgemeines zur Organisation Krankenhaus

Zunächst unterscheidet sich ein Krankenhaus von anderen Organisationen nur durch seine spezifischen Zielsetzungen, die im Krankenhausfinanzierungsgesetz festgelegt wurden. Demnach sind Krankenhäuser Einrichtungen, in denen durch ärztliche und pflegerische Hilfeleistungen Krankheiten, Leiden oder Körperschäden festgestellt, geheilt oder gelindert werden oder in denen Geburtshilfe geleistet wird und in denen die zu versorgenden Personen untergebracht und verpflegt werden können (Krankenhausfinanzierungsgesetz vom 21.12.1992, § 2). Zur Erreichung dieser Ziele bedarf es nicht nur einer reibungslosen Zusammenarbeit von verschiedensten Berufsgruppen, sondern auch des Einsatzes von unterschiedlichen Sachmitteln und eines Organisierens, welches das Zusammenwirken von Menschen und Sachmitteln aufeinander abstimmt und so das definierte qualitative Niveau der Leistungserstellung sichert. Prinzipiell handelt es sich beim Krankenhaus um eine Einrichtung, die die wesentlichen Merkmale einer Organisation aufweist. Diese Merkmale sollen hier in Anlehnung an Rosenstiel aufgezeigt werden.

Eine Organisation ist demnach ein gegenüber ihrer Umwelt offenes System, das zeitlich überdauernd exististiert, spezifische Ziele verfolgt, sich aus Individuen und Gruppen
zusammensetzt, also ein soziales Gebilde ist und eine bestimmte Struktur aufweist, die
meist durch Arbeitsteilung und eine Hierarchie von Verantwortungen gekennzeichnet ist
(Rosenstiel 1992, 3). Der Anspruch der Organisationsmitglieder, die gestellten Ziele
möglichst rational zu erreichen und entsprechend effizient zusammenzuarbeiten, führt
zur zielorientierten Institutionalisierung einer Reihe von Regeln (Staehle 1991, 383). Unter Institutionalisierung versteht Staehle hierbei einen Prozeß, in dessen Verlauf Handlungen sowie die Handelnden selber in ihrem Verhalten typisiert, normiert und damit auf
längere Zeit festgeschrieben werden. In bezug auf das Krankenhaus verweisen verschiedene Autoren, wie beispielsweise Böhm in Anlehnung an Goffmann, darauf, daß es sich
bei dieser Organisation um eine „totale Institution" handele, in der sich ein abgeschlossenes, formal reglementiertes Leben von „Insassen" und Mitarbeitern vollzieht (Böhm
1993, 22).

Daß das Erleben der Organisation „Krankenhaus" einen besonderen Stellenwert für
Patienten einnehmen kann, formulierte Siegrist treffend:

„Institutionelle Rigidität bürokratischer Organisationen und Routinehandlungen ihrer
Mitglieder summieren sich im Erleben der Patienten zu einem Tatbestand, der um so
schwerer wiegt, je unsicherer, hilfloser und verletzlicher sie sich in ihrer Krankenhaussituation fühlen" (Siegrist 1978, 16).

Patienten müssen sich demnach einer Reihe institutioneller Regeln unterwerfen, die
ihnen durch das Handeln und Verhalten der Mitarbeiter vermittelt werden. Ihre Situation
ist hierbei durch eine besondere Ambivalenz gekennzeichnet. Sie sind zugleich Subjekt
und Objekt in den organisatorischen Beziehungen des Krankenhauses. Die Patienten sind
nicht nur Teilnehmer an den institutionellen Interaktionsprozessen, sondern gleichzeitig
der „Arbeitsgegenstand", der sich dem Organisationsablauf zu unterwerfen hat (Schulz
1989, 173). Die verschiedenen im Krankenhaus tätigen Berufsgruppen erbringen im Rahmen der organisatorischen Zielsetzung ihre spezifische Dienstleistung am Patienten. Dabei sind sie in die hierarchischen Beziehungen der Organisation ebenso eingebunden wie
in die funktionellen Arbeitsabläufe, die gemeinsam die innere Struktur der Organisation
widerspiegeln.

2.2.2   Die Aufbau- und Ablauforganisation im Krankenhaus

Aufbau- und Ablauforganisationen sollen den Prozeß der Leistungserstellung strukturieren und organisieren. Da im Krankenhaus die Patienten das „Arbeitsobjekt" der Leistungserstellung sind, hat die Organisation der Leistungserstellung wesentliche Auswirkungen auf das Erleben der Krankenhaussituation von Patienten, das heißt mit welchen
Organisationsmitgliedern Patienten zu welchen Zeitpunkten, auf welche Art und Weise
in Kontakt treten, wird im wesentlichen von der Organisation des Leistungserstellungsprozesscs bestimmt.

Aufgabe der Aufbauorganisation ist es, ausgehend von der gegebenen Gesamtaufgabe des Betriebes, eine Aufspaltung in so viele Teilaufgaben bzw. Einzelaufgaben vorzunehmen, daß durch die anschließende Kombination dieser Teilaufgaben zu Stellen eine sinnvolle, arbeitsteilige Gliederung und Ordnung der betrieblichen Handlungsprozesse entsteht (Wöhe 1990, 181). Demhingegen wird unter der Ablauforganisation die Gestaltung der einzelnen Arbeitsprozesse bzw. Handlungsvorgänge verstanden, wobei Arbeitsinhalte, Arbeitszeiten und Arbeitsräume so geordnet werden, daß wiederum eine sinnvolle Aufteilung der Arbeiten erreicht werden kann (Wöhe 1990, 194). Durch die Aufbau- und Ablauforganisation werden also die grundsätzlichen Strukturen, also die Arbeitsteilung und die Gestaltung einer hierarchischen Struktur nach Verantwortlichkeiten, geformt. In welcher Form, zu welcher Zeit und durch welche Personen also ein Patient Leistungen im Krankenhaus erhält, hängt im wesentlichen von der Gestaltung dieser Grundmuster des Krankenhausbetriebes ab, die zunächst einmal recht unabhängig von persönlichen und damit individuellen Bedürfnissen einzelner Organisationsmitglieder gestaltet sind. Als „Arbeitsobjekt" muß sich der Patient in aller Regel zunächst einmal in diese Strukturen einfügen und empfängt daher eher passiv die für ihn vorgesehenen Leistungen. Das Einbringen von individuellen Bedürfnissen der Patienten und somit das Heraustreten aus diesen festgelegten Strukturen hängt im wesentlichen von dem Ausmaß der Flexibilität, die den Organisationsstrukturen innewohnt, ab. In diesem Zusammenhang kommt den jeweiligen Entscheidungs- und Kontrollspielräumen der Mitarbeiter eine besondere Bedeutung zu, denn durch die Vergrößerung dieser Spielräume weiten sich die Möglichkeiten der persönlichen Gestaltung, Planung und Zielsetzung ihrer Arbeit aus, so daß beispielsweise das Eingehen auf individuelle Wünsche der Patienten erleichtert bzw. erst ermöglicht wird.

So ist es vor allem Elkeles zu verdanken, daß die verschiedenen Prinzipien der Arbeitsorganisation in der Pflege auf ihre Nach- bzw. Vorteile hin überprüft wurden. Grob lassen sich diese Arbeitsweisen in das verrichtungsorientierte Modell der Funktionspflege und in das personenorientierte Modell, in dem Pflegesysteme wie beispielsweise Gruppenpflege, Bereichspflege, Zimmerpflege und Primary Nursing ihre Anwendung finden, unterteilen. Das personenorientierte Modell ist hierbei durch die Dezentralisation von Aufgaben, Kompetenzen und Verantwortungen der Mitarbeiter im Pflegedienst gekennzeichnet. Dabei werden im Gegensatz zu dem verrichtungsorientierten Modell, das auf einem hierarchisch-zentralisierten Aufbau beruht, die Handlungsspielräume so vergrößert, daß das individuelle Eingehen auf die Wünsche und Bedürfnisse von Patienten durch die höhere Flexibilität des Systems verbessert wird. An dieser Stelle möchten wir einige Nachteile, die das verrichtungsorientierte Modell der Funktionspflege in sich birgt, in Anlehnung an Elkeles näher erläutern, denn hier konnten wichtige Hinweise darauf gewonnen werden, was Patienten möglicherweise als schädigend oder verletzend an dem Verhalten von Pflegenden erleben (Elkeles 1993, 107–109).

Elkeles beschreibt, daß bei der Funktionspflege aufgrund der nicht mehr zu koordinierenden Teilverrichtungen tendentiell die Fehlerquote in der Pflege ansteigt, was sich beispielsweise in dem Unterlassen von notwendigen pflegerischen Maßnahmen oder aber der mehrfachen bzw. fehlerhaften Ausführung dieser bemerkbar macht. Auch kann der Genesungsprozeß dadurch negativ beeinflußt werden, daß durch die hohe Arbeitsteiligkeit die Kontaktzeiten zwischen Patienten und Pflegenden sich verringern und so keine Kontinuität in der Beziehung hergestellt werden kann. Elkeles fügt hinzu, daß die Gefahr

besteht, daß das Pflegeniveau so eher niedriger wird, da durch die routinisierten Arbeitsabläufe bestimmte Fähigkeiten der Pflegenden verkümmern und Fortbildungsmöglichkei-
ten während der Arbeit nur in einem geringen Umfang möglich sind.

Diese kurze Darstellung der Nachteile einer verrichtungsorientierten Arbeitsorganisation verdeutlicht, daß Patienten in dieser Arbeitsorganisationsform Nachteile erleben
könnten, die sich sogar mitunter langfristig auf ihren Genesungsprozeß auswirken. Doch
können hier keine Aussagen darüber getroffen werden, ob die patientenorientierten Ar-
beitsformen all diesen Nachteilen entgegenwirken und Patienten eine aktivere Rolle im
Leistungsgeschehen einnehmen. Jedoch ist anzunehmen, daß personenorientierte Arbeits-
systeme mit ihrer ihnen innenwohnenden Flexibilität mehr Möglichkeiten eröffnen,
durch etwa längere Kontaktzeiten, eine intensivere Beziehung zum Patienten aufzubauen
und die Orientierung der Arbeitsabläufe an den persönlichen Wünschen der Patienten zu
verbessern.

Generell möchten wir jedoch noch einmal darauf hinweisen, daß die Aufbau- und
Ablauforganisation des Krankenhauses dazu dient, die Spielräume der Handlungen von
Mitarbeitern so zu beeinflussen, daß sie der generellen Zielsetzung entsprechend ihre
spezifischen Aufgaben erledigen können. Diesen Organisationsformen kommt also ein
gewisser Mittelcharakter zu, und es bleibt zu überdenken, in welcher Form die Organisation Krankenhaus Zielsetzungen verbindlich für alle Mitarbeiter festlegt und somit eine
Handlungsorientierung vorschreibt. Im Krankenhausbereich wurden mehrfach Versuche
unternommen, die Ziele in einer hierarchischen Art und Weise festzulegen (z. B. Eichhorn 1975, 23–35). Jedoch zeigt sich bei diesen Versuchen, daß die eindeutige Gestaltung
eines Zielsystems nur schwer möglich ist und immer wieder Zielkonflikte auftreten, die
dazu führen, daß eine Handlungsorientierung der Mitarbeiter nur bedingt an diesen Zielen erfolgen kann. So kommt in diesem Zusammenhang der Gestaltung einer Corporated
Identity und dem Formulieren von Leitbildern und Grundsätzen eine wesentliche Bedeutung bei der Beeinflussung von Handlungen und Verhalten der Mitarbeiter zu. Durch das
Formulieren und Transparentmachen von Leitbildern und Grundsätzen wird eine generel-
lere Handlungsorientierung vorgegeben.

2.2.3   Das soziale System Krankenhaus

Die Corporated Identity findet seine Ausprägung in der Organisationskultur, die sich
allgemein als ein System gemeinsam geteilter Werte, Normen, Einstellungen, Überzeugungen und Ideale definieren läßt (Staehle 1991, 465). Die jeweilige Kultur spiegelt sich
auf der Handlungsebene der Mitarbeiter im Verhalten und in der Sprache wider und ist
Ausdruck des sozialen Gebildes, mit dem Patienten beim Eintritt in die Organisation
Krankenhaus konfrontiert werden und das sie im Verlauf ihres Krankenhausaufenthaltes
als einen Teil dieses sozialen Systems erleben. Im folgenden möchten wir das soziale
System Krankenhaus näher betrachten und aufzeigen, welchen Einfluß dieses System auf
das Erleben der Krankenhaussituation nehmen kann.

Jede Organisation hat eine für sie spezifische Kultur mit verschiedenen Einstellungen, Normen und Werten sowie Überzeugungen und Idealen, die sich in den Handlungen
und im Verhalten aller sich in der Organisation befindlichen Menschen widerspiegeln.
Der Versuch etwa, durch das Formulieren von Leitbildern die Unternehmenskultur zu be-

einflussen, legt die Vermutung nahe, daß sich die Verantwortlichen auf den verschiedenen Managementebenen im Krankenhaus durchaus bewußt sind, daß es Kulturen im Krankenhaus gibt, die weniger wünschenswert sind bzw. deutlich geändert werden sollten. Dabei kommt der Verhaltensbeeinflussung der Mitarbeiter gegenüber den Patienten eine bedeutende Stellung zu, wie hier an einem Auszug der Philosophie des Pflegedienstes des Cedar Medical Center in Miami, Florida, USA, verdeutlicht werden soll. Anzumerken ist, daß die Begriffe „Pflegephilosophie" und „Pflegeleitbild" in der Regel synonym verwendet werden.

> „(...) Wir sehen die Hauptaufgabe des Pflegedienstes darin, jeden Patienten unter Berücksichtigung seiner physischen, psychosozialen, kulturellen und geistigen Bedürfnisse individuell zu betreuen. Wir anerkennen das Recht jedes Patienten mit Würde und Respekt behandelt zu werden, Informationen zum Verständnis seiner Krankheit zu erhalten, (...)"
> (in: Kellnhauser 1991, 1099)

Auch in Deutschland werden in zunehmenden Maße Leitbilder und Grundsätze für die Organisation Krankenhaus und die speziellen Berufsgruppen im Krankenhaus erarbeitet. Ziel dieser Leitbilder und Grundsätze soll die Festschreibung und Vermittlung von Werten sein, die über die bloße fachliche Ausführung der jeweiligen Arbeitshandlungen hinausgehen. In diesem Zusammenhang ist zu fragen, warum gerade Leitbildern und Grundsätzen in der heutigen Diskussion ein so großer Stellenwert zukommt. Das Bewußtsein, daß neben der bloßen „fachlich richtigen" Handlungsorientierung auch eine Orientierung an beschriebenen Werten und Normen erfolgen soll, wurde unserer Meinung nach auch durch Erkenntnisse der medizinischen Soziologie gefördert. In ihnen nämlich wurden wichtige Hinweise darauf gegeben, daß Patienten in der realen Krankenhaussituation nicht immer eine an ihrer Person orientierte Behandlung und Betreuung erlebten.

In der medizinischen Soziologie wurden wichtige Erkenntnisse zur sozialen Rolle, die Patienten beim Eintritt in die Organisation Krankenhaus annehmen, gewonnen. Unter einer sozialen Rolle wird allgemein ein Bündel von Normen, die sich auf eine bestimmte Position beziehen, verstanden (Siegrist 1988, 92). Siegrist, der sich bei seinen Untersuchungen unter anderem auf Wissenschaftler wie Goffman, Freidson und Weber bezieht, beschäftigte sich eingehend mit den Normen, die sich auf die Position des Patienten im Krankenhaus beziehen. Soziale Normen definieren hierbei die gemeinsame soziale Situation, in der sich Patienten und andere Mitglieder der Organisation befinden, und deren Verhalten. Das Handeln der Interaktionspartner in spezifischen Situationen wird dadurch, daß durch die sozialen Normen die Erwartungen der einzelnen Individuen strukturiert werden, zu einem gewissen Umfang vorhersehbar (Siegrist 1988, 90). Auch in der Organisation Krankenhaus gibt es, wie oben beschrieben, eine Reihe von sozialen Normen, die dadurch geschützt werden, daß Verhaltensweisen einzelner Patienten, die diesen Normen nicht entsprechen, mit negativen Sanktionen, das heißt Bestrafung oder Androhung einer solchen, von seiten anderer Organisationsmitglieder belegt werden.

Die sozialen Normen, mit denen Patienten beim Eintritt in die Organisation Krankenhaus und der damit verbundenen Übernahme der sozialen Rolle des Patienten konfrontiert werden, werden laut Siegrist von drei wesentlichen Bedingungen beeinflußt (Siegrist 1978, 5, 6):

1. Der Patient unterliegt einem beträchtlichen Umfang an Reglementierungen, da die Lebensbedürfnisse einer größeren Anzahl von Menschen befriedigt und aufeinander abgestimmt werden müssen.
2. Aus der Delegation der Bedürfnisbefriedigung an das arbeitende Personal ergeben sich Eingriffsmöglichkeiten in seinen individuellen Dispositionsspielraum.
3. Die Komplexität der verschiedenen arbeitsteilig organisierten, aufeinander bezogenen Organisationskreise bedingen eine ständige Präsenz des Kranken sowie eine Zentralisierung der Interaktionsmodalitäten auf seine Krankheit.

Ausgehend von diesen Bedingungen, unternimmt Siegrist den Versuch, verschiedene Merkmale der Patientenrolle herauszuarbeiten. Er schließt dabei aufgrund der Existenz von Gleichförmigkeiten bestimmter Zumutungen und Handlungspraktiken des Personals gegenüber den Patienten auf folgende Merkmale, die die Patientenrolle auszeichnen (Siegrist 1978, 7–8):

- Abrupter Rollenwechsel,
- kollektiver Tagesablauf,
- ständige Präsenz,
- Kontaktbegrenzung,
- Informationsbegrenzung,
- Unpersönlichkeit der Beziehungsform,
- hohes ungeregeltes Sanktionspotential.

Eine derartige Beschreibung der Inhalte der Patientenrolle, die auf einer empirischen Studie beruht, zeigt deutlich, daß in der Krankenhausrealität das Handeln der Organisationsmitglieder oftmals nicht an den Bedürfnissen der Patienten orientiert ist. Statt dessen werden diese bei der Hospitalisation mit einer Vielzahl von sozialen Normen konfrontiert, denen sie sich zu unterwerfen haben. Diese sozialen Normen resultieren nach Siegrist nicht nur aus den arbeitsorganisatorischen Bedingungen der Organisation, welche den Verhaltensspielraum der Patienten einschränken, sondern auch aus im „normalen" Alltagsleben unüblichen sozialen Verhaltensweisen des Personals.

So weist Raspe in seiner Studie insbesondere auf Informationsbegrenzungen hin, denen Patienten von seiten des Personals unterliegen (Raspe 1983). Gerade durch diese Informationsbegrenzung werde der Dehumanisierungsprozeß im Krankenhaus verstärkt. Durch eine verbesserte Information würde den Patienten Selbstbestimmung, Partizipation und Selbstkontrolle ermöglicht. Außerdem würde durch das damit verbundene Gespräch die Beziehung oder das Vertrauensverhältnis zwischen Personal und Patienten wesentlich verbessert.

Innerhalb der medizinischen Soziologie beschäftigten sich einige Autoren damit, welche psycho-sozialen Auswirkungen für Patienten mit der Annahme der Patientenrolle verbunden sind. Rohde, der schon in den frühen 70er Jahren erkannte, daß die Versorgung der Patienten im Krankenhaus keinesfalls als patientenzentriert anzusehen ist, weist mit drei Thesen, die im folgenden dargestellt werden, auf die Bedeutung, die eine Hospitalisation für den Patienten haben kann, hin (Rohde 1975, 197–200). In diesem Zusammenhang möchten wir noch einmal feststellen, daß die Zwänge und Restriktionen, die hier beschrieben werden, aus den von den Organisationsmitgliedern geteilten sozialen Normen, die auf die Patientenrolle bezogen sind, resultieren.

1) *„Hospitalisierung bedeutet für den Patienten allemal psycho-soziale Entwurzelung"* (Rohde 1975, 197)

Rohde führt hierbei aus, daß Patienten für den Zeitraum des Krankenhausaufenthaltes dem Zwang unterliegen, ihre gewohnte räumliche Umgebung aufzugeben. Auch die für ihr Selbstwertgefühl und ihr emotionales Gleichgewicht bedeutsamen zwischenmenschlichen Beziehungen unterliegen gewissen Restriktionen. Durch den Zwang zur Einschränkung des Rollenrepertoires komme es zu einem gewissen Statusverlust bei einzelnen Patienten. Wie ein Patient diese Aspekte der psycho-sozialen Entwurzelung erlebt, beschreibt Rohde beispielsweise mit dem Mangel an Vertrautheitserlebnissen, Angst und Sorge um Angehörige oder der resignativen Vorstellung, nicht mehr geliebt, geschätzt oder von Nutzen zu sein.

2) *„Hospitalisierung bedeutet für den Patienten allemal relative Entpersönlichung"* (Rohde 1975, 198)

Hierunter versteht Rohde, daß den Patienten in der Institution Krankenhaus eine von ihrer Persönlichkeit abweichende neue Identität aufgezwungen wird. Dadurch, daß sie sich den Routineabläufen der Arbeitsorganisation zu unterwerfen haben und eine Vielzahl ihrer individuellen Bedürfnisse einschränken müssen, verlieren sie im hohen Maße ihre persönliche Autonomie und büßen die Möglichkeit ein, ihr Statusbewußtsein sich selbst und anderen gegenüber zu erhalten.

3) *„Hospitalisierung bedeutet für den Patienten allemal relative Infantilisierung"* (Rohde 1975, 199)

Mit dieser These weist Rohde darauf hin, daß innerhalb der Organisation Krankenhaus die krankheitsbedingte Regression der Patienten eher verstärkt als gemildert wird. Durch eine gesteigerte Abhängigkeit von anderen bei der Bedürfnisbefriedigung und durch den Zwang, sich helfen lassen zu müssen, werde den Patienten ein quasi-kindlicher Status zugeschrieben. Ebenso wie Eltern ihre Kinder kontrollieren, unterlägen Spontanität und Initiative weitgehend der Kontrolle anderer. Jedes Durchbrechen der in der Organisation geltenden Regeln oder Routinen bedinge Sanktionen von seiten des Personals.

Rohde sagt weiter, daß innerhalb des sozialen Systems des Krankenhauses Probleme von Patienten, die aus der Hospitalisation entstehen, keine Beachtung finden, da die Beurteilung des Zustandes der Patienten in erster Linie auf dem Hintergrund der Zielerreichung der Organisation, nämlich der Bekämpfung von Krankheiten, erfolge. Beispielsweise könnte eine depressive Zurückgezogenheit des Patienten aufgrund der Sorge um Familienangehörige entweder gar nicht wahrgenommen werden oder fehlgedeutet werden, indem die Zurückgezogenheit in Verbindung mit der Erkrankung gesehen wird.

Die hier von Rohde aufgezeigten negativen Folgen einer Hospitalisation, nämlich psycho-soziale Entwurzelung, relative Infantilisierung und relative Entpersönlichung, resultieren, wie oben beschrieben, indirekt aus dem Handeln anderer Organisationsmitglieder, also auch dem der Pflegenden. Will ein Patient sich nicht negativen Sanktionen von seiten des Personals aussetzen, so paßt er sich mit seinem Verhalten den bestehenden festen Normen der Organisation an und unterdrückt dabei eventuell seine persönlichen Bedürfnisse.

In diesem Zusammenhang möchten wir auf ein interessantes Ergebnis hinweisen, das Siegrist innerhalb seiner Studien in verschiedenen Krankenhäusern erhielt, da es direkt

mit dem Erleben von Pflege in Verbindung steht. Aufgrund der Ergebnisse aus standardisierten Interviews mit Patienten kommt Siegrist zu dem Schluß, daß bei den Patienten
eine Tendenz festzustellen ist, Negatives herunterzuspielen und Kritik dem Personal gegenüber zu unterdrücken (Siegrist 1978, 10). Er weist darauf hin, daß Patienten häufig
die Meinung vertraten, daß häufige Beschwerden Nachteile in der Pflege und Behandlung von seiten der Pflegenden nach sich ziehen. Diese Sanktionsangst der Patienten, die
zu Beginn des Krankenhausaufenthaltes am stärksten ist, belegt er mit ein paar beispiel-
haften Zitaten:

„Habe festgestellt, daß die Schwester nicht kommt, wenn man klingelt."

„Du wirst dann eventuell geschnitten."

„Ein solcher Patient wird wahrscheinlicher abweichender und unfreundlicher
behandelt."

„Ich glaube, daß man versuchen wird, den Patienten früher zu entlassen."

(Siegrist 1978, 10)

Aus diesen Äußerungen von Patienten wird deutlich, daß diese sehr wohl Sanktionen
von Pflegenden erlebt haben, wenn sie sich nicht den Werten und Normen der Organisation und den damit für sie verbundenen Zwängen angepaßt haben. Dadurch, daß Patienten zwar Bedürfnisse und Wünsche haben, diese aber nicht aussprechen, kommt es nach
Siegrist zu einem unglücklichen Zirkel. Weil die Patienten keine Forderungen stellen, hat
das Personal die Idee, daß diese keine entsprechenden Bedürfnisse haben. Das Personal
gerät also in den Glauben, daß sie es schon richtig machen, so wie sie es machen. Es
käme zu einem für die Patienten unbefriedigenden Arrangement, das sie enttäuscht zu-
rückläßt, aber gleichzeitig zwingt, unbefriedigte Bedürfnisse zu unterdrücken (Siegrist
1978, 11).

Innerhalb unserer Studie wäre es nun interessant zu erfahren, inwieweit Patienten
Normen und Werte der Organisationsmitglieder, die sich im Verhalten von Pflegenden
ihnen gegenüber manifestieren, als schädigend oder verletzend erleben. Sollten sie von
den Patienten wirklich so erlebt werden, so wiegen diese Erlebnisse besonders schwer, da
der Patient kaum Möglichkeiten besitzt, sich der Vereinnahmung durch die Institution zu
entziehen. Auch Böhm kommt zu dem Schluß, daß der Patient im Vergleich zu den anderen Gruppen im Krankenhaus die geringsten Möglichkeiten zur Beeinflussung der gegebenen Strukturen hat (Böhm 1993, 22). Gründe für diese geringen Einflußchancen können vor allem darin gesehen werden, daß ein Patient als „Laie" in eine „professionelle
Organisation" eintritt und deshalb seine Initiativchancen durch sein Wissensdefizit ver-
mindert sind. Weiter befinden sich Patienten zu einem Zeitpunkt im Krankenhaus, zu
dem ihre Bereitschaft, unliebsame Zwänge zu akzeptieren, wesentlich erhöht ist, weil sie
sich durch ihre Erkrankung in einer Situation des Hilfesuchens, der physischen Behinderung, des Schmerzes oder des Angsterlebens befinden. Das ohnehin auf den verschiedenen sozialen Rollen beruhende Abhängigkeitsgefälle zwischen den Mitgliedern der Institution, die dazu noch mit einer gewissen Sanktionsmacht ausgestattet sind, und dem Patienten, der diese Institution in Anspruch nimmt, wird noch dadurch verstärkt, daß diese
unterschiedlich in die gemeinsame Situation involviert sind. Das Personal handelt in einer Situation beruflicher Routine, während der einzelne Patient zunächst von seiner individuellen Betroffenheit ausgeht.

Obwohl diese hier vorgestellten Erkenntnisse aus der medizinischen Soziologie schon eine gewisse Zeit zurückliegen, haben sie unserer Meinung nach auch heute noch eine Gültigkeit.

Zusammenfassend kann gesagt werden, daß das Handeln von Pflegenden gegenüber Patienten und damit deren Interaktionsprozeß wesentlich von den Organisationsstrukturen und der Organisationskultur des Krankenhauses beeinflußt wird. So könnten Ursachen für schädigendes oder verletzendes Verhalten von Pflegenden, die Patienten erleben, hierin begründet sein, weil Pflegende individuelle Bedürfnisse einzelner Patienten mißachten, indem sie nur im Sinne der Institution handeln.

2.3   Über die Pflege von Patienten

Während des stationären Aufenthaltes im Krankenhaus treten Patienten mit der Berufsgruppe der Pflegenden in aller Regel am häufigsten in Kontakt. So können sie nicht nur Handlungen an ihnen selbst und an anderen Mitpatienten erleben, sondern auch das generelle Verhalten der Pflegenden in den unterschiedlichsten Situationen. In der Organisation Krankenhaus übernehmen Pflegende einen genau umrissenen Bereich von Aufgaben, Kompetenzen und Verantwortungen mit dem Ziel, jedem Patienten gemäß den Zielen des Krankenhauses und der Berufsgruppe eine qualitativ hochwertige Pflege zukommen zu lassen. Dabei haben Pflegende in aller Regel den Anspruch, Patienten nicht als ein Objekt ihrer Arbeit zu begreifen, sondern vielmehr ihre Individualität und Einzigartigkeit soweit in die Dienstleistung Pflege zu integrieren, daß ein hohes Maß an Zufriedenheit erreicht werden kann. Daß das Wohl der Patienten an erster Stelle unter den Arbeitsmotiven von Krankenschwestern und Pflegern steht, stellen Dätwyler und Baillod als ein Hauptergebnis ihrer empirischen Studie zum Berufsbild von Pflegenden fest (Dätwyler & Baillod 1995, 66).

Im Rahmen unserer Fragestellung erschien es sinnvoll, zu fragen, was Pflegende tun, wie sie es tun und wie sie es eigentlich tun sollten. Diese Fragen deuten jedoch schon darauf hin, daß es nur schwer möglich ist, verallgemeinbare Antworten hierauf zu geben. Ausgehend davon, daß sich die Dienstleistung Pflege im Krankenhaus in einem „medizinischen Feld", in dem es um die Erforschung, Behandlung und Prävention von Krankheiten geht, vollzieht (Karrer 1995, 43), entschlossen wir uns zunächst einmal, den theoretischen Wissensstand von Pflege zu betrachten, um so herauszuarbeiten, was Pflegende eigentlich tun sollten. Hiernach wird dann die Frage nach dem „Was und Wie arbeiten Pflegende" erörtert, um so Hinweise darauf zu erlangen, was Patienten möglicherweise als schädigend und/oder verletzend erleben könnten.

2.3.1   Pflegewissen und definitorische Ansätze von Pflege

Um beschreiben zu können „was Pflegende tun sollen", wird hier auf Erkenntnisse der Pflegewissenschaft zurückgegriffen. Im Vergleich zu den USA bezeichnen Botschafter und Steppe die Bundesrepublik als ein Entwicklungsland, denn nach wie vor stelle die fehlende wissenschaftliche Infrastruktur als notwendige Voraussetzung, um Pflegewissenschaft systematisch betreiben zu können, ein ungelöstes Problem dar (Botschafter &

Steppe 1994, 83). Im Rahmen der wissenschaftlichen Auseinandersetzung mit dem Gegenstand „Pflege" ist es seit den frühen 50er Jahren vor allem Wissenschaftlerinnen aus Nordamerika zu verdanken, daß die Pflege systematisch in ihrer Komplexität erfaßt wurde. In den hierbei entwickelten Modellen finden sich neben den Aussagen über das zugrundeliegende Menschenbild, die Umwelt des Menschen, sowie eine begriffliche Darstellung des Verständnisses von Gesundheit, auch Definitionen von Pflege. Diese Modelle beschreiben die Wirklichkeit nicht, wie sie ist, sondern wie sie sein soll, was bedeutet, daß sie eher „Ideologie" als „Analyse" sind (Dassen & Buist 1994, 92). In Anlehnung an Meleise unterteilt Steppe die verschiedenen Pflegemodelle in drei „Denkschulen", um so zu verdeutlichen, daß die jeweiligen Theoretikerinnen in ihren Überlegungen verschiedene Schwerpunkte setzen. Demnach lassen sich die Pflegemodelle grob in Bedürfnismodelle, Interaktionsmodelle und Ergebnismodelle unterteilen (Steppe 1990a, 292). Da es uns im Rahmen dieser Arbeit nicht möglich ist, die einzelnen Vertreterinnen der jeweiligen Richtungen inhaltlich näher zu betrachten, möchten wir verschiedene Definitionen von Pflege beispielhaft anhand jeweils einer Definition jeder „Denkschule" aufzeigen. Durch diese Definitionen soll dem Leser ein Eindruck vermittelt werden, worin einzelne Theoretikerinnen die Ziele und Mittel der Krankenpflege sehen.

Innerhalb der Gruppe der *Bedürfnismodelle* wird davon ausgegangen, daß jeder Mensch hierarchisch geordnete Bedürfnisse hat. Durch besondere Umstände, wie beispielsweise eine Erkrankung, kommt es dazu, daß der Mensch einen Teil seiner Bedürfnisbefriedigung nicht mehr eigenständig vornehmen kann. Die Krankenpflege hat hier die Aufgabe, den Menschen bei der Wahrnehmung seiner Bedürfnisse zu unterstützen und ihn zu befähigen, wieder selbständig zu werden (Schnieders 1994, 31). Schwerpunktmäßig beschreiben die Theoretikerinnen dieser „Denkschule", „was" Pflegende tun sollen. Die wohl bekannteste Vertreterin der sogenannten Bedürfnismodelle ist Henderson, die herausstellt, daß Pflege immer dann eingesetzt werden muß, wenn Menschen nicht in der Lage sind, ihre 14 Grundbedürfnisse alleine zu befriedigen. Sie definiert die Ziele und Aufgaben von Pflege folgendermaßen:

> „Die einzigartige Aufgabe der Krankenpflege ist es, dem einzelnen, krank oder gesund, bei der Durchführung jener Tätigkeiten zu helfen, die zur Gesundheit oder Rekonvaleszenz (oder den friedlichen Tod) beitragen, die er ohne Hilfe selbst durchführen würde, wenn er die dazu notwendige Kraft, den Willen oder das Wissen hätte. Dies ist auf eine Weise zu tun, die dem Patienten die schnellstmögliche Wiedererlangung seiner Unabhängigkeit erlaubt."
> (in: Steppe 1990b, 585)

Bei den Vertreterinnen der *Interaktionsmodelle* nimmt die Kommunikation und Interaktion zwischen Pflegenden und Patienten bei der Modellbeschreibung einen großen Raum ein. Der Beziehung zwischen den Interaktionspartnern wird ein großer Stellenwert zur Erreichung der Ziele von Pflege eingeräumt. Innerhalb dieser „Denkschule" wird also schwerpunktmäßig beschrieben, „wie" Pflegende die Ziele der Pflege erreichen. So definiert beispielsweise Travelbee Krankenpflege als einen

> „zwischenmenschlichen Prozeß, in dem die Krankenschwester einem einzelnen Menschen, einer Familie oder einer Gemeinschaft hilft, die Erfahrung von Krankheit und

Leiden zu vermeiden oder mit ihr fertig zu werden und, falls notwendig, eine Bedeutung in diesen Erfahrungen zu finden."
(in: Marriner-Tomey 1992, 336)

In den sogenannten *Ergebnismodellen,* als deren Hauptvertreterin Rogers zu benennen ist, steht das Ergebnis, das durch Pflege erreicht werden soll, im Mittelpunkt der Betrachtungen. In diesen Modellen stehen also nicht so sehr handlungsrelevante Fragestellungen im Vordergrund, sondern die Ziele von Pflege werden auf einer theoretischeren Ebene reflektiert. So definiert Rogers Krankenpflege wie folgt:

„Krankenpflege ist eine humanistische Wissenschaft, die der mitfühlenden Sorge zur Erhaltung und Förderung der Gesundheit, dem Verhindern von Krankheit und der Pflege und Wiederherstellung der Kranken und Behinderten gewidmet ist." (in: Marriner-Tomey 1992, 585, 586)

Hierauf Bezug nehmend führt Marriner-Tomey weiter aus:

„Krankenpflege versucht eine harmonische Interaktion zwischen Umwelt und dem Menschen zu fördern, die Kohärenz und Integrität der Menschen zu stärken sowie die Struktur der Interaktion zwischen Mensch und Umwelt zur Verwirklichung des maximalen Gesundheitspotentials zu leiten und umzustellen." (Marriner-Tomey 1992, 586, 587)

Diese allgemeinen und zum Teil auch abstrakten Definitionen von Pflege sollen hier zunächst einmal nur verdeutlichen, daß auch innerhalb der Pflegepraxis die Schwerpunkte der pflegerischen Tätigkeit unterschiedlich gesetzt werden können. Dabei sind die Modelle dieser scheinbar verschiedenen Richtungen sicherlich nicht als konträr zu begreifen, sondern können sich durch ihre Aussagen gegenseitig stützen und ergänzen. Eine Auseinandersetzung mit den verschiedenen Pflegemodellen erscheint uns für die Pflegepraxis wichtig, da sie den Praktikern wesentliche Hinweise zum Verständnis ihrer Arbeit geben.

Wir möchten an dieser Stelle nicht versäumen, einige wichtige Aspekte zu unserem Thema aus der pflegewissenschaftlichen Literatur herauszuarbeiten. So konnten wir beim Lesen der verschiedenen Pflegetheoretikerinnen vermehrt Hinweise darauf finden, daß der Pflege von Menschen auf dem Hintergrund unterschiedlicher Modellvorstellungen gewisse Probleme innewohnen, die hier nur exemplarisch aufgegriffen werden sollen.

Abdellah, die als frühe Vertreterin der Bedürfnismodelle gilt, stellte in ihren der Theorie zugrundeliegenden Studien fest, daß Pflegende in ihrer Einschätzung von Pflegeproblemen oft nicht mit der Einschätzung der jeweiligen Patienten übereinstimmten. Darüber hinaus würden viele Pflegeprobleme gar nicht erst erkannt, wenn Pflegende den Patienten nicht als ganze Person wahrnahmen. Aus dieser Problemstellung heraus entwickelte Abdellah einen Problemlösungsprozeß, die sogenannte Pflegeprozeßmethode, um Pflegenden ein Instrument an die Hand zu geben, mit dessen Hilfe die Erfassung von Pflegeproblemen erleichtert werden sollte (Steppe 1990c, 1046). Auch Henderson weist in ihren Überlegungen auf ein ganz ähnliches Problem hin und fordert, daß Pflegende „in die Haut ihrer Patienten schlüpfen" sollten, um zu ermitteln, was sie brauchen, um so die Ziele der Krankenpflege erreichen zu können. (Steppe 1990b, 586). Es wird deutlich, daß, wenn Pflegende sich nicht intensiv mit den Bedürfnissen von Patienten auseinandersetzen, diese nicht erkannt werden können. Sind aber Pflegenden die Bedürfnisse der

Patienten nicht bekannt, so ist es ihnen auch nicht möglich, das Ziel der Krankenpflege, nämlich durch die Unterstützung der Patienten bei der Bedürfnisbefriedigung das Wohlbefinden dieser zu fördern, zu erreichen. Auch Orlando, als eine Vertreterin der Interaktionsmodelle, weist darauf hin, daß viele gutgemeinte pflegerische Handlungen den Patienten nicht wirklich helfen, weil sie routinemäßig erfolgen und sich eben nicht auf die unmittelbaren von Patienten geäußerten Bedürfnisse beziehen. Sie bezeichnet daher automatische Pflegehandlungen als ineffektiv, da eine effektive Pflege sich auf das Erkennen und Erfüllen des unmittelbaren und aktuellen Bedürfnisses des jeweiligen Patienten stütze. So geht Orlando davon aus, daß Probleme durchaus vermeidbar und lösbar sind, wenn sowohl Patienten wie auch Pflegende bereit sind, über ihre Wahrnehmungen und Gefühle offen zu kommunizieren. Dies jedoch setze eine Bereitschaft zur Selbstreflexion voraus und verlange vor allem von Patienten, daß sie auf die professionelle Kompetenz der Pflegenden vertrauen. Zugleich müßten auch Pflegende dazu bereit sein, ihre eigenen Gefühle und Gedanken zu reflektieren und dem Patienten mitzuteilen (Steppe 1991a, 312–315). Die hier genannten Theoretikerinnen deuten also an, daß es aufgrund verschiedener Ursachen zu einer Mißachtung von Bedürfnissen der Patienten kommen kann. Die negativen Folgen für die Patienten werden von allen in der Verfehlung der pflegerischen Zielsetzung gesehen.

Eine andere Ursache dafür, daß die Ziele der Krankenpflege nicht erreicht werden, erkennt Wiedenbach. Als eine Vertreterin der Interaktionsmodelle versteht sie unter Pflege, das für jemanden in mütterlicher Weise Sorge Tragen und eine Unterstützung des Menschen in der Gegenwart in angemessener Art und Weise. Auch wenn sie herausstellt, daß dies hohe Anforderungen an Pflegende sind, sieht sie wenig Probleme in der tatsächlichen Umsetzung der Pflege nach ihrem Modell. Jedoch gibt sie zu bedenken, daß nicht alle Pflegenden für die Ausübung des Berufes geeignet sind (Steppe 1991b, 506–512). Sie weist also darauf hin, daß Pflegende gewisse Eigenschaften besitzen müssen, um innerhalb der Interaktion mit Patienten die Ziele der Pflege erreichen zu können.

Levine, die die Hauptaufgabe der Pflege darin sieht, dem Individuum bei der Bewahrung oder Suche nach Identität und Integrität zu helfen, weist direkt auf negative Folgen, die ein Patient durch pflegerisches Handeln erleiden könnte, hin. Bei der Pflege müßten sich die Pflegenden stets vergegenwärtigen, daß es keine größere Bedrohung für die Selbst-Identität des Patienten gibt als das Gefühl der Abhängigkeit. So sei es einem Individuum unmöglich, den privaten Teil seines Selbst anderen Menschen zu offenbaren und in seine Hände zu legen, auch wenn es in einem sehr beträchtlichen Ausmaß von pflegerischen Leistungen abhängig ist. Levine stellt fest, daß das Suchen nach psycho-sozialen Informationen über die Patienten den Schutz ihrer Privatsphäre verletzen und damit mehr Schaden als Nutzen verursachen könnte. Um einen derartigen Schaden zu vermeiden, müßten Pflegende Patienten so akzeptieren, wie sie sind, auch wenn ihr Verhalten nicht den Normen und Werten der Pflegenden entspricht, weil sie aus einer anderen sozialen Schicht oder Kultur stammen. Um die soziale Integrität des Individuums sicherzustellen, ist es ihrer Meinung nach wichtig, daß Pflegende innerhalb der Interaktion mit den Patienten eine soziale Beziehung, die trotz der professionellen Rolle der Pflegenden nach denselben Regeln wie eine gleichberechtigte menschliche Beziehung gestaltet ist, aufbauen (Botschafter & Moers 1991, 1070–1075).

Mit diesen kurzen und nicht vollständigen Ausführungen wollten wir verdeutlichen, daß auch in den Pflegetheorien deutliche Hinweise darauf gegeben werden, wo auf der

Handlungsebene bei der Umsetzung der Pflege Probleme auftreten können. Besonders aber, wenn das durch die Pflegewissenschaft erarbeitete Wissen nicht genutzt wird und Ziele und Mittel in der Pflege nicht festgelegt werden, erscheint die Möglichkeit höher, daß Patienten eine Pflege erleben, die nicht an ihren Bedürfnissen orientiert ist und so möglicherweise als schädigend oder verletzend erlebt werden könnte.

2.3.2   Pflegerisches Handeln im beruflichen Alltag

Wie bereits ausgeführt, handelt es sich bei der Pflegewissenschaft um eine „junge" Wissenschaft, die erst auf eine kleine Gruppe von Wissenschaftlerinnen zurückblickt. So konnte das erarbeitete Pflegewissen erst in den 80er und 90er Jahren durch einige wenige Übersetzungen (z. B. Roper, Logan und Tierney 1987; Marriner-Tomey 1992) bzw. Artikel über die Modelle der Berufsgruppe Pflege in Deutschland zugänglich gemacht werden. Herauszustellen ist auch, daß in Deutschland seit den 80er Jahren die Initiativen zur Pflegeforschung zunehmen und theoretische Modelle erarbeitet werden (Krohwinkel 1994). Inwieweit jedoch das Handeln von Pflegenden in der beruflichen Praxis in Deutschland auf bereits erarbeitetem Pflegewissen basiert, darüber lassen sich zu diesem Zeitpunkt keine konkreten Aussagen machen. So weist Käppeli zum Beispiel darauf hin, daß in Forschung und Lehre tätige Pflegepersonen seit Jahren eine mangelnde Abstützung der Pflegepraxis durch fachspezifische Theorien beklagen (Käppeli 1995, 27). Die Notwendigkeit einer Erarbeitung von fachspezifischem Wissen erkannte auch der Deutsche Berufsverband für Pflegeberufe, indem er die Forderung formulierte, daß kompetente und professionelle Pflege systematisiertes und fundiertes Wissen brauche, um den komplexen Bedürfnissen des Menschen und der für ihn wichtigen Bezugspersonen in den gegebenen Situationen gerecht zu werden (Arbeitsgruppe Pflegeforschung im Deutschen Berufsverband für Krankenpflege 1989). Die Frage also, was Pflegende in der Praxis tun und wie sie es tun, läßt sich auf diesem Hintergrund allgemeingültig nur schwer beurteilen. Anhand einiger Überlegungen sollen hier jedoch Bereiche des Handelns von Pflegenden aufgezeigt werden.

Um eine Orientierung darüber zu erhalten, welche Tätigkeitsbereiche die Pflegenden in ihrem beruflichen Alltag erfüllen, erscheint es uns sinnvoll, einige gesetzliche Grundlagen des pflegerischen Handelns zu betrachten. Dabei möchten wir im wesentlichen auf das Krankenpflegegesetz vom Juni 1985 und die Pflege-Personalregelung vom Januar 1993 beziehen.

Im Rahmen ihrer pflegerischen Ausbildung sollen den Pflegenden Kenntnisse, Fähigkeiten und Fertigkeiten zur verantwortlichen Mitwirkung bei der Verhütung, Erkennung und Heilung von Krankheiten vermittelt werden. Folgende Aufgabenbereiche, die Auszubildende erlernen sollen, werden im Krankenpflegegesetz explizit hervorgehoben:

- „die sach- und fachkundige, umfassende, geplante Pflege des Patienten,
- die gewissenhafte Vorbereitung, Assistenz und Nachbereitung bei Maßnahmen der Diagnostik und Therapie,
- die Anregung und Anleitung zu gesundheitsförderndem Verhalten,
- die Beobachtung des körperlichen und seelischen Zustandes des Patienten und der Umstände, die seine Gesundheit beeinflussen, sowie die Weitergabe dieser Beobachtungen an die an der Diagnostik, Therapie und Pflege Beteiligten,

- die Einleitung lebensnotwendiger Sofortmaßnahmen bis zum Eintreffen der Ärztin oder des Arztes,
- die Erledigung von Verwaltungsaufgaben, soweit sie in unmittelbarem Zusammenhang mit den Pflegemaßnahmen stehen." (Krankenpflegegesetz vom 4. Juni 1985, § 4)

Diese Aufzählung zeigt, daß der pflegerische Alltag sich aus vielen, zum Teil recht unterschiedlichen Tätigkeiten zusammensetzt. Auch in der Pflege-Personalregelung vom 1.1.1993 wurde ein Spektrum von Tätigkeiten, die Pflegende als berufliche Aufgaben übernehmen sollen, festgeschrieben. Diese und andere Tätigkeits- bzw. Aufgabenkataloge verdeutlichen, welche Leistungen Pflegende den Patienten auf der Handlungsebene, die die Patienten täglich erleben, anbieten bzw. zuteil werden lassen. Die Art und Weise, wie ein Patient die pflegerische Leistung erhält, wird hierbei jedoch nicht nur durch das Pflegewissen der Pflegenden bestimmt, sondern auch durch die organisatorischen Rahmenbedingungen. Gerade der Bereich der organisatorischen Rahmenbedingungen, wie beispielsweise die Arbeitsablauforganisation, ist wichtige Bestimmungsgröße dafür, wie Pflegende ihre Leistungen zum Wohle der Patienten erbringen können. Die Forderung nach patientenorientierten Arbeitsorganisationsformen hängt daher eng mit der Forderung nach einer Patientenorientierung in der Pflege zusammen, die seit den frühen 80er Jahren auch in Deutschland gestellt wurde. Was darunter zu verstehen ist, umschreibt folgende Definition näher:

> „Unter patientenorientierter Pflege ist eine Pflege zu verstehen, bei der nicht die Krankheit im Vordergrund steht, sondern die Person des Kranken wird ganzheitlich gesehen, d. h. Körper, Geist, Seele und soziales Umfeld werden in die Sichtweise mit einbezogen." (Der Bundesminister für Arbeit und Sozialordnung 1983, 4)

Bevor innerhalb der Berufsgruppe der Pflegenden der Ruf nach einer patientenorientierten Pflege immer lauter wurde, handelten Pflegende in Deutschland vornehmlich krankheitsorientiert nach dem medizinischen Modell. Danach bedingt eine bestimmte, vor allem körperliche Fehlfunktion bei einem Patienten eine bestimmte Pflegehandlung, die dann aber für alle Patienten mit dieser Fehlfunktion gleich ist (Aggleton & Chalmers 1989, 7). Diese Art des Pflegens, die in erster Linie nur auf die Beseitigung oder Kompensation körperlicher Fehlfunktionen gerichtet ist, impliziert quasi die Vernachlässigung einer Vielzahl individueller Bedürfnisse sowie Leistungs- und Entwicklungspotentiale von Patienten. Die krankheitszentrierte Pflege, bei der das Handeln der Pflegenden in hohem Maße von den Anordnungen des Arztes bestimmt wird, die Pflegetätigkeiten also eher als medizinische Hilfstätigkeiten verstanden werden, ist auch heute noch in der Pflegepraxis verbreitet (Karrer 1995, 46). Patienten könnten also in der heutigen Pflegepraxis sowohl eine krankheits- als auch eine patientenzentrierte Pflege erleben.

In den letzten Jahren läßt sich in Deutschland ein deutlicher Trend zur Professionalisierung und damit zur Emanzipation der Pflege von der Medizin feststellen. Dabei rückt die patientenorientierte Pflege, wie sie in den verschiedenen Pflegemodellen beschrieben ist, immer stärker ins Zentrum der Überlegungen. Was in diesem Zusammenhang unter professionellem Pflegehandeln zu verstehen ist, definiert Weidner in folgenden Ausführungen:

> „Professionelles Pflegehandeln ist demnach ein personenbezogenes, kommunikativem Handeln verpflichtetes, stellvertretendes und begleitendes Agieren auf der Basis und unter Anwendung eines relativ abstrakten, ‚dem Mann auf der Straße' nicht ver-

fügbaren Sonderwissensbestandes sowie einer praktisch erworbenen hermeneutischen Fähigkeit der Rekonstruktion von Problemen defizitären Handlungssinns in
aktuellen und potentiellen Gesundheitsfragen betroffener Individuen. Die professionellen Handlungen basieren auf praktisch technischen, klinisch-pragmatischen und
ethisch moralischen Kompetenzen des Pflegepraktikers und verabfolgen auf der
Grundlage der Diagnostizierung des individuellen Pflegebedarfs und der (gemeinsamen) Feststellung von realistischen Pflegezielen, der Planung der angemessenen
Pflegemaßnahmen, der Durchführung derselbigen sowie der Überprüfung des Pflege-
erfolges und etwaiger, wiederholter, modifizierter pflegeprozessualer Durchläufe."
(Weidner 1995, 55)

Vor diesem Hintergrund untersuchte Weidner in einer Studie professionelle Hand-
lungspotentiale von Pflegenden in der Pflegepraxis. Als Ergebnis der qualitativ-empiri-
schen Studie hält er fest, daß die hier analysierte Pflegepraxis keineswegs professionell
ist. Die von ihm interviewten Pflegenden ließen sich aufgrund der Analysen ihrer subjektiven Konzeptionen und beschriebenen Handlungs- und Begründungsmuster als traditio-
nelle Typen, Übergangstypen und moderne Typen des Pflegehandelns beschreiben. Er
stellt fest, daß die Interaktion mit Patienten beim „traditionellen Typ" auf der Grundlage
der Konzeption eines körperbezogenen und mechanistischen Pflegeverständnisses stattfindet und Kennzeichen eines defizitären Fallverstehens trägt. Demhingegen beruht die
Interaktion beim „modernen Typ" des Pflegehandelns auf einer Konzeption des beide
Persönlichkeiten umfassenden Beziehungsprozesses, indem mit den Patienten auf der
Grundlage einer Verständigungsorientierung kommuniziert wird und die Pflegenden für
sie advokativ tätig werden möchten (Weidner 1995, 49–57). Diese Untersuchung macht
deutlich, daß das Handeln von Pflegenden, das Patienten erleben, in der Pflegepraxis
recht unterschiedlich strukturiert sein kann.

Wie Patienten nun die Pflege im Krankenhaus erleben, hängt sicherlich zum größten
Teil damit zusammen, in welcher Art und Weise Pflegende ihnen gegenüber handeln.
Des weiteren können aber auch die Erwartungen und die Vorstellungen des Patienten Be-
stimmungsgrößen dafür sein, wie Pflege erlebt wird. Diese Vorstellungen und Erwartungen hängen zu einem sehr wesentlichen Teil damit zusammen, welches Bild von Pflege
in der Gesellschaft allgemein besteht. Da, wie oben beschrieben, das Handeln der Pflegenden unterschiedlich sein kann, darf vermutet werden, daß auch das Bild von Pflege
innerhalb der Gesellschaft recht diffus ist. Zu fragen ist also, ob der Prozeß des „Um-
denkens", den die Pflegenden in den letzten 15 Jahren in Deutschland vollziehen, für die
Gesellschaft transparent geworden ist und ob sich das Bild in ihr von Pflege ebenfalls
verändert hat. So gibt Schnieders einige Hinweise darauf, daß die Professionalisierungs-
und Emanzipationsbestrebungen der Pflege mit bestimmten gesellschaftlichen Vorstellungen nicht unbedingt in Einklang gebracht werden können. Er weist insbesondere darauf hin, daß in der Gesellschaft Vorstellungen über Pflege bestehen, die eng mit der
christlichen Ethik zusammenhängen und Pflege als hausarbeitsnahe Frauentätigkeit, die
keine besondere Ausbildung erfordere, gesehen wird. So würden Tugenden der Unter-
würfigkeit, des Dienens und der Aufopferung häufig mit Pflege in Verbindung gebracht.
Auch sei ein fehlendes gesellschaftliches Ansehen festzustellen, das vor allem in einer
völligen Unterordnung der Pflege unter die Medizin begründet ist (Schnieders 1994, 20).
Inwieweit sich diese und ähnliche Vorstellungen über Pflege bei einzelnen Patienten wiederfinden lassen, darüber kann hier keine Aussage getroffen werden. Auch muß man be-

denken, daß die Vorstellungen des Einzelnen nicht immer mit den allgemeinen gesellschaftlichen Vorstellungen übereinstimmen müssen, denn Menschen sammeln auf vielfältigste Art Erfahrungen mit Pflegenden. So entwickelt jede Person ein eigenes Bild von
Pflege, das sich nicht mit anderen Vorstellungen decken muß. Interessant erscheint uns in
diesem Zusammenhang jedoch, daß Patienten möglicherweise aus ihren Vorstellungen
heraus an Pflegende bestimmte Erwartungen richten, die sich mit der vorgefundenen
Realität nicht in Einklang bringen lassen. Patienten können so positive wie negative Ent-
Täuschungen erleben. Nur durch eine offene Kommunikation und das Transparentmachen der unterschiedlichen Vorstellungen von dem und Erwartungen an den Interaktionspartner können Konflikte zwischen Patienten und Pflegenden verhindert werden.

2.3.3   Qualität der pflegerischen Leistung

In den vorangegangenen Ausführungen haben wir einige Aspekte zum pflegerischen
Handeln erarbeitet. Dabei wurde auf die Diskrepanz zwischen dem in der Pflegewissen-
schaft vorhandenen Wissen und dem Handeln von Pflegenden im Berufsalltag hingewie-
sen. Wir möchten nun einige kurze Überlegungen zur Qualität der pflegerischen Leistung
im Krankenhaus darlegen, da Qualität von den Patienten immer auf irgendeine Art und
Weise erlebt wird. In Anlehnung an die einschlägige Fachliteratur definiert Schiemann
Pflegequalität als den Grad an Übereinstimmung zwischen den anerkannten Zielen der
Berufsgruppe und dem erreichten Erfolg in der Pflege (Schiemann 1990, 527). Um die
Qualität der pflegerischen Versorgung zu beurteilen, müssen zuvor meßbare Kriterien
festgelegt werden, anhand derer die Qualität in der Pflegepraxis bestimmt werden kann.
Wir möchten in diesem Zusammenhang darauf hinweisen, daß es sich, wenn Qualität als
ein Ziel von Handlungen gesehen wird, um eine strategische Größe handelt, da es innerhalb der verschiedenen Qualitätsmerkmale unterschiedlichste Möglichkeiten gibt, anzu-
strebende Leistungsniveaus und Kriterien zur Qualitätsmessung festzulegen. Im Rahmen
der Professionalisierungsbestrebungen der Pflege werden daher in jüngerer Zeit von der
Berufsgruppe der Pflegenden Pflegestandards entwickelt, die ein professionell abge-
stimmtes Leistungsniveau, das den Bedürfnissen der damit angesprochenen Bevölkerung
entspricht, festschreiben. Der Vorgang des Beschreibens von Zielen in Form von Pflegestandards und Kriterien, das Messen des tatsächlichen Pflegeniveaus und, falls erforderlich, das Festlegen und Evaluieren von Maßnahmen zur Modifizierung der Pflegepraxis
wird als Qualitätssicherung definiert (Schiemann 1990, 527). Der Prozeß der Qualitätssicherung hat also direkten Einfluß auf das Handeln der Pflegenden gegenüber Patienten
und damit auch auf ihr Erleben. Da das Wohlbefinden der Patienten eine wesentliche
Qualitätsdimension pflegerischer Arbeit darstellt, verwundert es, daß Patientenbefragungen als Instrument zur Qualitätsmessung noch keine große Verbreitung gefunden haben.
Wenn professionelle Pflege das Wohlbefinden der Patienten fördern will, muß sie sich
auch im Rahmen der Qualitätssicherung noch intensiver mit den Qualitätsdefinitionen
von Patienten beschäftigen.

In seinen Ausführungen zur Qualitätssicherung weist Sperl darauf hin, daß die zwischenmenschlichen Beziehungen zwischen Pflegenden und Patienten die Qualität wesentlich beeinflussen. So bewahre eine „ganzheitliche" Sichtweise der Patienten Pflegende davor, diese einfach nur als „Werkstück" zu betrachten. „Gute", also qualitativ hoch-

wertige Pflege, verliere den Menschen als Individuum nicht aus dem Blick (Sperl 1994, 15, 16). Um dem Leser zu verdeutlichen, daß eine gute fachliche Qualifikation nicht in allen Fällen ausreicht, um in diesem Sinne eine hohe Pflegequalität zu erzielen, führt Sperl weiter aus:

„Aber auch, wenn der Patient als Mensch wahrgenommen wird, gibt es noch große Unterschiede im Umgang mit ihm. Dazu ein Beispiel: Bei einer schwerkranken, hospitalisierten Patientin mußte Mundpflege gemacht werden. Sie wurde von einer erfahrenen Fachkrankenschwester aufgefordert, den Mund zu öffnen. Als sie der Aufforderung nicht nachkam, versuchte es die Schwester kurzerhand mit Brachialgewalt: vergeblich. Die Mundpflege unterblieb, die Patientin galt als renitent. Bei derselben Patientin war in der darauffolgenden Schicht eine junge Schwester ohne Fachweiterbildung eingeteilt. Diese nahm sich die Zeit, ruhig auf die Patientin einzureden, sie zu streicheln und sie immer wieder aufzufordern, doch den Mund zu öffnen. Nach etwa einer halben Stunde kam die Patientin dieser Aufforderung nach! Hier wird deutlich, daß menschliche Qualifikation viel mehr wiegt als ‚nur‘ fachliche – ein Zustand, der für die Definition und Sicherung der Qualität von nicht zu überschätzender Bedeutung ist.“ (Sperl 1994, 16)

Es wird deutlich, daß der Aufbau einer pflegerischen Beziehung wesentliche Bedeutung für das Erreichen einer hohen Pflegequalität hat. Die Qualität der Pflege wird in diesem Beispiel einmal durch die Durchführung der Mundpflege, andererseits aber auch durch das Wohlbefinden der Patientin während und nach der Mundpflege bestimmt. Beides erlebte die Patientin. Da wir uns innerhalb unserer Untersuchung mit dem Erleben von Patienten beschäftigten, suchten wir in der Literatur zur Qualität der pflegerischen Leistung nach Kriterien, die Hinweise darauf geben, wie einzelne Patienten die Qualität der Pflege erleben. Als durchaus geeignet erschien uns das Stufenmodell der Kaderschule für Krankenpflege, Aarau, das auch Juchli in ihrem Lehrbuch im Kapitel „Messung der Pflegequalität“ verwendet (Juchli 1991, 111).

Die Pflegequalität wird, wie aus der Abbildung 2 ersichtlich, in vier Stufen eingeteilt. Wenn die Merkmale der einzelnen Qualitätsstufen genauer betrachtet werden, liegt die Vermutung nahe, daß bei den Qualitätsstufen gefährliche und sichere Pflege die Möglichkeit besteht, daß Patienten eine derartige Pflege als schädigend oder verletzend erleben. So wird zur allgemeinen Kennzeichnung der Stufe 0 auch der Ausdruck „Patient erleidet Schaden“ verwendet. Worin mögliche Schädigungen für einen Patienten bei einer minderen Pflegequalität liegen können, kann der Leser direkt aus der oben aufgeführten Abbildung entnehmen. Es wird deutlich, daß bei einer Pflege der Qualitätsstufe 0 die Ziele der Krankenpflege keineswegs erreicht werden. Auf eine Bewertung dieses Stufenmodells in bezug auf die Verwertbarkeit zur Qualitätsmessung möchten wir hier verzichten, da wir in diesem Teil unserer Darstellungen nur darauf hinweisen möchten, daß Ergebnisse pflegerischer Leistungen, die bei weitem nicht mit den von der Berufsgruppe anerkannten Zielen übereinstimmen, von Patienten durchaus als schädigend oder verletzend erlebt werden können.

| Stufe | Stufe 3 | Stufe 2 | Stufe 1 | Stufe 0 |
Bereich	**Optimale Pflege** Miteinbeziehung des Patienten	**Angemessene Pflege** Dem Patienten angepaßt	**Sichere Pflege** Routineversorgung	**gefährliche Pflege** Patient erleidet Schaden
Aktivitäten des täglichen Lebens	Patient ist aktiviert, trägt Mitverantwortung an seiner Rehabilitation. Er und seine Angehörigen erhalten sinnvolle Gesundheitserziehung	Patient erfährt Berücksichtigung seiner individuellen Bedürfnisse	Patient mit dem Nötigsten versorgt. Er erleidet keinen Schaden	Patient erleidet physische Schäden (Dekubiti, Kontraktionen, Unfälle usw.). Sein Äußeres ist ungepflegt
Behandlungspflege therapeutische Pflege	Patient kennt Sinn und Zweck der Behandlung, ist damit einverstanden, kooperiert, kann die Behandlung später selber weiterführen (oder seine Angehörigen)	Patient ist über die Behandlung informiert, ist während und nach der Behandlung adäquat unterstützt und überwacht (patientenbezogene Behandlungspflege)	Patient erhält korrekte, jedoch krankenhausbezogene Behandlungspflege. Er erleidet keinen Schaden	Patient erhält fehlerhafte Behandlungspflege und erleidet (vermeidbare) Komplikationen
Eingehen auf psychische und soziale Bedürfnisse	Patient ist so in die Pflege miteinbezogen, daß er eine angepaßte Lebensweise lernt und Lebenshilfe über die Krankenhausentlassung hinaus erfährt	Patient erfährt ein Klima, in dem er seine Bedürfnisse ausdrücken kann und sich verstanden und akzeptiert fühlt. Er kann Kontakte nach außen aufrechterhalten	Patient muß sich in allem den Krankenhausregeln anpassen. Er bekommt keine Hilfe in der Auseinandersetzung mit Fragen über Leben und Tod	Patient erleidet psychische Schäden (Angst, Streß, Regression, Isolation)
Beziehung	Patient erfährt gezielte Beratung, die ihm weiterhilft (therapeutische Beziehung)	Patient erfährt eine echte zwischenmenschliche Beziehung, in der Gespräche und Meinungsaustausch möglich sind	Patient erfährt stereotype krankenhausbezogene Kommunikation	Patient ist nicht informiert. Er kann seine Meinung nicht anbringen
Pflegeplanung und Informationsübermittlung	Patient (inkl. Angehörige) werden in die Pflegeplanung miteinbezogen. Die interdisziplinäre Zusammenarbeit ist krankenhausintern und -extern gewährleistet	Es ist ein individueller Pflegeplan vorhanden, der nach Bedarf modifiziert wird. Es finden regelmäßige Gespräche im Pflegeteam statt	Sichere Übergaberapporte sind gewährleistet	Das Rapportwesen ist mangelhaft

Abb. 2:   Stufenmodell zur Messung der Pflegequalität (Juchli 1991, Krankenpflege. Stuttgart, S. 111)

2.4   Zum Stellenwert der Fragestellung in der Literatur

Nachdem wir uns eingehend mit Erkenntnissen aus den Gebieten der Psychologie, Soziologie und Pflege auseinandergesetzt hatten, beschäftigten wir uns im folgenden mit einigen pflegerelevanten Studien bzw. Artikeln, die uns darüber hinausgehende Erkenntnisse zum Untersuchungsgegenstand geben konnten. Dabei konzentrierten wir uns auf Veröffentlichungen im deutschsprachigen Raum, da es uns aus zeitlichen Gründen nicht möglich war, auch die internationale Literatur zu analysieren.

Bei dieser Literaturanalyse interessierte uns vor allem, inwieweit sich pflegerelevante Literatur mit dem Erleben von Patienten im Krankenhaus auseinandersetzt, ob unsere Fragestellung dabei aufgegriffen wird und ob darüber hinaus Verhaltensweisen und

Haltungen von Pflegenden beschrieben sind, die möglicherweise von Patienten als schädigend oder verletzend erlebt werden. Schon an dieser Stelle muß betont werden, daß wir nur wenige Studien bzw. Artikel finden konnten, die das Erleben von Patienten betrachten und analysieren, und deshalb griffen wir auch auf Studien bzw. Artikel zurück, die sich im nahen Umfeld zum Forschungsgegenstand finden ließen.

2.4.1   Das Erleben der Pflege

Wie Patienten ihre Pflege und die Verhaltensweisen von Pflegenden erleben, wird in der pflegerelevanten Literatur kaum beschrieben bzw. analysiert. Dieses erste Ergebnis unserer Literaturrecherche erstaunte uns, denn der Grad der Zufriedenheit von Patienten könnte besonders unter Qualitätsaspekten wichtige Hinweise darauf geben, ob pflegerisches Handeln effektiv und somit auch sinnvoll ist. Bei der Betrachtung der Literatur unter unserer Fragestellung fanden wir nur wenige Hinweise, die hier näher erläutert werden sollen. Dabei kann nur begrenzt auf Forschungsergebnisse zurückgegriffen werden, und aus diesem Grunde zogen wir auch Literatur hinzu, die eher auf Erfahrungen bzw. Meinungen der jeweiligen Autoren basiert.

Bei unserer Literaturrecherche stießen wir zunächst auf eine recht interessante Studie, die sich mit dem Erleben von Pflege aus Sicht der Patienten auseinandersetzt. Hier handelt es sich jedoch um eine Untersuchung, die in den USA durchgeführt und 1994 in Deutschland in einem kurzen Artikel veröffentlicht wurde. Den Forschern ging es darum, herauszufinden, ob Pflegende, die selbst schon einmal hospitalisiert waren, aus dieser Erfahrung heraus das eigene Pflegeverhalten änderten (Gilles et al, 1994). Diese Studie verdeutlicht, daß Patienten im Krankenhaus einige Verhaltensweisen von Pflegenden als negativ erleben können. Dies kann jedoch nur im Umkehrschluß angenommen werden, denn schließlich wurden die Pflegenden nicht aufgefordert, Situationen zu beschreiben, in denen sie sich nicht angemessen oder gar ungerecht behandelt fühlten, sondern es wurden anhand von Fragebögen Stellungnahmen von 1500 Pflegenden eingeholt, in denen diese beschreiben sollten, wie das Erleben der Patientenrolle das eigene Pflegeverhalten veränderte.

Aus der Studie geht hervor, daß den befragten Pflegenden oft bis zum Zeitpunkt des eigenen Krankenhausaufenthaltes nicht bewußt war, wie Patienten ihre Situation im Krankenhaus erleben.

„Pflegende, die nie selbst erfahren haben, wie es ist, krank in einem Spital zu liegen, können nie ganz die Angst, Furcht, Wut, Mißtrauen, Hilflosigkeit und die Hoffnungslosigkeit verstehen." (Gilles et al, 1994, 22)

Dieses Zitat kann aber auch als Hinweis verstanden werden, daß sich die befragten Pflegenden in der Situation als Patienten möglicherweise nicht adäquat behandelt gefühlt haben. Die beschriebenen Gefühlsäußerungen lassen die Vermutung aufkommen, daß die Pflegenden einschneidende Erlebnisse hatten, die letztlich dazu führten, daß sie das eigene Pflegeverhalten aktiv geändert haben. Im folgenden sollen auf der Grundlage der im Artikel enthaltenen Zitate einige mögliche Problembereiche umrissen werden. Möglicherweise fühlten sich die Pflegenden als Patienten hilflos, vermißten Aufmerksamkeit, Verständnis, Wohlwollen und Geduld und bemerkten, daß auf ihre Bedürfnisse nicht in ausreichendem Maße eingegangen wurde und die Pflege sich nicht als kontinuierlicher Prozeß vollzog.

Aus unserer Sicht sind nicht nur die Ergebnisse der Studie interessant, sondern zugleich auch die methodische Vorgehensweise. Daß auch in Deutschland Pflegende selbst die Patientenrolle erleben und daraus Schlußfolgerungen ableiten, soll hier ein Leserbrief verdeutlichen, der in ganzer Länge vorgestellt wird.

„Mehr Menschlichkeit
Ich hatte mehrmals Gelegenheit, die Pflege aus der Sicht des Patienten zu sehen. Dabei konnte ich die guten fachlichen Kenntnisse des Pflegepersonals feststellen, aber die pflegerische, die menschliche Seite fehlte fast ganz. Ich bin vielleicht noch von der alten Schule, habe bei den Diakonissen gelernt und verfüge nicht über dieses Fachwissen. Aber der Menschenverstand und die Menschlichkeit stehen für mich immer noch an oberster Stelle. Wenn sie das in Ihrer Zeitschrift etwas mehr vermitteln könnten, würde ich mich sehr freuen." (Schulz 1994, 169)

Bei der Literaturanalyse konnten wir auch Studien bzw. Artikel zusammentragen, die sich mit potentiellen Konfliktbereichen zwischen Pflegenden und Patienten auseinandersetzten. So beschäftigt sich beispielsweise ein Artikel eingehend mit dem Schamgefühl der Patienten und macht deutlich, daß in diesem Bereich Konflikte auftreten, die die Beziehung zwischen Pflegenden und Patienten nachhaltig stören (Baumgart-Fütterer 1994). Die Autorin stellt fest, daß gerade Pflegende in ihrer täglichen Arbeit immer wieder mit der personalen und körperlichen Intimsphäre der Patienten in Berührung kommen. Besonders alte Menschen aber haben mitunter Schwierigkeiten, gewisse Enttabuisierungen im Krankenhaus und hier auch speziell in der Pflege adäquat zu verarbeiten. So drückt sich die Angst vor Schamerlebnissen nicht selten in einer übermäßigen Schüchternheit oder Scheu aus. Die Situationen, in denen Pflegende in ihre Intimssphäre eindringen, könnten besonders bei alten Menschen zu einem Verlust von Gefühlen des Geachtetseins und der Selbstachtung führen (Baumgart-Fütterer 1993, 87). Diesen Verletzungen aber könne lediglich durch ein Überspielen der jeweiligen Situation begegnet werden, und dabei könne das Gefühl „ungerecht behandelt worden zu sein" zurückbleiben.

„Im Gefolge solcher demütigenden Erfahrungen schämen sich die Patienten mit mangelndem Selbstwertgefühl erst recht wegen ihrer vermeindlichen Bedeutungslosigkeit. Die im Krankenhaus erlittenen seelischen Verletzungen wirken sich auf den Heilungsprozeß und somit auf die Selbständigkeit der Patienten hemmend aus und verstärken demzufolge ihre Gefühle der Unzulänglichkeit." (Baumgart-Fütterer 1993, 86)

So sind neben Rückzugstendenzen auch aggressive Tendenzen als Reaktionsmuster der Patienten wahrscheinlich. In ihrem Artikel gibt die Autorin wichtige Hinweise für das Umgehen mit dem Schamgefühl und weist darauf hin, daß viele Handlungen von Pflegenden unbeabsichtigt und unbedacht durchgeführt werden, aber dennoch als verletzend und demütigend vom Patienten empfunden werden.

In der 1981 veröffentlichten Studie „Krankenhausstruktur, Streß und Verhalten gegenüber den Patienten" wurden Patienten, die sich noch im Krankenhaus befanden, mittels eines Fragebogens über ihre Erlebnisse im Krankenhaus befragt. Anliegen der Studie war es, Zusammenhänge zwischen den strukturellen Bedingungen von drei Krankenhäusern, dem von Pflegenden empfundenen Arbeitsstreß und dem Verhalten von Pflegenden und Ärzten aus der Sicht der Patienten herzustellen. Bartholomeyczik fand sich in der

Hypothese bestätigt, daß Patienten Pflegende um so zugänglicher beurteilen und sich um so geborgener und zufriedener fühlen, je mehr Einfluß die Pflegenden auf die Gestaltung ihrer Arbeit ausüben können. Bei der näheren Analyse zeigten sich jedoch sowohl Zusammenhänge, die diese Globalhypothese stützten, als auch solche, die sie schwächten (Bartholomeyczik 1981, 129).

Bartholomeyczik stellte in Anlehnung an andere Autoren fest, daß Patienten das Verhalten von Ärzten relativ höher gewichten als das der Pflegenden. So sei auch zu verstehen, daß die Kommunikation und die psychosoziale Betreuung durch Patienten wie folgt beurteilt wurden. Nach Angaben der Patienten sprach das Pflegepersonal durchschnittlich seltener mit ihnen als die Ärzte (Bartholomeyczik 1981, 109). Ebenso wie bei der Kommunikation wurde auch in der psychosozialen Betreuung das Pflegepersonal weniger positiv charakterisiert als die Ärzte (Bartholomeyczik 1981, 117). Über alle untersuchten Krankenhäuser hinweg konnte festgestellt werden, daß Pflegende umso weniger mit Patienten sprachen, je mehr Streß von ihnen empfunden wurde (Bartholomeyczik 1981, 113). Des weiteren zeigte sich, daß Arbeitsstrukturen, vor allem aber auch ein eher unterdrückendes Arbeitsklima und die Unmöglichkeit, befriedigendere soziale Beziehungen in der Arbeitsgruppe aufzubauen, die psychosoziale Unterstützung der Patienten eher verhinderten als eine große Arbeitsmenge in einem ansonsten unproblematischen Team (Bartholomeyczik 1981, 118).

In den Patientenfragebögen waren auch Fragen enthalten, deren nähere Betrachtung im Rahmen unserer Studie aufschlußreich gewesen wäre, jedoch keiner isolierten Auswertung unterzogen wurden. Dabei geht es um zwei Fragen, in denen die Patienten zum einen Angaben darüber machen sollten, wie oft Pflegende bzw. Ärzte ihnen sagen, daß sie sich nicht so anstellen sollen, und zum anderen, wie oft Pflegende bzw. Ärzte sie tadeln oder zurechtweisen. Daß diese Fragen im Fragebogen auftraten, verdeutlicht uns, daß man sich schon damals durchaus bewußt war, daß Patienten Konflikte mit Pflegenden erleben, in denen sie durch ein bestimmtes Verhalten von Pflegenden, aber auch Ärzten, in ihrem Verhalten reglementiert werden.

In einigen Büchern und Aufsätzen werden von verschiedenen Autoren Gedanken darüber geäußert, wie Patienten Pflege erleben. Hier sollen verschiedene Gedanken zum Thema aufgegriffen werden. Die Frage, inwieweit sich diese Meinungen und Ansichten mit denen der Patienten decken, muß hier unbeantwortet bleiben. Jedoch erscheinen uns die Hinweise in den Texten als wichtig, da sie im unmittelbaren Zusammenhang zu unserer Fragestellung stehen.

So weist Braun darauf hin, daß es einmal eine Zeit gegeben hat, in der Pflegende wenigstens zeitweise in der Lage waren, dem Patienten zuzuhören und ihm vielleicht auch einmal zu antworten. Im Gegensatz dazu habe heutzutage das Pflegepersonal keinen Freiraum mehr, sich der seelischen Nöte der Patienten anzunehmen, so daß diese sich in aller Regel allein fühlten, obwohl so viele Menschen um sie herum seien (Braun 1994, 84). Es sei festzustellen, daß die Beschränkung auf das Allernotwendigste bei der Pflege der Patienten, wie es leider manche Pflegende tun, als lieblos einzustufen ist, die Patienten abstoße und in ihnen eine Art Abwehr und Oppositionsbereitschaft wecke (Braun 1994, 70). Aufgrund der mangelnden psychischen Zuwendung sähe sich der Patient einer für ihn fremden und unheimliche Institution ausgeliefert und habe mitunter das Gefühl, daß die Achtung seiner Menschenwürde nicht immer respektiert werde. In diesem Zusammenhang verweist Braun unter anderem auf das Problem, daß gerade alte und pflegebedürftige Patienten oft in einer Weise angesprochen werden, die den notwendigen Respekt vor ihrer Persönlichkeit und ihrem Alter vermissen lasse. Die betroffen Patienten würden unter diesen Respektlosigkeiten des Personals leiden und fühlten sich gleichzeitig diesen und anderen Verhaltensweisen wehrlos ausgeliefert (Braun 1994, 30).

Auf sehr viel konkretere Weise setzt sich Heuser-Schreiber mit dem Erleben von Patienten auseinander. Hier werden deutliche Hinweise darauf gegeben, welche Verhaltensweisen von Pflegenden möglicherweise als negativ bewertet werden. Obwohl dieses Buch mittlerweile 12 Jahre alt ist, fanden wir viele, uns noch heute durchaus als alltäglich vorkommende Schilderungen des beruflichen Alltags von Pflegenden aus Sicht der Patienten und möchten aus diesem Grunde hier zwei Textpassagen exemplarisch wiedergeben, die das Erleben von Patienten verdeutlichen. Im ersten Zitat wird beschrieben, wie ein Patient den ersten Tag im Krankenhaus erleben könnte, während in der zweiten Textstelle eine wohl alltägliche Situation für Patienten beschrieben wird, die ihr Bett aufgrund ihrer Erkrankung nicht verlassen können.

> „In seinem Zimmer, in seinem Bett heißt es dann, den Kontakt zu eventuellen Leidensgefährten aufzunehmen. Sehr bald weiß er mehr oder weniger, wie es um seine neue Umwelt beschaffen ist. ‚Die Oberschwester ist sehr tüchtig, aber‘ – und die bedeutungsvolle Pause, die dieser Feststellung folgt, läßt nicht gerade reine Freude aufkommen, sondern eher harte Zucht und Ordnung befürchten. Diese Andeutungen sind geeignet, den Kranken – obwohl er bereit ist sich zu fügen, eben als ‚Patient‘ alles zu ertragen, was ertragen werden muß – in eine innere Unruhe zu versetzen. ‚Sie ist der reinste Feldwebel. Am schlimmsten ist es vor den Chefarztvisiten! Da muß die Bettdecke wie mit einem Lineal gezogen glattliegen. Und wehe, wenn auf dem Nachtisch unnötiges Zeug herumliegt!‘ Solche und andere ‚liebevollen‘ Aufklärungen der Zimmergenossen tun das ihre, daß sich die Neuaufnahme wie in einer Kaserne, hilflos und entmündigt, vorkommt!“ (Heuser-Schreiber 1983, 130)

> „Niemals darf der Kranke das Gefühl haben, er falle der Schwester lästig, wenn er z. B. das Becken mehrmals oder außer der Zeit braucht. Sie muß wissen, daß die Tatsache, sich bei einer so heiklen intimen Verrichtung helfen lassen zu müssen, so ziemlich das Unangenehmste ist, was ein kranker Mensch erdulden muß. Und wenn er dann noch, gewissermaßen mit zugehaltener Nase, unzureichend gesäubert wird, empfindet er das als so entwürdigend und beschämend, daß es mitunter zu schweren Verhaltungen kommen kann.“ (Heuser-Schreiber 1983, 131)

Abschließend möchten wir noch auf sieben kurze Texte im Anhang verweisen, die in einer ungewöhnliche Form das Erleben eines Patienten beschreiben (Anlage 1). Diese Texte bzw. Gedichte wurde einer Gedichtsammlung entnommen, die unter dem Titel „Patientenwirklichkeit“ veröffentlicht wurde und in der ein Patient viele verschiedene erlebte Situationen im Krankenhaus aus seiner Sicht heraus beschreibt (Kürten 1987).

2.4.2   Das möglicherweise als schädigend und/oder verletzend erlebte Verhalten von Pflegenden

Unter dem Aspekt, welche Verhaltensweisen von Pflegenden möglicherweise als schädigend oder verletzend erlebt werden könnten, haben wir, wenn auch in geringem

Umfang, Literatur zusammengetragen, die sich grob in folgende Themengebiete unterteilen läßt:

- Über aggressives Verhalten von Pflegenden gegenüber Patienten
- Über den Umgang mit den sogenannten „schwierigen" Patienten
- Über den Umgang mit aggressiven Patienten
- Über institutionelle Mängel, die aggressives Verhalten von Pflegenden fördern

Daß Patienten möglicherweise aggressivem Verhalten von Pflegenden ausgesetzt sind, wird in der Literatur in einem geringen Umfang beschrieben (Grond 1991; Haldi 1984; Kaisers 1993; Schützendorf 1994 und andere). Bezeichnend für die Literaturlage jedoch ist, daß die meisten Berichte hierzu Bezug auf die Pflege von alten und/oder psychiatrisch erkrankten Menschen nehmen. So ist auch verständlich, daß die Berichte sich auf Altenpflegeheime bzw. Psychiatrien beziehen und eher selten das Allgemeinkrankenhaus im Blickfeld haben. Dennoch sollen an dieser Stelle einige Ergebnisse dieser Literaturanalyse vorgestellt werden; inwieweit Patienten und hier speziell auch alte Menschen in Akutkrankenhäusern mit ähnlichen Handlungen konfrontiert sind und wie diese erlebt werden, kann an dieser Stelle nicht beantwortet werden.

In der einschlägigen Literatur werden viele aggressive Handlungen von Pflegenden gegenüber alten Menschen benannt, die hier stichpunktartig zusammengetragen werden: Alte Menschen in Pflegeheimen sind zum Beispiel

- Beschimpfungen,
- Demütigungen,
- tätlichen Angriffen wie Kneifen und Schlagen,
- Bestrafungen, wie beispielsweise mit kaltem Wasser waschen,
- Fixierungen,
- einem aktiven Mißachten der Bedürfnisse, wie etwa durch das Weghören,
- dem lauter Reden bis hin zum Anschreien,
- dem Alleinlassen,
  und einigem mehr
ausgesetzt (Grond 1991; Haldi 1984; Kaisers 1993; Schützendorf 1994).

Festgestellt werden muß jedoch, daß diese Ergebnisse nicht durch Forschung erzielt wurden, sondern lediglich auf Erfahrungen der verschiedenen Autoren basieren.

Wir fanden lediglich eine kleinere Studie, in der ein Psychologe herausfinden wollte, warum und wie das Pflegepersonal manche Patienten schlechter behandelt als andere (Abresch 1991). Im Rahmen seiner beruflichen Tätigkeit forderte er 21 Krankenpflegeschüler auf, zu folgenden Fragen Stichpunkte, Sätze und kleinere Aufsätze zu formulieren:

1. Warum behandele ich manche Patienten schlechter als andere?
2. Wie behandele ich diese Patienten schlechter als andere?

Obwohl die Studie in einem recht kleinen Rahmen stattfand, wurden Ergebnisse festgehalten, die die Vermutung nahe legen, daß Patienten häufiger mit schädigendem und/oder verletzendem Verhalten von Pflegenden konfrontiert sind. Hier sollen einige Aussagen der Schüler schlaglichtartig wiedergegeben werden.

Die befragten Schüler behandelten nach eigenen Aussagen Patienten schlechter, wenn sie nörgelten, wenn sie kränker taten, als sie waren, wenn sie zu viele Sonderwünsche hatten, wenn sie Privatpatienten waren, wenn sie so krank waren, daß kein Sinn mehr in der eigenen Arbeit gesehen wurde, wenn sie weniger hilflos waren, wenn sie zu schwierig waren, wenn sie zu unfreundlich waren, wenn sie sich nicht bemühten gesund zu werden und, wenn sie zu neugierig waren oder Unruhe auf der Station stifteten (Abresch 1991, 339). 75 Prozent der befragten Schüler gaben an, daß sie manche Patienten schlechter behandeln. Dabei konnte das Verhalten verschiedene Formen annehmen. So wurde weniger lange und oft mit dem Patienten geredet, persönliche Gespräche abgelehnt, der Patient gleichgültig wie eine Nummer behandelt, der Patient vernachlässigt, die Pflege in ihrer Intensität zurückgenommen, den Patienten unfreundlich und mit Verachtung gegenübergetreten oder Arbeiten solange verschoben, bis sie vergessen waren (Abresch 1991, 341). Zu Recht weist Abresch darauf hin, daß die Schüler diese Verhaltensweisen nicht tagtäglich praktizieren und keine Aussage darüber getroffen werden kann, wie häufig Patienten wohl mit diesen oder ähnlichen Verhaltensweisen von Pflegenden konfrontiert sind.

Diese Studie gibt auch Hinweise darauf, daß sogenannte „schwierige" Patienten möglicherweise häufiger mit aggressivem oder allgemein mit schädigendem und/oder verletzenden Verhalten von Pflegenden konfrontiert sein könnten. So trugen wir einige Artikel zusammen, in denen Beschreibungen der sogenannten „schwierigen" Patienten und Verhaltensweisen von Pflegenden diesen Patienten gegenüber vorgenommen wurden. In ihnen versuchten Pflegende, diese Gruppe der Patienten näher zu beschreiben. Verhalten von Patienten wie etwa

– das Nichteinhalten von Regeln im Krankenhaus,
– das ständige Nörgeln,
– das ewige Klingeln,
– das immer mitreden Wollen,
– das Fordern von Dingen, die der Patient selbst erledigen könnte,
– das Pochen auf sein Recht und
– das Stellen von unbequemen Fragen

provozierte ein ablehnendes Verhalten bei Pflegenden (Stegmann 1994; Schneider 1983).

Inwieweit jedoch Pflegende ihr Verhalten gegenüber diesen Patienten ändern und ihnen aggressiv gegenübertreten, wird nur andeutungsweise beschrieben. Eher beschränkt man sich darauf, das Verhalten der Patienten zu erklären und Lösungswege, die einen besseren Umgang mit diesen Patienten ermöglichen sollen, aufzuzeigen. Dieses Umgehen mit dem Thema in der Literatur läßt darauf schließen, daß Pflegende Probleme im Umgang mit diesen Patienten haben und möglicherweise dieser Patientengruppe eher aggressiv gegenübertreten.

An dieser Stelle möchten wir darauf hinweisen, daß sich diese Annahmen auch mit einigen Ergebnissen unserer vorherigen Forschungsarbeit decken, in der wir feststellten, daß Pflegende denjenigen Patienten, die mit dem Etikett „schwieriger Patient" versehen wurden, eine gewisse aggressive Grundhaltung entgegenbrachten.

In einer anderen Studie, die sich mit dem Stellenwert von Ekelgefühlen im Erleben des Pflegepersonals beschäftigte, wurden Verhaltensweisen von Pflegenden gegenüber Altenheimbewohnern aufgezeigt, die unmittelbar mit dem Erleben von Ekelgefühlen der

Pflegenden in Verbindung gebracht wurden. Daß auch diese Verhaltensweisen möglicherweise von Patienten bzw. den Altenheimbewohnern als schädigend erlebt werden konnten, sollen folgende Zitate verdeutlichen:

„Ich arbeite dann sehr schnell."

„Ich versuche, den Bewohner so wenig wie möglich anzufassen."

„Ich kann keine Beziehung zum Bewohner haben, weil ich mich ekele."

„Ich bin gereizt und ungeduldig."

„Ich versuche die Situation zu überspielen." (Sowinski 1989, 184)

In der vielfältigen Literatur „Umgang mit aggressiven Patienten" werden Studien und Erfahrungen besonders aus psychiatrischen Einrichtungen beschrieben (Paterson & Turnbull & Aitken 1993; Oud 1993; Lowe 1993; Steinert 1993 und andere).

In diesen Ausführungen lassen sich deutliche Hinweise darauf finden, daß aggressive Patienten bei Pflegenden aggressives Verhalten hervorrufen. Teilweise läßt sich beim Lesen dieser Literatur vermuten, daß aggressives Verhalten in einem interaktiven Prozeß auftritt und Aggressionsketten zwischen Patienten und Pflegenden entstehen. Die Verhaltensweisen und Reaktionen des sogenannten „aggressiven" Patienten werden von Pflegenden als nicht angemessen betrachtet und unterliegen daher gewissen Sanktionen. Leider wird gerade in diesem Bereich vermieden, die Reaktionen von Pflegenden näher zu beschreiben. Wie Patienten die zum Teil vorgeschriebenen Disziplinierungsmaßnahmen erleben, wird nicht betrachtet.

Die Themenschwerpunkte „Strukturelle Gewalt im Krankenhaus" und „Institutionale Mängel, die aggressionsfördernd wirken" werden in einigen Artikeln angesprochen, aber nur in wenigen konkret thematisiert. An dieser Stelle möchten wir noch einmal auf Kapitel 2.2.3 unserer Arbeit verweisen und festhalten, daß bestimmte Rollenerwartungen bzw. Zuweisungen sich in dem Verhalten der Pflegenden gegenüber den Patienten widerspiegeln können. Inwieweit jedoch die Ursachen für die Verhaltensweisen bzw. Haltungen von Pflegenden isoliert von der Organisation her zu betrachten sind, kann an dieser Stelle nicht beantwortet werden. Pflegende handeln zwar als Mitglieder der Organisation Krankenhaus, übernehmen Normen und Werte und tragen so zu einer ganz bestimmten Organisationskultur bei, doch orientieren sie sich in ihrem Handeln auch an eigenen sowie Norm- und Wertvorstellungen der Berufsgruppe. Hier sollen nun einige Gedanken über institutionelle Mängel, die aggressives Verhalten von Pflegenden möglicherweise bedingen, aufgegriffen werden.

Besonders Klessmann ist es zu verdanken, daß der Zusammenhang zwischen Aggression und Institution auf das Krankenhaus übertragen wurde (Klessmann 1994). Er weist darauf hin, daß alltägliche Konflikte durch die Tatsache, daß sie in einer Institution auftreten, die strukturell gewaltsame Züge aufweist, verschärft werden können. Weiter stellt er fest, daß die Patienten in einem Krankenhaus auf der untersten Stufe der Hierarchie anzusiedeln sind und sich so eine asymmetrische Rollenstruktur zwischen den Patienten, Pflegekräften und Ärzten entwickelt, die für die Patienten latent verletzend ist. Während der Patient hilfsbedürftig, abhängig und uninformiert sei, könnten Ärzte und Pflegende ihre Macht ausspielen. Dies wiederum könne bei Patienten bewirken, daß sie sich nicht ernstgenommen bzw. mißachtet fühlen und ein Gefühl von Unsicherheit auftritt (Klessmann 1994, 497).

Ganser beschreibt in diesem Zusammenhang, daß beispielsweise die Aufnahmesituation in der Psychiatrie von Patienten als eine strukturelle Bedrohung wahrgenommen
werden kann, und gibt ein konkretes Beispiel für die Wirkung eines auf die Institution
zugeschnittenen Verfahrens, das die Bedürfnisse der Patienten außer acht läßt und damit
zu einem gewissen Teil auf sie aggressionsfördernd wirkt (Ganser 1993 158, 159).

Wünschenswert wäre in diesem Zusammenhang, daß sich mehr Autoren mit konkreten standardisierten Situationen im Krankenhaus auseinandersetzten, um auf diesem Wege den Stellenwert von struktureller Gewalt zu beleuchten. Bei solchen Untersuchungen
wäre es sicherlich wichtig, daß man versucht, die Ursachen, die möglicherweise nicht in
einem unmittelbaren Zusammenhang mit der Organisation Krankenhaus und deren Strukturen in Verbindung stehen, zu ermitteln, um so Hinweise darauf zu erhalten, welche
latent aggressiven Verhaltensweisen von Pflegenden möglicherweise unabhängig von
den organisatorischen Bedingungen des Krankenhauses auftreten.

In unmittelbarem Zusammenhang zu den organisatorischen Rahmenbedingungen, die
sich möglicherweise aggressionsfördernd auswirken, stehen die vielen Hinweise aus der
Literatur auf den bestehenden Personalmangel. In ihm werden vielfach die Ursachen für
aggressives Verhalten von Pflegenden gegenüber den Patienten vermutet, jedoch werden
keine konkreten Zusammenhänge aufgezeigt.

Nach der Auseinandersetzung mit der oben beschriebenen Literatur erschien es uns
sinnvoll, Studien näher zu betrachten, die sich mit der Zufriedenheit der Patienten auseinandersetzen bzw. auf bestimmte Defizite in der Pflege von Patienten hinweisen.

2.4.3   Studien zur Humanität im Krankenhaus und Patientenzufriedenheit

Seit den frühen 80er Jahren gibt es vermehrt, wenn auch immer noch in geringer Anzahl, Patientenbefragungen in Krankenhäusern. Dabei wurde überwiegend die Situation
bzw. die Stellung der Patienten in der Organisation Krankenhaus sowie Humanisierungs-
tendenzen in Krankenhäusern analysiert (Der Bundesminister für Arbeit und Soziales
1980, Noelle-Neumann 1988, Raspe 1976, Rohde 1975, Siegrist 1978 und andere).

In diesen Veröffentlichungen wurde darauf hingewiesen, daß neben der eher untergeordneten Stellung der Patienten in der Organisation Krankenhaus die psycho-soziale Entwurzelung, die Tendenzen zur sozialen Degradierung, die relative Entpersönlichung und
fehlende Menschlichkeit im Krankenhaus für die befragten Patienten in erster Linie von
der Haltung und den Handlungen der Beschäftigten ihnen gegenüber abhing. Die Gründe
für eine fehlende Menschlichkeit wurden in bestimmten Mängeln, die in der Beziehung
zu den Beschäftigten auftraten, gesehen. Zwar spielten auch gewisse Probleme der Kran-
kenhausorganisation und der materiellen Ausstattung bei der Wahrnehmung von Humani-
tätsdefiziten eine Rolle, waren aber im Vergleich zu den Handlungen und Haltungen des
Personals von sekundärer Bedeutung. Die befragten Patienten erwarteten vom Personal
die generelle Einstellung, sich anteilnehmend in die Patienten einzufühlen, und die Bereitschaft, sich mit ihren Problemen verständnisvoll und trostspendend auseinanderzusetzen, so daß der Patient ein Gefühl der Sicherheit und des Vertrauens entwickeln kann
(Der Bundesminister für Arbeit und Soziales 1980; 79, 80).

Die Rolle der Pflegenden wurde in dieser Untersuchung nur selten isoliert betrachtet.
Meist wurde von den Befragten ein positives, durch Freundlichkeit und Hilfsbereitschaft

gekennzeichnetes Bild der Pflege entworfen, selbst wenn deutliche Defizite in der pflegerischen Versorgung vorlagen. So wurden beispielsweise in der dritten Fallstudie der Untersuchung „Humanität im Krankenhaus" eindeutige Defizite in der Pflege der Patienten
festgestellt. Es zeigte sich, daß psychische und soziale Zuwendungen vom Pflegenden
kaum erbracht und zugleich die anfallenden Arbeiten überwiegend routinisiert wurden.
Dabei war festzustellen, daß sich besonders in den Bereichen der sogenannten Grundpflege starke Defizite bemerkbar machten. So wurden zum Beispiel die Patienten nur alle
drei bis vier Wochen gebadet oder ihnen die Haare gewaschen, andere Patienten wiederum nicht gefüttert, obwohl dies erforderlich war, oder aber gehbehinderte Patienten sich
selbst überlassen (Der Bundesminister für Arbeit und Soziales 1980, Materialband Anhang 2, 350). In Gesprächen mit den Patienten wurde deutlich, daß sie die Probleme der
pflegerischen Versorgung ausschließlich als Zeitproblem der Pflegenden definierten. In
diesem Zusammenhang wurden auch wahrgenommene Einschränkungen des eigenen
Handlungsspielraumes sowie Informationsdefizite und mangelnde Gesprächsmöglichkei-
ten mit Pflegenden von den Patienten angesprochen:

„...die machen mit einem was sie wollen, nichts kann man selbst entscheiden."

„...hier kann man ja doch mit niemanden reden."

(Der Bundesminister für Arbeit und Soziales 1980, Materialband Anhang 2,
350–352)

Wohl eher durch ökonomische Gesichtspunkte motiviert, wurden in einigen Krankenhäusern in Deutschland Mitte der 80er und zu Beginn der 90er Jahre Studien zur Patientenzufriedenheit durchgeführt (Gierl & Höser 1992, Knoblich & Stegmüller 1989;
Schmeling-Kludas & Witt 1993, Swertz & Steiniger 1987, Russ & Wohlmannstetter
1987 und andere). Aspekte der pflegerischen Versorgung wurden jedoch in keiner der
Studien eingehend betrachtet. Trotzdem sollen hier einige interessante Ergebnisse kurz
vorgestellt werden.

In einer Studie zeigte sich, daß jüngere Patienten generell die Situation im Krankenhaus ungünstiger einschätzten als ältere Patienten, daß die Kritik an der Situation im
Krankenhaus mit höherem Bildungsstand zunahm, daß die Gruppe der Privatpatienten
sich am zufriedensten äußerte und daß Patienten, die lebensgefährlich erkrankt waren,
sich zufriedener mit der Krankenhausleistung zeigten als Patienten, die leichter erkrankt
waren (Russ & Wohlmannstetter 1987, 26). Das Pflegepersonal zeigte an dieser Studie
zwar starkes Interesse, bezweifelte jedoch, daß die Patienten die Situation im Krankenhaus objektiv richtig einschätzen könnten. Ein Krankenpfleger bemerkte, daß solche Befragungen außerhalb des Krankenhauses stattfinden sollten, wenn man die „wahren Erlebnisse" hören wolle (Russ & Wohlmannstetter 1987, 24).

In einer 1987 durchgeführten Patientenbefragung im Klinikum Göttingen sollte die
Zufriedenheit von Patienten im Krankenhaus mittels eines standardisierten Fragebogens
anhand der vier Dimensionen „allgemeine Zufriedenheit", „allgemeine Versorgung",
„pflegerische Versorgung" und „Kommunikation zwischen Arzt und Patient" ermittelt
werden (Knoblich & Stegmüller 1989, 28–29). Die Dimension „pflegerische Versorgung" wurde in drei Untergruppen unterteilt, nämlich in den Bereich der Einzelbehandlungen, den Bereich der Grundpflege und den Bereich der Verpflegung. In der doch eher
fragwürdigen Einteilung bekundeten die Patienten eine deutliche Unzufriedenheit im Bereich der Einzelbehandlungen, obschon das Personal überwiegend als freundlich einge-

stuft wurde. Über die Zufriedenheit in der Grundpflege wurden leider keine Aussagen im Artikel gemacht, und die Aussagen zur Verpflegung bezogen sich überwiegend auf die Feststellung, daß das Anbieten von Wahlmöglichkeiten als positiv bewertet wird.

In einer 1993 veröffentlichten Studie untersuchte man die Probleme der Krankheitsbewältigung von Patienten im Krankenhaus. Dabei wurden 70 Patienten einer internistischen Station mittels eines strukturierten Interviews, das circa 50 Minuten dauerte, befragt. Neben anderen Ergebnisse wurde festgestellt, daß jeder fünfte der Befragten im starken Ausmaß der Aussage zustimmte, daß die Umgebung im Krankenhaus eine sehr starke seelische Belastung bedeutet (Schmeling-Kludas & Witt 1993, 158). Des weiteren hoben die befragten Patienten das Pflegepersonal und die Ärzte als sie unterstützende Personen hervor. Die Zufriedenheit der Patienten mit der erlebten Unterstützung einschließlich der Informationen über Krankheit und Behandlung waren überraschend hoch (Schmeling-Kluddas & Witt 1993, 164).

In den zum Teil sehr umfassenden Studien des Bundesministeriums für Arbeit und Soziales oder auch der Infasumfragen konnten nur wenige Hinweise auf das von Patienten möglicherweise als schädigend und/oder verletzend erlebte Verhalten von Pflegenden gefunden werden. Beim Lesen der Literatur bekamen wir jedoch eine Ahnung davon, daß sich „zwischen den Zeilen" viele versteckte Hinweise darauf befinden, daß Patienten Pflegende nicht immer nur als hilfreich und freundlich erleben. Deutliche Aussagen wurden jedoch nicht gemacht.

2.4.4   Rechte und Initiativen von und für Patienten

In den vorangegangenen Darstellungen tauchten Ausdrücke wie „in der Menschenwürde eingeschränkt" auf, und wiederholt hatten wir bei der Auseinandersetzung mit der Literatur die Vermutung, daß Patienten im Krankenhaus bisweilen sogar in ihren Grundrechten beschnitten werden. Auch in neueren Veröffentlichungen werden Redewendungen benutzt, die darauf hindeuten, daß die jeweiligen Autoren die Vermutung haben, daß die durch das Grundgesetz in Deutschland verbürgten Menschenrechte nicht immer Grundlage des Handelns der im Krankenhaus tätigen Personen sind. So schreibt Bienstein, daß eine Pflegepraxis, deren Grundlage die Rechte der Menschen ist, den Pflegealltag wesentlich verändere und daß es ein gewaltiger Schritt nach vorne sei, wenn die Menschenrechte auch in den Einrichtungen in Deutschland greifen (Bienstein 1995, 201–202). Da diese Einsicht uns ein wenig überraschte, entschlossen wir uns, dem Thema „Patientenrechte" einige Seiten unserer Arbeit zu widmen.

Patientenrechte zielen zunächst einmal auf die Sicherung vorhandener, aber verschütteter Grundansprüche, und sollen die Position der Patienten verbessern und dazu beitragen, den Patienten das Gefühl von Passivität und Isolation zu nehmen (Hamacher 1991, 612). Die Idee, Patientenrechte zu kodifizieren, hat ihre Wurzeln in Nordamerika. Dort nämlich leitete die „Patient's Bill of Rights" der American Hospital Association in den 70er Jahren mit einem Zwölf-Punkte-Katalog die Entwicklung zu Standards von Patientenrechten ein, die in verschiedenen europäischen Ländern auch festgeschrieben wurden. Schon 1976 forderte der Europarat in einer Resolution die Mitgliedstaaten auf, die Rechte der Kranken und Sterbenden entsprechend zu sichern. An dieser Stelle soll auf die sicherlich sehr interessante geschichtliche Entwicklung der Patientenrechte in den verschiedenen Ländern nicht näher eingegangen, sondern wesentliche Patientenrechte dargelegt werden, um so eine Vorstellung davon zu vermitteln, welche Rechte aufgegriffen werden. Hamacher unterscheidet die folgenden vier Patientenrechte:

1. Das Recht auf den gleichen Zugang zur Behandlung und Pflege
2. Das Recht auf Selbstbestimmung
3. Das Recht auf Achtung, Würde und Integrität
4. Das Recht auf Informationen (Hamacher 1991, 613).

Diese Rechtsansprüche lassen sich sicherlich konkretisieren, machen jedoch deutlich, daß ein Bewußtsein dafür existiert, daß Patienten im Krankenhaus möglicherweise häufig und standardisiert bestimmten Beschränkungen ihrer im Grundgesetz zugesicherten Rechte erleben. Verständlich ist in diesem Zusammenhang deshalb auch, daß nicht nur internationale Gremien und die nationale Rechtsprechung sich mit dieser Thematik auseinandersetzen, sondern auch Patienten selbst, die als unmittelbar Betroffene die Sicherung ihrer Rechte anstreben.

Im folgenden sollen drei Organisationsformen, die sich mit Patienten gemeinsam für die Sicherung ihrer Rechte einsetzen, näher beschrieben werden. Da es uns im Rahmen dieser Arbeit nicht möglich ist, die geschichtliche Entwicklung der Initiativen zu beschreiben, verweisen wir auf ein Buch des Bremer Gesundheitsladens, in dem die verschiedenen Stadien der Entwicklung beschrieben werden (Kranich & Müller 1993). Hier sollen die Aufgaben- und Arbeitsschwerpunkte von drei Organisationsformen bzw. Einrichtungen gekennzeichnet werden. Da wir selbst mit einigen Patientenselbsthilfegruppen in Kontakt kamen, möchten wir hier auch persönliche Erfahrungen mit einfließen lassen.

2.4.4.1 Die Patientenstellen

1978 wurde in der Schweiz (Zürich) erstmalig eine Patientenstelle gegründet, die das Ziel verfolgte, das Bewußtsein von Patienten zu verändern und die als starr angesehenen Strukturen und Machtverhältnisse im Gesundheitswesen aufzuweichen. Die damalige Devise wurde wie folgt zusammengefaßt:

„Weg vom hilflosen, unwissenden, seine Krankheit gleichsam delegierenden, autoritätsgläubigen Patienten – hin zum vollumfänglich aufgeklärten, seine Rechte wahrnehmenden, körperbewußten, im Gesundheitsprozeß aktiv mitarbeitenden, schlicht zum mündigen Patienten." (Rüegg-Dual 1993, 24)

In den 80er Jahren wurden auch in Westdeutschland Patientenstellen aufgebaut, die anfangs überwiegend mit ehrenamtlichen Mitarbeitern arbeiteten und Patienten Beratungen anboten, um diese zu ermutigen und zu unterstützen. In den folgenden Jahren wurden im zunehmenden Maße Patientenstellen gegründet, die in einigen Städten an bestehende Gesundheitsläden oder auch Verbraucherzentralen angesiedelt wurden. Darüber hinaus werden die Patientenstellen seit einigen Jahren durch zwei überregionale Arbeitsgruppen koordiniert.

Patientenstellen sehen ihre Aufgaben in der individuellen Einzelfallhilfe und in einer politisch-strukturellen Arbeit. Schwerpunktmäßig beschäftigen sich die Patientenstellen mit den Problemen von Patienten, die im Zusammenhang mit der ärztlichen Dienstleistung auftreten. So geben sie ratsuchenden Patienten Orientierung und Informationen über Rechtsfragen, Behandlungsverfahren und Finanzierungsmodalitäten. Durch ihre Arbeit sollen die körperlichen und sozialen Selbstheilungskräfte der Patienten unterstützt werden. Darüber hinaus wollen die Patientenstellen die verschiedenen Sorgen, Nöte und Beschwerden der ratsuchenden Patienten auswerten und in ihrer politisch-strukturellen Arbeit die gewonnenen Erkenntnisse in Bildungs- und Öffentlichkeitsarbeit umsetzen (Kranich 1993, 17).

2.4.4.2 Die Patientenselbsthilfegruppen

Auch die Selbstorganisation von Patienten in Selbsthilfegruppen ist eine Erscheinung, die erst Mitte der 80er Jahre in Deutschland wuchs und mittlerweile ein beträchtliches Ausmaß angenommen hat. Die Grundidee, daß sich Menschen, die von ganz ähnlichen Lebensumständen betroffen sind, gegenseitig unterstützen können, wurde auch uns im Rahmen unserer Kontaktaufnahme mit Selbsthilfegruppen bestätigt. Boeck beschreibt beispielsweise, daß gerade der Rückhalt, den eine Patientenselbsthilfegruppe den Mitgliedern bietet, es erst ermöglicht, mit gleichartig Betroffenen über die eigenen Ängste, Schuldgefühle und Sorgen zu sprechen, weil dort das richtige Verständnis spürbar ist (Boeck 1993, 59). Neben dieser psychischen Unterstützung geben die Patientenselbsthilfegruppen ihren Mitgliedern wertvolle Hinweise bezüglich ihrer medizinischen und pflegerischen Betreuung. So werden regelmäßig Informationsabende zu verschiedenen Themen angeboten, und wir gewannen den Eindruck, daß gerade in den Patientenselbsthilfegruppe ein großes Expertenwissen existiert. So erfuhren wir, daß nur wenige Ärzte zu einer engen Zusammenarbeit mit diesen Gruppen bereit sind. Jedoch konnten positive Erfahrungen dann gesammelt werden, wenn die Basis zu Zusammenarbeit und gegenseitiger Information genutzt wurde. Wir mußten darüber hinaus erfahren, daß zu der Berufsgruppe der Pflegenden keine Kontakte bestanden, obwohl wir mit Selbsthilfegruppenmitgliedern sprachen, die öfter pflegerische Leistungen in Anspruch nahmen. Einige Mitglieder erzählten uns, daß Pflegende in Krankenhäusern sich häufig ablehnend gegenüber diesen Initiativen zeigen und oft nur wenig Bereitschaft existiere, beispielsweise die Patienten bei ihrer Entlassung darauf aufmerksam zu machen, daß sie die Möglichkeit haben, sich einer Gruppe anzuschließen, da dies möglicherweise einige Vorteile bei der Bewältigung ihrer momentanen Lebenssituation mit sich bringe.

2.4.4.3 Die Patientenfürsprecher in Krankenhäusern

In einigen Landeskrankenhausgesetzen, wie beispielsweise der Bundesländer Berlin, Hessen, Rheinland-Pfalz und Saarland, ist die Einrichtung von Patientenfürsprechern gesetzlich geregelt. Dabei handelt es sich in aller Regel um vom jeweiligen Krankenhaus unabhängige, ehrenamtlich tätige Personen, die Beschwerden und Anliegen von Patienten entgegennehmen und an die betreffenden Stellen bzw. Personen weiterleiten. Im März 1992 fand erstmalig ein überregionaler Informationsaustausch zwischen Patientenfürsprechern aus verschiedenen Bundesländern statt. Dabei konnten folgende Erfahrungen festgehalten werden:

- Patientenfürsprecher hatten es in aller Regel mit „kleineren Problemen" des Krankenhausalltages zu tun, wie beispielsweise mit „vollen Aschenbechern, fehlenden Seifenschalen, zu laute Mitpatienten und auch einmal unfreundliche Ansprachen durch das Krankenpflegepersonal". Größere Mißstände oder gar gravierende Behandlungsfehler werden dabei nur sehr selten bekannt.
- Die geforderte Unabhängigkeit der Patientenfürsprecher wird in der Praxis oft zur Farce, und es kann bezweifelt werden, daß sie im Sinne der Patienten als unabhängig gelten. Zudem haben sie auch gegen starke Widerstände von seiten der Verwaltungen und Ärzte zu kämpfen, so daß ihre Existenz meist gar nicht bekannt ist (Förster & Kranich 1993, 87).

Recht interessant erschienen uns auch die Aussagen einer ehemaligen Patientenfürsprecherin aus Hamburg, die auf die Frage, wieviele Patienten sich an sie gewandt hätten, folgendes Problem beschrieb:

„Das waren nicht soviele, einer im Monat höchstens, mehr nicht. Sehr häufig waren es psychische Probleme – häufiger wurde ich von Angehörigen angesprochen. Und meistens baten sie mich, nicht tätig zu werden, solange die Patienten noch im Krankenhaus lagen, weil die Angst hatten, daß da vielleicht Repressalien kommen." (in: Förster & Kranich 1993, 87)

In Anlehnung an die Idee der Patientenfürsprecher wurde in einigen Bundesländern die Errichtung von sogenannten „Patientenbeschwerdestellen" durch ein Landeskrankenhausgesetz geregelt. Über die konkrete Ausgestaltung dieser Stellen gibt es keine Anweisungen, und meist sind in ihnen ehrenamtliche bzw. pensionierte Mitarbeiter tätig. Püschel berichtet über die Patientenbeschwerdestelle des Städtischen Krankenhauses Solingen und kommt zu ähnlichen Aussagen, wie auch schon die Patientenfürsprecherin aus Hamburg:

„Wie erfahren wir von Beschwerden bettlägeriger Patienten? Meist wenden sich die Angehörigen an uns, weil sie sich nicht trauen, bei der Pflegegruppe selbst für eine Lösung der Probleme zu sorgen, und Angst haben, daß ihre Angehörigen darunter leiden müssen oder schlechter versorgt werden. Personal und Ärzte reagieren auf Vorwürfe oft sehr gereizt, fühlen sich angegriffen, es kommt zu merkwürdigsten Auswüchsen." (in: Püschel 1993, 90)

2.5   Erste persönliche Annäherung an das Thema

Nach der eingehenden Betrachtung der Literatur beschlossen wir, mit Menschen in Kontakt zu treten, die unserer Meinung nach mit dem Thema in Berührung gekommen sein mußten. Wir erhofften uns, durch eine Kontaktaufnahme mit verschiedenen Personen und Einrichtungen vielfältige Stellungnahmen zum Thema zu bekommen, um so die Eindrücke aus der Literaturanalyse zu vervollständigen. So schrieben wir 18 Patienteninitiativen im überregionalen Raum, 5 Sozialarbeiter und 4 Seelsorger aus Krankenhäusern

mit einem standardisierten Brief an und baten um eine Stellungnahme zu folgender
Frage:

> „Haben Patienten Ihnen gegenüber schon einmal Situationen geschildert, in denen sie
> sich durch Pflegende ungerecht behandelt oder gar geschädigt gefühlt haben?"

Zu unserer Überraschung reagierte die überwiegende Zahl der angeschriebenen Stellen bzw. Personen auf unser Schreiben und nahm sowohl schriftlich wie mündlich zum
Thema Stellung. Außerdem traten wir mit einem 54jährigen Patienten in Kontakt, der
sich zu dem damaligen Zeitpunkt noch im Krankenhaus befand, und konnten ein längeres Gespräch mit ihm über das Thema führen. Im folgenden sollen die wesentlichen Stellungnahmen kurz dargelegt werden.

2.5.1   Über die Reaktionen der Patienteninitiativen

Die meisten Patienteninitiativen reagierten ein wenig überrascht auf unser Schreiben
und erklärten uns, daß sie sich vornehmlich um Angelegenheiten und Probleme von Patienten im Zusammenhang mit der ärztlichen Dienstleistung befassen. Dabei stehe die
Beratung von Patienten in Rechtsfragen im Zusammenhang mit mutmaßlichen „Kunst-
fehlern" von Ärzten im Mittelpunkt. So sei auch verständlich, daß Patientenbeschwerden
über Pflegende in den Beratungsstellen relativ selten vorkommen. Und doch konnten einige Patienteninitiativen interessante Hinweise zum Thema geben, was folgendes Zitat
aus einem Antwortschreiben verdeutlicht:

> „Während der Beratung wurde hin und wieder auch die Pflege im Krankenhaus ange-
> sprochen. Die Patienten klagen im wesentlichen darüber,
> – daß die Pflegekräfte zu wenig Zeit haben oder sich nehmen
>   ‚man muß sich alles selber holen'
>   ‚keiner hat mich zur Toilette begleitet, obwohl mir schwindlig war'
>   ‚zu den Essenszeiten bin ich immer zu meinem alten Vater gegangen, weil er nicht
>   alleine essen kann und keiner ihn gefüttert hat'
> – daß alte Menschen sich diskriminiert und unwürdig behandelt fühlen, wenn sie
>   nicht mit ihrem Namen, sondern mit ‚Oma' oder ‚Opa' angesprochen werden."

Beschwerden und Klagen von Patienten über Pflegende beziehen sich nach den Erfahrungen der Patienteninitiativen zum großen Teil auf das Davontragen von körperlichen Schädigungen und auf das Zufügen von als unnötig empfundenen Schmerzen durch
beispielsweise „Wundliegen", „aus dem Bett Fallen" und durch teilweise „rabiates Umgehen" mit dem Patienten während der Mobilisation. Des weiteren klagen Patienten jedoch auch über andere Verhaltensweisen von Pflegenden wie beispielsweise über „Ungerechtigkeiten", „lieblose Umgangsformen", „Gedankenlosigkeiten, die weh tun würden" und über die zum Teil unverständlichen Informationen von seiten der Pflegenden.
Häufiger wurde von Patienten auch das Problem angesprochen, daß Pflegende sich ihrer
Meinung nach keine Zeit für Gespräche mit ihnen nehmen.

In vielen Reaktionen der Patienteninitiativen wurde jedoch auch betont, daß Patienten Pflegende überwiegend als freundlich und nett einschätzen. Dies soll durch folgende
Stellungnahme einer Patienteninitiative gezeigt werden:

„Wir haben den Eindruck, daß die Patienten dem Pflegepersonal großen Respekt zollen und eine große Toleranz und Nachsicht haben, weil sie ja sehen, wie überbelastet das Pflegepersonal ist."

2.5.2 Über ein Gespräch mit einem Krankenhausseelsorger

Bedingt dadurch, daß wir nur wenige Sozialarbeiter und Krankenhausseelsorger angeschrieben hatten, konnten wir von ihnen nur wenige Stellungnahmen zum Thema bekommen. Jedoch meldete sich bei uns auch ein Krankenhausseelsorger, Herr A., der weder in schriftlicher Form noch am Telefon bereit war, über dieses Thema zu reden. Zu unserer Überraschung lud er uns aber zu einem längeren Gespräch ein, was wir auch dankbar annahmen. Glücklicherweise konnten wir dieses Gespräch mit einem Tonbandgerät aufzeichnen, so daß die vielen wertvollen Hinweise erhalten blieben. Zunächst einmal schilderte uns der Seelsorger, daß seine „Kollegen", die wir ebenfalls angeschrieben hatten, sich an dem Begriff „schädigend" so sehr gestört hatten, daß sie eine Stellungnahme zum Thema ablehnten. Er habe sich jedoch irgendwie für dieses Thema interessiert und daher in den letzten Wochen eine Art „Strichliste" angefertigt, in der er festgehalten habe, wie viele Klagen und Beschwerden seitens der Patienten über das Pflegepersonal ihm gegenüber geäußert worden waren. Der Seelsorger hatte sich also auf dieses Gespräch gut vorbereitet, und wir führten ein sehr interessantes Gespräch, von dem hier leider nur einige Aspekte herausgegriffen werden können. Bemerkenswert war die Dynamik des Gespräches, in dessen Verlauf der Seelsorger bei genauerem Beleuchten der Begebenheiten zunehmend unsicherer wurde gegenüber seiner anfangs bestehenden Meinung, daß das Klagen von Patienten über Pflegende primär mit deren eigener Empfindlichkeit, deren Ursachen in der Erkrankung liegen würden, zu tun habe. So stellte er uns zunächst die Ergebnisse seiner kleinen Erhebung anhand der Strichliste vor und schilderte, daß Patienten, die länger im Krankenhaus liegen, wesentlich häufiger das Verhalten von Pflegenden kritisieren. Dabei bezögen sich 70 Prozent der Klagen auf das gesamte Pflegepersonal, während circa 30 Prozent der Patienten sich über das Verhalten von einzelnen Pflegenden beklagten. Außerdem könne man auch folgende Einteilung treffen:

„Und dann gibt es eben die Patienten, die sogenannten Pflegeleichten und dann gibt es ja auch die, die etwas schwieriger zu pflegen sind und ich denke, da muß man ja auch unterscheiden, die schwierig zu pflegen sind, das sind natürlich auch die, die sich beschwerten."

Im Verlauf des Gespräches erzählte er uns einige Begebenheiten, die ihm von Patienten geschildert worden waren, und bestätigte, daß einige Patienten ihm gegenüber geäußert hätten, daß sie sich ungerecht oder schlecht behandelt gefühlt haben. Herr A. hegte jedoch viel Verständnis für die Pflegenden und deren Situation und hatte manchmal den Eindruck, daß das von den Patienten Geäußerte eben nicht die Realität sei. Bei genauem Beleuchten der erzählten Begebenheiten bemerkte er aber, daß es schon Situationen gäbe, in denen für ihn offensichtliche Unachtsamkeiten, Ungeschicklichkeiten, aber auch Ungerechtigkeiten und das Anwenden von Repressalien, wie etwa das längere Wartenlassen von Patienten nach einem Klingelruf, von seiten des Pflegepersonals auftreten. Auch

könne er durchaus glauben, daß Pflegende ab und zu gereizt auf Patienten reagieren und
sich dies etwa wie folgt äußern könnte:

> „Naja, zum Beispiel wenn Pflegende eilig sind, wenn also die Medikamente da sehr
> schnell hingestellt werden und sie dann wieder verschwinden, oder wenn die Ant-
> worten sehr kurz ausfallen oder ganz wegbleiben oder wenn gesagt wird ‚da habe ich
> nichts mit zu tun, das macht der Doktor‘ oder so, dann – wenn so etwas gewesen ist,
> dann spüre ich das schon.“

Der Krankenhausseelsorger vermied das Wort „schädigend“ im gesamten Gespräch
und war stets bedacht, allen Seiten gerecht zu werden. So sah er seine Rolle im Geschehen zum einen als eine „Vermittlerrolle“ zwischen Patienten, Pflegenden und Ärzten.
Zum anderen erfülle er auch eine Art Ventilfunktion gegenüber den Beteiligten. Es war
deutlich zu spüren, daß es oft für ihn schwer war, sich ein Bild von der tatsächlichen
Situation zu machen, was folgendes kleine Beispiel illustrieren soll:

> „Die Patientin klagte immer wieder, daß sie vernachlässigt wird von den Schwestern.
> Andererseits sehe ich doch, daß die Schwestern dies nicht tun und sich sehr viel Mü-
> he mit der Patientin geben.“

So konnten wir neben diesen Hinweisen auch einen Eindruck davon bekommen, wie
schwierig es tatsächlich sein kann, sich in das Erleben von Patienten hineinzuversetzen
und eigene Meinungen und Erfahrungen soweit in den Hintergrund zu rücken, daß die
Bedeutung der Erlebnisse, von denen Patienten berichten, verstanden wird.

2.5.3   Über ein Gespräch mit einem Patienten im Krankenhaus

Bedingt durch bestehende Kontakte, konnten wir in einem Krankenhaus einen Patienten, Herrn B., der bereits zwölf Wochen in diesem Krankenhaus lag, für ein Gespräch
gewinnen, das wir ebenfalls mit einem Tonbandgerät aufzeichneten. Im Verlauf des Ge-
sprächs befragten wir den Patienten über Spannungen, Konflikte und Probleme zwischen Pflegenden und Patienten, die er selbst erlebt hat. Zunächst einmal wies uns Herr
B. darauf hin, daß die Pflegenden eben recht unterschiedlich vom Alter, der Berufserfah-
rung und dem Temperament her seien. Weiter erklärte er, daß einige Pflegende aus Unbe-
dachtheit oder Ungeschicklichkeit bei Pflegehandlungen den Patienten durchaus einmal
zu hart anfassen oder Patienten beim Mobilisieren mehr Schmerzen bereiten, als wenn
sie besonnener vorgegangen wären. Herr B. berichtete weiter, daß es durchaus einmal zu
Spannungen kommen könne, wenn beispielsweise ein Patient aufbegehre, unwillig und
zu nörgelig in den Augen der Pflegenden sei oder aber wenn ein Patient zu einem falschen Zeitpunkt klingele, wie beispielsweise kurz vor Beendigung der Arbeitsschicht der
Pflegenden. Dies könne sich dann in einem „ruppigeren Umgang“ von Seiten der Pflegenden niederschlagen. Generell erklärte er die Ursachen für Spannungen wie folgt:

> „Das kann zeitbedingt sein, das kann auch sein, daß der Patient überempfindlich ist,
> daß der simuliert oder daß der auch nicht so will. Das ist alles möglich.“

Darüber, wie er mit Spannungen in den verschiedenen Situationen umgehe, machte
Herr B. folgende Aussage:

„Vor allem muß man sachlich bleiben und gerecht bleiben. Man ist ja auf Hilfe angewiesen. Je blöder ich mich anstelle und je kiebiger ich bin, desto weniger wird mir geholfen. Und dann sieh du mal zu, denn du bist ja der, der Hilfe haben will. Den längeren Arm, den hat sie ja, die Schwester, ich ja nicht."

Er betonte im Verlauf des Gespräches mehrmals, daß er größtenteils mit dem Personal zufrieden sei und den auftretenden Spannungen mit Nachsicht gegenüberstehe. So äußerte er sich doch eher zurückhaltend, wenn es darum ging, Situationen näher zu beschreiben, in denen er die Pflegenden mit eigenen Worten als „ruppig" oder „butt" bezeichnete. Lediglich eine Begebenheit schilderte er sehr eingehend. In dieser Situation hatte er geklingelt, da er dringend einen Toilettenstuhl benötigte. Daraufhin sei eine Krankenschwester gekommen und habe gesagt, daß sie eben noch ins Nachbarzimmer müsse, um dort ein Fieberthermometer hinzubringen.

„(...) und das war dann eine halbe Stunde. Da bin ich sauer geworden. Ich finde, ich sage, das ist Beschiß von wegen mir zu erzählen, bin sofort wieder da und, es dauert eine halbe Stunde. Also habe ich noch mal geklingelt und, dann mußte ein anderer kommen. Das finde ich nicht richtig. Entweder soll man sagen, daß das jetzt nicht geht, oder man soll dies tun und nicht den Patienten auf ein halbe Stunde vertrösten. Das finde ich überhaupt nicht gut. Zum Beispiel, wenn der Patient das wahrnimmt, der ist kein Dusel und bei der Sache. Da habe ich kein Verständnis. Ich kann auch nicht sagen, ich komme gleich wieder, wenn einer am Ertrinken ist, da muß ich ihn anpacken. Das war eine dumme Ausrede von der Schwester, das war ja nur ein Vorwand. Das war für mich dann Absicht. Das war für mich Absicht."

Am Ende des Gespräches befragten wir Herrn B. zu seinen Erwartungen und Wünschen an Pflegende. Seiner Meinung nach sollten Pflegende liebevoll, sympathisch und geduldig sein, eben so, „wie eine Mutter ihr Kind behandele".

Bei uns hinterließ Herr B. den Eindruck, daß er sich stets vehement gegen Pflegende zur Wehr setzte, wenn ihm das Verhalten der Pflegenden nicht richtig erschien. So scheute er nach eigenen Angaben nicht die offene verbale Konfrontation mit einigen Pflegenden und sorgte dafür, daß die Dinge sofort zur Sprache kamen und somit für ihn danach keine wesentliche Bedeutung mehr hatten.

Leider mußten wir nach diesem Gespräch feststellen, daß es uns nicht gelungen war, mit Herrn B. eingehender über seine Gefühle beispielsweise während einer zu „ruppig" durchgeführten Mobilisation zu sprechen. Dies kann an vielen Faktoren gelegen haben und nicht zuletzt an unserer eigenen Gesprächstechnik.

2.6   Die Modellbildung

Zum Abschluß der konzeptionellen Forschungsphase unternahmen wir den Versuch, das bis zu diesem Zeitpunkt von uns zusammengetragene Wissen zu ordnen und zu strukturieren. Hierbei entwickelten wir ein Modell, das den von uns zu betrachtenden Forschungsgegenstand abstrakt darstellen sollte. Bei der Entwicklung verwerteten wir sowohl Informationen aus der Literaturanalyse als auch Hinweise, die wir im Rahmen unserer eigenen explorativen Annäherung an das Thema gewinnen konnten. Die gesammelten Erkenntnisse sollten graphisch veranschaulicht werden. Durch die Erarbeitung eines solchen Modells versprachen wir uns in erster Linie, selbst mehr Klarheit über mögliche Zusammenhänge innerhalb unseres Forschungsgegenstandes zu gewinnen. Die bildliche Darstellung des Modells kann der Leser im Anhang (Anlage 2) betrachten. An dieser Stelle soll nun eine Beschreibung der wesentlichen Bestandteile des Modells erfolgen.

Da wir uns innerhalb dieser Untersuchung mit der Erfassung menschlichen Erlebens von Patienten beschäftigen, das wie oben beschrieben nur durch Selbstbeobachtung (Introspektion) zugänglich ist, war uns von Beginn an klar, daß wir hierzu nur Erkenntnisse gewinnen konnten, wenn uns Patienten ihr Erleben mit ihren Worten beschreiben. Hieraus ergaben sich bei der Modellentwicklung zwei zentrale Fragestellungen.

Zum einen wurde uns bewußt, daß wir durch die Berichte unserer Gesprächspartner keine genauen Kenntnisse über die Situationen bekommen, die dem Erleben der Patienten zugrunde liegen. Die Patienten können uns jeweils nur ihr Abbild der Situation schildern, das sie sich von der realen Situation gemacht haben. Wenn wir also zu einem späteren Zeitpunkt das als schädigend oder verletzend erlebte Verhalten beschreiben, so handelt es sich immer um ein von den Patienten als solches bewertetes Verhalten. Inwieweit die Beschreibung, die der Patient uns von diesem Verhalten gibt, dem tatsächlichen Verhalten der Pflegenden in der realen Situation entspricht, entzieht sich unserer Beurteilung. In der graphischen Darstellung wird dieses Problem durch die Verwendung der beiden Farben grün und blau dargestellt. Während die reale Situation blau gezeichnet ist, wurde für das Erleben des Patienten eine grüne Färbung verwendet. Das heißt, daß die blau gekennzeichnete Situation von einem Außenstehenden beobachtbar wäre, während die Situationen im grünen Feld erfragt werden müßten.

Weiterhin war uns deutlich, daß es uns nicht vornehmlich um das gegenwärtige Erleben der Patienten ging, sondern unsere Gesprächspartner sollten uns ihr Erleben, das sie in der Vergangenheit aufgrund von Verhalten von Pflegenden gemacht hatten, retrospektiv schildern. Der Patient kann uns also zu unserer Fragestellung nur ein momentanes Bild aus seinem Gedächtnis schildern, das er sich von einem „abgeschlossenen" Erlebnis gemacht hat. Falls wir also Patienten nach als schädigend oder verletzend erlebten Verhalten von Pflegenden fragen, kann uns dieser nur sein derzeitiges Bild, das er von einer in der Vergangenheit erlebten Situation gebildet hat, schildern. Wir gingen also davon aus, daß das Erleben einer bestimmten pflegerischen Situation, wie wir es vom Patienten beschrieben bekommen, nicht unbedingt dem Erleben entsprechen muß, das der Patient zum Zeitpunkt der realen Situation gehabt hat. Dieses Problem ist in der graphischen Darstellung mit dem Zeitpfeil von t=1 nach t=2 verdeutlicht.

Nach diesen Erläuterungen zu grundsätzlichen Problemen bei der Modellbildung soll das Modell nun im einzelnen beschrieben werden. Die Beschreibung geht dabei von der realen Pflegesituation aus und endet mit dem Bild des Erlebens dieser Situation, das der Patient zu dem Zeitpunkt hat, als er uns sein Erleben beschreibt.

Ausgangspunkt für das Erleben des Patienten ist eine reale Pflegesituation zum Zeitpunkt t=1, die in der graphischen Darstellung durch die dunkelblaue Farbe gekennzeichnet ist. Diese Pflege-Situation kann von ganz unterschiedlicher Ausprägung sein. Allgemein wollen wir hier unter einer Pflege-Situation ein Zusammentreffen von Patient und Pflegenden zu einer bestimmten Zeit (t=1) an einem bestimmten Ort verstehen. Grund dieses Zusammentreffens ist meistens die Durchführung von Einzelleistungen aus der Gesamtleistung Pflege. Um die Verschiedenheit der Pflege-Situationen zu verdeutlichen, sollen hier beispielhaft einige pflegerische Einzelleistungen aufgeführt werden, die der einzelnen Pflege-Situation zugrundeliegen können: Bettenmachen, Ganzwaschung des Patienten, Verabreichung von Antithrombosespritzen, Aufnahme der Pflegeanamnese, Bringen der Mahlzeiten, Gesprächführen. Patient (grün) und Pflegende treten hierbei immer in einen Kommunikations- und Interaktionsprozeß ein, wie wir ihn am Beispiel des Interaktionsmodells von Schulz von Thun im Kapitel 2.1.2. beschrieben haben. Dieser Prozeß soll in der graphischen Darstellung mit den Pfeilen, die sich zwischen den Interaktionspartnern befinden, angedeutet werden. Während der Pflege-Situation führen sowohl Patient als auch Pflegende eine Vielzahl von Einzelhandlungen aus. Zusätzlich findet zwischen den Interaktionspartnern durch das Senden und Empfangen verschiedenster Signale ein reger Informationsaustausch statt.

Sowohl die Interaktion als auch die Pflege-Situation werden von einer Vielzahl von Einflußfaktoren beeinflußt. Wie sich die Interaktion zwischen Pflegenden und Patient tatsächlich entwickelt, wird von Einflüssen, die außerhalb der eigentlichen Situation liegen, wesentlich mitbestimmt. In dem bildlichen Modell wird dieses durch die Öffnungen des Rahmens, der sich um die Pflege-Situation befindet, gezeigt. Unserer Meinung nach wesentliche Einflüsse haben wir in blauer Farbe um die reale Pflege-Situation herum gruppiert. In welcher Intensität diese oder andere mögliche Einflußfaktoren auf die Interaktion und die Situation, in der diese sich vollzieht, wirken, kann hier nur angedeutet werden. Deshalb wurden mögliche Einflußfaktoren eher zufällig um die Pflege-Situation herum angeordnet.

Im Kapitel 2.2. haben wir schon auf wesentliche Einflüsse der Organisation Krankenhaus hingewiesen, die sich auf die Interaktion zwischen Pflegenden und Patienten auswirken können. Diese Einflüsse sind hier unter den Begriffen Arbeitsorganisation, Krankenhausstrukturen und Unternehmenskultur zusammengefaßt.

Zu einem nicht unwesentlichen Teil wird die Interaktion auch von den Persönlichkeiten der beteiligten Personen beeinflußt. So hat sowohl der Patient als auch die Pflegekraft eine eigene persönliche Biographie, die sich wesentlich im Verhalten der Beteiligten widerspiegeln kann. Durch die Erfahrungen, die jede einzelne Person während seines Lebens macht, entwickelt diese bestimmte Interessens- und Motivlagen. Diese von den Vorerfahrungen geprägten Einstellungen spiegeln sich im eigenen Verhalten durch bestimmte Verhaltensmuster aber auch in der Wahrnehmung des Verhaltens der anderen Person wider. Weiter üben andere Personen, die entweder als Beobachter oder aber auch als direkt an der Interaktion zwischen Pflegenden und Patient Teilnehmende sind, einen gewissen Einfluß auf die Situation und die darin stattfindende Interaktion aus. Zu diesen Personen könnten andere Pflegende, Angehörige, andere Berufsgruppen oder auch Mitpatienten zählen.

Teil der Pflege-Situation und des Interaktionsprozesses ist der Patient, der in der graphischen Darstellung in grüner Farbe gekennzeichnet ist. Dieser Patient nimmt mit seinen fünf Sinnen das Verhalten der Pflegenden, sich selbst und andere Reize aus der Umgebung, aber auch seine eigenen Gefühle, Gedanken und Reaktionen in einer bestimmten Pflege-Situation wahr. Hierbei kann er nicht alle Reize, die auf seine Sinnesorgane treffen, bewußt wahrnehmen. Vielmehr wählt er, wie im Kapitel 2.1. unter dem Komplex selektive Wahrnehmung aufgezeigt wurde, zwischen den verschiedenen Reizen aus. Neben den situativen sind es vor allem die personellen Faktoren, die den Wahrnehmungseindruck wesentlich beeinflussen. Hiermit sind Einschätzungen, Vorstellungen, Motivlagen und Meinungen gemeint, die direkt auf die Auswahl bestimmter Reize aus der Um-

welt Einfluß haben. Diese Einschätzungen des Patienten haben auch einen Einfluß auf
die Verarbeitung oder Interpretation der wahrgenommenen Reize. Bei der Verarbeitung
dieser Reize versieht der Patient im Abgleich mit seinem Bedeutungsgedächtnis diese
mit einer gewissen Bedeutung. In Bezug auf unsere Fragestellung heißt das, daß der Patient einen aufgenommenen Reiz mit der Bedeutung „als schädigend und/oder verletzend
erlebtes Verhalten von Pflegenden" versieht. Erst wenn der Patient einem Reiz während
der Interpretation diese Bedeutung zuordnet, wird das Abbild der Pflege-Situation, das er
in seinem Gedächtnis speichert, für uns interessant. Das Belegen mit der für uns interes-
santen Bedeutung haben wir innerhalb des Verarbeitungsfeldes rot gekennzeichnet. Das
Abbild, das sich der Patient von der realen Situation gemacht hat, entspricht also aus
verschiedenen Gründen nicht der realen Situation. Zum Beispiel hat der Patient während
des Verarbeitungsprozesses der Reize einer Handlung oder einem Verhalten der Pflegenden die Bedeutung schädigend oder verletzend gegeben. Diese Handlung ist in dem Abbild des Patienten mit einem roten Interaktionspfeil dargestellt. Genauso wie Einstellungen, Meinungen, Motivlagen und Vorstellungen eine Bedeutung bei der Bildung dieses
Abbildes im Gedächtnis hatten, hat das entstandene Abbild nun einen Einfluß auf die
bestehenden Meinungen, Motivlagen, Vorstellungen und Einstellungen. Dieses soll durch
die Einbettung des Abbildes in die bestehenden Vorstellungen verdeutlicht werden. Die
Übergänge vom Abbild zu den bestehenden Meinungen sind dabei fließend. Dieser gesamte Prozeß der Aufnahme von Reizen aus der Umgebung, des Wahrnehmens eigener
Gefühle und Reaktionen, des Versehens dieser inneren und äußeren Reize mit einer Bedeutung und die Speicherung des daraus resultierenden Abbildes im Gedächtnis macht
das Erleben aus, das der Patient zum Zeitpunkt t=1 hat. Bestehende Meinungen, Motivlagen, Einschätzungen und Vorstellungen des Patienten haben hierbei Einfluß auf alle hier
beschriebenen Teilprozesse und werden durch diesen Prozeß selbst wieder verändert.
Dieser gesamte Komplex des Erlebens zum Zeitpunkt t=1 ist in dunkelgrüner Farbe dargestellt. Die in der Gesellschaft herrschenden Werte und Normen haben einen Einfluß
sowohl auf die Teilprozesse des Erlebens als auch auf die reale Pflege-Situation, was
durch mehrere schwarze Pfeile angedeutet ist.

Da sich im Zeitverlauf die Motivlagen, Meinungen, Einschätzungen und Vorstellungen immer wieder durch die Aufnahme und Verarbeitung neuer Reize verändern, verändert sich auch das Abbild, das der Patient sich zum Zeitpunkt t=1 von einer realen Pflege-Situation gemacht hat, bis zu dem Zeitpunkt, an dem er uns dieses Abbild mit seinen
Worten beschreibt. Dieses veränderte Abbild zum Zeitpunkt t=2, das in die ebenfalls veränderten Motivlagen, Meinungen und Vorstellungen des Patienten eingebettet ist, ist in
der bildlichen Darstellung in einem helleren Grün gezeichnet. Innerhalb dieses Abbildes
findet sich ein Interaktionspfeil von der Pflegeperson zum Patienten, der auch zum Zeitpunkt t=2 mit der Bedeutung „als schädigend oder verletzend erlebt" versehen ist. Dieses
Bild des erlebten Verhaltens hat sich zwar im Laufe der Zeit verändert, was durch die ein
wenig veränderte Färbung des Pfeiles ausgedrückt werden soll, bildet aber für den Patienten den Anlaß, uns sein Bild einer vergangenen Pflege-Situation zu schildern, die für unsere Untersuchung relevant ist.

3. Untersuchungsplanung und Durchführung

Im Rahmen der Vorüberlegungen und der Literaturanalyse wurden uns zwei wesentliche Probleme bewußt. Zum einen erkannten wir, daß wir zwar einige Hinweise zum Erleben der Patienten einerseits und zum Handeln von Pflegenden andererseits bekommen konnten, jedoch die sich ergebenden Problemkreise in einem nicht ausreichenden Maße umrissen werden konnten, so daß eine Strukturierung der verschiedenen Aspekte schon allein aus der Überlegung heraus, daß sie nicht vollständig erfaßt werden konnten, nicht möglich erschien. Die Formulierung von Hypothesen oder gar die Bildung von gesetzmäßigen Aussagen über das zu beforschende Thema war daher nicht möglich. Zweckmäßig erschien zunächst einmal die genauere Erforschung des Problems. Aus diesem Grund entschlossen wir uns, im Rahmen einer Exploration eine Beschreibung und Analyse des Erlebens von Patienten unter unserer spezifischen Fragestellung durchzuführen. Der Begriff „Exploration", der überwiegend in der diagnostischen Psychologie verwendet wird, soll hier in Anlehnung an Friedrichs in seiner Bedeutung als „zielgerichtetes Suchen nach der Erkenntnis eines Objektes" verstanden werden (Friedrichs 1990, 122).

Darüber hinaus erkannten wir, daß das Erleben von Patienten uns nur in ihrer Introspektion zugänglich sein würde, das heißt zur Erkennung und Beschreibung des Problems müßten Patienten zurückschauend Erlebnisse wiedergeben und so in der Vergangenheit erlebte Situationen beschreiben.

Aufgrund dieser Überlegungen entschlossen wir uns zu einer retrospektiven Exploration, in der möglichst vielfältige Aspekte zum Thema zusammengetragen werden sollten, um so möglicherweise Zusammenhänge zu erkennen und das aufgeworfene Problem weiter zu strukturieren. Bei dieser Studie konnte also nur ein qualitativer Forschungsansatz gewählt werden, durch den es möglich werden sollte, Meinungs- und Deutungszusammenhänge von Patienten zu beforschen und dabei auf die Vorstrukturierung des Problems zu verzichten. Die zu beforschenden Patienten sollten als Experten aufgefordert werden, ihr Erleben transparent zu machen.

3.1 Zur Methodenwahl

Bei den Überlegungen zur Vorgehensweise in der Untersuchung befaßten wir uns nochmals mit den Zielen der Studie und erkannten, daß die Rekonstruktion der subjektiv erlebten Realität von Patienten durch die Betrachtung ihres Erlebens nur durch ein Befragen der Patienten möglich sein würde. Damit schied die wohl ebenfalls für qualitative

Forschung klassische Methode der Beobachtung als Erhebungsinstrument aus. Im folgenden setzten wir uns demnach mit den verschiedenen Methoden der Befragung auseinander, die sich grob in die mündlichen und schriftlichen Befragungen unterteilen lassen. In
der Literatur konnten wir nur wenige Hinweise darauf finden, welche Form der Befragung sich zur Evaluation von Meinungen und Deutungen von Patienten eher eignen. Deshalb entschieden wir uns, sowohl in einer mündlichen, als auch in einer schriftlichen
Form die Erhebung durchzuführen. In dieser Vorgehensweise sahen wir zunächst einmal
zwei Vorteile. Zum einen hofften wir, daß sich beide Befragungsinstrumente beim Gewinnen von Datenmaterial inhaltlich ergänzen könnten, und zum anderen erschien es uns
auch als wissenswert, mit welcher Form der Befragung Patienten besser umgehen bzw.
eher motiviert werden können, dienliche Hinweise zum Thema zu geben. Beide Befragungsformen sollten in Anlehnung an die Literatur über Art der Durchführung von explorativen Untersuchungen in einer offenen und unstrukturierten Form durchgeführt werden.
Bei offenen Fragen kann nämlich der Proband seine Antworten frei formulieren und muß
sich nicht an vorgegebenen Antwortalternativen ausrichten. Gleichzeitig soll durch den
Verzicht auf Vorstrukturieren der Fragen erreicht werden, daß der Proband die Möglichkeit erhält, für ihn wesentliche Aspekte zu verbalisieren und somit die Gestaltung der
Befragung selbst zu übernehmen. Durch eine vorgegebene Reihenfolge der Fragen
könnte der Proband in seinen Äußerungen auf bestimmte Aspekte gelenkt bzw. auch re-
duziert werden (Haußer 1982, 65).

Im folgenden sollen die gewählten Methoden und ihre praktische Ausgestaltung näher erläutert werden.

3.1.1   Über die methodische Vorgehensweise bei der mündlichen Befragung

Friedrichs stellt fest, daß alle mündlichen Befragungen, die einen offenen und unstrukturierten Zugang zu den zu beforschenden Subjekten wählen, sich grob zu der Gruppe der Intensivinterviews rechnen lassen. Dabei verfolgen die Intensivinterviews, auch
als Tiefen- bzw. qualitative Interviews bezeichnet, das Ziel, genauere Informationen von
Befragten unter der besonderen Berücksichtigung ihrer Perspektive, Sprache und Bedürfnisse zu erlangen (Friedrichs 1990, 224). Zu den Tiefeninterviews zählt auch das von uns
als Erhebungsinstrument gewählte fokussierte Interview, in dem subjektive Deutungen
und Betroffenheiten der Befragten intensiv exploriert werden können. Ziel dieses Verfahrens ist es demnach, Alltagswissen, Deutungs- und Wahrnehmungsmuster, Handlungsab-
sichten sowie Sinnzusammenhänge der Befragten zu erschließen (Hron 1982, 128).

Das fokussierte Interview wurde in den 40er Jahren ursprünglich zur Lösung bestimmter Probleme in der Kommunikationsforschung und Propagandaanalyse entwickelt.
Das vorrangige, aber nicht ausschließliche Ziel galt der Schaffung einer Grundlage für
die Interpretation statistisch signifikanter Wirkungen von Medien der Massenkommuni-
kation (Merton & Kendall 1993, 173). So unterscheidet sich das fokussierte Interview in
einigen Punkten sehr wesentlich von anderen Formen der Tiefeninterviews. Merton und
Kendall fassen die besonderen Merkmale des fokussierten Interviews wie folgt: Zunächst
einmal wisse man von der interviewten Person, daß sie eine ganz konkrete Situation erlebt hat. Darüber hinaus konnten anhand einer Inhaltsanalyse einige bedeutsame Elemente, Muster und Grundstrukturen dieser Situation von den Forschenden vorher analysiert

werden. Auf der Grundlage dieser Inhaltsanalyse, in der Hauptgebiete der Untersuchung grob umrissen wurden, wird der Forscher in die Lage versetzt, einen Interviewleitfaden zu entwickeln, mit dessen Hilfe er relevante Daten erheben kann (Merton & Kendall 1993, 171).

Uns erschien diese Form der Befragung als eine dienliche Vorgehensweise im Rahmen unserer Studie, da sie die Möglichkeit eröffnet, in der Befragung den Blickwinkel des Probanden auf unsere spezielle Fragestellung zu richten. Dabei sollte das von uns entwickelte Modell, das auf den Erkenntnissen aus den Vorüberlegungen und der Literaturanalyse basiert, die Fokussierung auf unsere Fragestellung ermöglichen. Darüber hinaus wird beim fokussierten Interview dem Interviewer selbst eine aktivere Rolle zugeschrieben als in anderen Tiefeninterviewformen, denn hier kann der Interviewer auch gezielt durch verbale Stichworte auf bestimmte Situationen hindeuten, um die subjektiven Erlebnisse bzw. Erfahrungen der befragten Person und seine spezifischen Reaktionen näher zu betrachten.

Hier sollen zunächst noch die verschiedenen Anforderungen an ein fokussiertes Interview dargelegt werden, da sie die praktische Gestaltung späterer Interviews maßgeblich beeinflussen konnten.

In Anlehnung an Merton und Kendall zeigt Hron vier Dimensionen der Gesprächsstrategie im fokussierten Interview auf (Hron 1982, 128). Dabei können die verschiedenen Antworten der Interviewpartner nach jeder der nun folgenden Dimensionen klassifiziert werden.

1. Nicht-Beeinflussung des Befragten, das heißt, der Befragte soll die Möglichkeit erhalten, das Gespräch selbst zu lenken, für ihn bedeutungsvolle Sachverhalte frei äußern können und somit seine Anworten in einem von ihm und nicht vom Interviewer bestimmten Rahmen darstellen.
2. Spezifität in bezug auf die Erörterung der einzelnen Elemente, das heißt, im Vordergrund des Interviews soll die spezifische subjektive Einschätzung der Befragten stehen und die Bedeutungen, die der Befragte bestimmten Elementen, Aspekten oder Mustern beimißt, sollen eruiert werden.
3. Erfassung eines breiten Spektrums, das heißt, die Elemente der Situationen bzw. die verschiedenen Aspekte zur Thematik sollen möglichst umfassend von dem Befragten dargelegt werden.
4. Tiefgründigkeit, das heißt, die persönlichen Deutungen der Befragten sowie die Ermittlung von Einflüssen früherer Erfahrungen sollen vertieft erörtert werden.

An diesen Kennzeichnungen wird deutlich, daß Antworten sowohl spontan oder suggeriert, diffus und allgemein oder sehr spezifisch, tiefgründig oder oberflächlich sein können (Merton & Kendall 1993, 178). Zur Analyse des Interviewverlaufes lohnt es sich also, die verschiedenen Dimensionen näher zu betrachten und gewisse Richtlinien für den Gesprächsverlauf zu entwickeln. In der sich später anschließenden Darstellung unseres Interviewleitfadens werden diese Dimensionen noch einmal inhaltlich aufgegriffen werden.

Die Anforderungen an das fokussierte Interview können aber zugleich auch wichtige Hinweise zu den spezifischen Problemen dieser Befragungsform geben. Obwohl wir uns für diese Form der mündlichen Befragung entschieden haben, möchten wir hier auf einige Probleme verweisen, die wir unter anderem in einer kritischen Würdigung unseres gesamten Unternehmens darlegen werden.

3.1.2   Über die methodische Vorgehensweise bei der schriftlichen Befragung

Für die schriftliche Befragung suchten wir nach einer Erhebungsmethode, welche die Vorteile einer nicht-standardisierten und offenen Vorgehensweise beinhaltet. Bei der Auseinandersetzung mit schriftlichen Befragungsmethoden stellten wir allerdings fest, daß in der Regel dieses Instrument als standardisierte Methode verwendet wird, in der meist geschlossene Fragen zu „objektiven Sachverhalten" gestellt werden. Doch sind auch offene Fragen möglich, die einerseits ausführlichere Aussagen zulassen und andererseits Ermüdungseffekte vermeiden, die bei der Beantwortung von vielen geschlossenen Fragen auftreten können. Bei der Auseinandersetzung mit der Methode der schriftlichen Befragung überkam uns einige Ernüchterung, und wir überlegten lange, ob es möglich sein könnte, eine schriftliche Befragung in nicht-standardisierter und offener Form erfolgreich durchzuführen. Trotz aller Bedenken und der dürftigen Hinweise aus der einschlägigen Literatur zur Methodik gestalteten wir einen Erhebungsbogen, in dem die Befragten in offener Form über ihre Erfahrungen zum Thema berichten sollten. Die genaue Konzeption dieser von uns gewählten Form der schriftlichen Befragung wird in einem sich anschließenden Teil näher beschrieben.

3.1.3   Zur Erhebungs- und Untersuchungseinheit

Da die Auswahl der Erhebungs- und Untersuchungseinheit die praktische Gestaltung des Interviewleitfadens und die Konzeption des Fragebogens wesentlich beeinflußt, sollen sie an dieser Stelle beschrieben werden.

So standen uns zunächst einmal viele Möglichkeiten offen, welche Patienten in die Untersuchung einbezogen werden sollten. Im Rahmen einer explorativen Studie bietet sich stets eine Stichprobenerhebung an, bei der eine Auswahl von Elementen (n) aus der Gesamtheit aller Elemente (N), die durch ein oder mehrere gleiche Merkmale gekennzeichnet sind, getroffen wird (Friedrichs 1990, 125). Nach einigen Überlegungen wählten wir Patientenselbsthilfegruppen als Erhebungseinheit für unsere Studie. Die Untersuchungseinheit, also die Einheit, auf die sich die Studie letztendlich beziehen sollte, waren demnach Patienten, die sich einer Patientenselbsthilfegruppe angeschlossen haben und die bereit sein würden, an der Exploration teilzunehmen. Aus verschiedenen Gründen hofften wir, daß diese Wahl einige Vorteile im Verlauf der Untersuchung mit sich bringen würden. Da wir Patienten befragen wollten, die einerseits in den letzten Jahren im Krankenhaus gewesen sind und anderseits nach Möglichkeit schon häufiger im Krankenhaus gelegen haben, boten sich die Patienten aus Selbsthilfegruppen ganz besonders an, denn in aller Regel werden diese Gruppen gebildet, damit Menschen mit chronischen Erkrankungen sich dort austauschen können. Eine chronische Erkrankung impliziert in aller Regel, daß die Krankenhaushäufigkeit und Pflegeabhängigkeit höher ist als bei anderen Patientengruppen. Zudem hofften wir, daß sich Patienten, die einer Selbsthilfegruppe angehören, durch ein besonderes Engagement auszeichnen und schon aus diesem Grunde ein höheres Interesse haben, an unserer Befragung teilzunehmen. Einen wesentlichen Vorteil sahen wir darin, die Patienten außerhalb des Krankenhauses und, wenn möglich, in ihrer häuslichen Umgebung zu befragen. So vermuteten wir, daß diese Befragungssituation eher geeignet ist, das sensible und unter Umständen mit starken Emotionen beladene Thema von ihnen beleuchten zu lassen.

Bei all diesen Überlegungen wurde uns jedoch auch klar, daß wir trotz der speziellen Auswahl von Patienten keine homogene Gruppe ansprechen würden, denn selbst die Merkmale „gleiche Erkrankung" und „Zugehörigkeit zu derselben Patientenselbsthilfegruppe" gab uns keinen Anhaltspunkt darauf, daß die Erlebnisse im Krankenhaus ähnlich sind. Außerdem ist zu bemerken, daß einige Patienten, besonders mit zunehmendem Alter, möglicherweise nicht nur an einer Erkrankung leiden, so daß eine Homogenität auch von dieser Seite her ausgeschlossen sein kann. Gleichzeitig ist festzustellen, daß die Anforderungen an die pflegerische Betreuung der einzelnen Patienten nicht in einem unmittelbaren Zusammenhang mit der ärztlichen Diagnose stehen. Jedoch nahmen wir an, daß das Merkmal „häufige Krankenhausaufenthalte" einen Vorteil in unserer Untersuchung mit sich bringt, denn die Patienten könnten unterschiedliche Erfahrungen in verschiedenen Einrichtungen gesammelt und diese Erfahrungen miteinander verglichen haben, was möglicherweise zu einem ausgewogeneren Gesamtbild in der Beantwortung der Fragen führen könnte.

3.1.4   Über die Gestaltung der Erhebungsinstrumente

3.1.4.1   Erstellung des Interviewleitfadens

Wie oben beschrieben, entschlossen wir uns, die mündlichen Befragungen anhand von fokussierten Interviews durchzuführen, da uns diese Methode der qualitativen Sozialforschung am geeignetsten erschien, Daten zum Erleben von Patienten unter Berücksichtigung unserer speziellen Fragestellung zu erheben. Nachdem wir im Rahmen unserer Vorüberlegungen und der Literaturanalyse ein Modell zu unserem Untersuchungsgegenstand hergeleitet hatten, sahen wir uns in der Lage, die Hauptgebiete unserer Untersuchung zu umreißen, so daß wir einen Interviewleitfaden entwickeln konnten, mit dessen Hilfe es uns möglich erschien, relevante Daten zu erheben.

Da wir uns einerseits bewußt waren, daß innerhalb des fokussierten Interviews dem Interviewer die Möglichkeit offen steht, durch das Geben von Stichworten auf themenzentrierte Schwerpunkte hinzudeuten, wir andererseits das Interview möglichst offen gestalten wollten, um eine größtmögliche Vielzahl an Informationen sammeln zu können, erarbeiteten wir während der Erstellung des Interviewleitfadens eine Reihe von Regeln, die der Interviewer beim Führen des Gespräches beachten sollte. Auf diese Regeln soll nach der Darstellung des Inhaltes des Interviewleitfadens noch genauer eingegangen werden.

Durch die Entwicklung eines Interviewleitfadens soll ein Interview nur grob vorstrukturiert werden. Wichtiger ist es, den Gedanken des Interviewpartners zum Thema durch ein auf seine Ausführungen bezogenes Nachfragen zu folgen. Die Struktur eines Interviews, wie sie im Leitfaden beschrieben ist, ist also nur eine von vielen Möglichkeit, wie sich ein Gespräch entwickeln könnte. Sollte unser Interviewpartner das Gespräch von sich aus nicht in eine andere „Ordnung" bringen, so wollten wir das Interview in vier Phasen gliedern, wobei der dritte Teil, in dem das Gespräch auf unsere Fragestellung fokussiert wird, den Schwerpunkt bilden sollte. Der Interviewleitfaden, der vom Leser im Anhang betrachtet werden kann (Anlage 3), gliedert sich also in Einleitungs-, Einordnungs-, Fokussierungs- und Abschlußphase.

In der Einleitungsphase sollte der Interviewer dem Gesprächspartner Informationen zum Inhalt und zum Ablauf des Gespräches geben und dabei mögliche Unklarheiten und Fragen des Interviewten beantworten. Deshalb finden sich hier auch noch keine Fragen im Leitfaden, sondern eher Stichpunkte, die der Interviewer als „Gedankenstützen" verwenden konnte, um bei der Einleitung keine für den Interviewten wichtigen Informationen auszulassen.

Die zweite Phase, auch als Einordnungs- und Aufwärmphase bezeichnet, sollte uns dazu dienen, einerseits wichtige Informationen, die für das Verständnis der themenzentrierten Aussagen des Interviewten später relevant sein könnten, zu bekommen, und andererseits ein offeneres Gespräch „in Gang" zu setzen. Im Leitfaden sammelten wir daher einige offene Fragen zur Person des Interviewten und seinem Bild von Pflege und den Pflegenden.

Insbesondere durch die in der zweiten Phase formulierten offenen Fragen zum Bild der Pflege erhofften wir uns, daß die interviewte Person hier bereits Hinweise zur Themenstellung geben könnte, die dann in der dritten Phase, der Fokussierung des Gespräches, aufgenommen werden könnten. In diesem Teil des Leitfadens nahmen wir auch eine Unterteilung der Fragen in Schlüsselfragen (im Leitfaden mit einem Rahmen gekennzeichnet) und Eventualfragen vor. Friedrichs versteht unter Schlüsselfragen Fragen, die im Verlauf des Interviews in jedem Fall gestellt werden, und unter Eventualfragen Fragen, die nur gestellt werden, wenn der Gesprächsverlauf es erlaubt (Friedrichs 1980, 227). Von den drei Schlüsselfragen versprachen wir uns, daß sie die interviewte Person mit ihren Gedanken direkt zum „Kern" unserer Untersuchung führen können. Dabei sollte jede dieser offenen Fragen auf unterschiedliche Dimensionen unseres Forschungsthemas hindeuten. Mit der ersten Frage sollte die interviewte Person dazu bewegt werden, ihre subjektiven Erlebnisse und Erfahrungen, die im Zusammenhang mit als schädigend und/oder verletzend erlebten und bewerteten Verhaltensweisen von Pflegenden stehen, zu schildern, während die zweite Frage zu einer retrospektiven Introspektion in bezug auf als aggressiv erlebte Verhaltensweisen von Pflegenden führen sollte. Die dritte Frage zielte demgegenüber auf als schädigend oder verletzend erlebte Verhaltensweisen ab, die in keinem Zusammenhang mit als aggressiv erlebten Verhalten von Pflegenden stehen. Ist der Interviewpartner zu einer retrospektiven Introspektion bewegt worden, so bestand nun die Aufgabe des Interviewers darin, das Gespräch am „Laufen" zu halten, um sich möglichst vielfältige Informationen aus dem Gedächtnis der interviewten Person schildern zu lassen. Hierzu standen ihm die Eventualfragen, die unter Phase drei des Interviewleitfadens weiter aufgeführt sind, zur Verfügung. Nach Möglichkeit sollte der Interviewer hierbei auf die verschiedenen Ebenen, nach denen diese Fragen im Leitfaden geordnet sind, nämlich Handlungs-, Gefühls- und Wertungsebene, eingehen. Auf alle Inhalte und Intentionen, die mit diesen offen formulierten Eventualfragen verfolgt wurden, kann hier nicht näher eingegangen werden. Sie wurden aus den Erkenntnissen der Vorüberlegungen und Literaturanalyse hergeleitet. Bei der Fokussierung des Interviews sollte sich der Interviewer möglichst viele Beschreibungen von erlebten Handlungen und damit verbundenen Gefühlen der Interviewten geben lassen.

Während wir uns auf die Interviews vorbereiteten, überlegten wir, welche Dimensionen von Handlungen und Gefühlen in bezug auf unsere Ausrichtung der Untersuchung relevant erscheinen. Würden wir zumindest einige Dimensionen kennen, dann könnten wir uns diese im Verlauf des Gespräches genauer schildern lassen. Wir versuchten daher eine Tabelle zu erstellen, die Handlungen und Gefühle enthalten sollte, die möglicherweise als schädigend oder verletzend erlebt werden könnten. Eine derartige Tabelle aufzustellen, erschien uns jedoch zum damaligen Zeitpunkt nicht möglich, da die vielfältigsten Handlungen und Gefühle hierunter hätten eingeordnet werden müssen. Wir suchten daher weiter nach Kriterien, die es dem Interviewer ermöglichen, zu entscheiden, ob ein von der interviewten Person geschildertes Ereignis einer tieferen Beleuchtung bedarf. Wenn eine Person eine Handlung einer anderen Person als schädigend oder verletzend erlebt, so muß sie auch einen Schaden oder eine Verletzung an sich festgestellt haben. Erlebte Schäden bzw. Verletzungen definierten wir als eine wahrgenommene Zustandsänderung von Patienten, die von diesen nicht gewünscht wurde. Wir teilten mögliche Zustandsänderungen in körperliche, psychische und soziale Dimensionen ein. Was unter diesen Ausdrücken zu verstehen ist, sollen folgende Beispiele verdeutlichen:

- körperliche Zustandsveränderungen
  - Schmerzen
  - Hautschädigungen
  - Haematome
  - Vernachlässigte Körperhygiene
  - Verschlechterung des Gesundheitszustandes
  - Infektion mit Krankheitserregern
  - und so weiter

- psychische Zustandsveränderungen
  - Gefühl des Alleingelassenseins
  - Gefühl unterdrückt zu werden
  - Schamgefühl
  - Gefühl des nicht Ernstgenommenwerdens
  - Gefühl des Ausgeliefertseins
  - und so weiter

- soziale Zustandsveränderungen
  - Beschneidung sozialer Kontakte
  - Abgabe der individuellen Tagesplanung
  - Reduktion auf die Patientenrolle
  - Aufgabe des sozialen Status
  - und so weiter

Würden also zu irgendeinem Zeitpunkt des Interviews Andeutungen vom den Interviewten gemacht, daß sie derartige Zustandsveränderungen erlebt haben und diese auf das Verhalten von Pflegenden zurückführen, so sollte das Gespräch weiter in die „Tiefe" gehen. Ist diese Situation ausreichend beleuchtet worden, so beginnt erneut die Suche nach themenspezifischen Erlebnissen, was eventuell mit der Frage: „Haben Sie ähnliche

Situationen erlebt?" oder aber auch mit einer der Schlüsselfragen erreicht werden kann. Wird eine neue Situation genannt, so wird diese wieder detailliert beleuchtet. Dieser Kreislauf sollte sich solange fortsetzen, bis die interviewte Person keine neuen Gedanken zum Thema äußert.

Zum Abschluß des Gespräches sollten dann noch, falls sie nicht ohnehin im Verlauf des Gespräches schon beantwortet wurden, ein paar offene Fragen gestellt werden, von denen wir glaubten, daß sie in irgendeiner Weise mit unserer Fragestellung in Verbindung stehen.

Nach der Beschreibung des Aufbaus unseres Interviewleitfadens möchten wir nun auf ein paar wesentliche Gesprächsführungsregeln eingehen, die wir vor Beginn der Datenerhebungsphase festlegten. Wir lehnten uns dabei wesentlich an die von Merton und Kendall vorgestellten vier Dimensionen der Gesprächsstrategie im fokussierten Interview an (Merton & Kendall 1993). Einige Gesprächsregeln lassen sich auch direkt im Aufbau unseres Interviewleitfadens wiederfinden.

Als erstes wesentliches Kriterium der Gesprächsführung in einem fokussierten Interview nennen Merton und Kendall die Nicht-Beeinflussung der Befragten (Merton & Kendall 1993, 178). Da wir nur wenige Informationen über unser Forschungsgebiet sammeln konnten, wollten wir hierauf während der Gesprächsführung verstärkt achten. In den Vorgesprächen zum Interview und auch während der Einleitungsphase durch den Interviewer sollte das Thema der Untersuchung kurz, knapp und prägnant beschrieben werden, so daß der Befragte eine genaue Vorstellung von dem bekommen kann, was Inhalt des Gespräches ist. Im weiteren Verlauf des Interviews sollte dann den Gedanken des Befragten zu diesem Thema freier Lauf gelassen werden. Für den Interviewer bedeutete das, daß er möglichst nur mit offenen unstrukturierten Fragen operiert, um die Bandbreite möglicher Antworten zu verschiedenen Aspekten nicht so sehr einzuschränken. Deshalb wählten wir bei der Formulierung unserer Fragen im Leitfaden auch immer eine möglichst offene Form. Ferner entschlossen wir uns, uns bei der Gesprächsführung nicht zu sehr auf mögliche Fragen aus dem Leitfaden zu konzentrieren, sondern vielmehr den Gedanken des Befragten zu folgen. Dieses sollte dadurch gewährleistet werden, daß, wenn eine weitergehende Frage gestellt wird, für den Befragten immer ein Bezug zu dem vorher Gesagten zu erkennen ist. Es sollten also vom Interviewer keine vom Befragten noch nicht genannten Aspekte in das Gespräch eingebracht werden. Eine gewisse Ausnahme zu dieser Gesprächsregel stellten nur unsere drei Anregungsfragen dar, da diese vornehmlich gestellt werden sollten, wenn der Interviewte in seinen Ausführungen überhaupt keinen Bezug zum Thema herstellen konnte oder das Gespräch aus irgendeinem Grunde „ins Stocken" geraten sollte. Ansonsten bestand die Hauptaufgabe des Interviewers darin, durch Nachfragen oder Bestätigungen von gemachten Äußerungen den Gedankenfluß des Befragten zu unterstützen.

Auch die zweite Dimension der Gesprächsführung in einem fokussierten Interview nach Merton und Kendall, die Spezifität, gab uns einige Hinweise darauf, wie wir während der Interviews vorgehen wollten. Aus den Vorüberlegungen wurde uns deutlich, daß wir nur Informationen zu unserem Thema erhalten würden, wenn es uns gelingt, den Befragten zu einer retrospektiven Introspektion zu bewegen. Als Regel legten wir also fest, daß der Interviewer durch seine Fragestellungen diesen Prozeß fördern sollte. Innerhalb der Retrospektion mußte der Befragte dazu aufgefordert werden, eine von ihm in der Vergangenheit erlebte themenrelevante Pflege-Situation zu beschreiben. Gleichzeitig sollte er dazu animiert werden, seine Gefühle, die er während dieser Pflege-Situation gehabt hat, zu beschreiben (Introspektion). Wir entschlossen uns also, bei der Gesprächsführung keine zeitliche Trennung von Retrospektion und Introspektion vorzunehmen, weil ansonsten die Gefahr bestand, daß der Befragte uns vornehmlich Gefühle schildert, die er zum Zeitpunkt des Interviews zu der erlebten Pflege-Situation hat, und nicht seine Gefühle in dieser Situation. Der Interviewer sollte seine Fragen in bezug auf die Gefühlsebene also vornehmlich mit Worten wie zum Beispiel: „Versuchen Sie sich in die damalige Situation hineinzuversetzen, was haben Sie damals gedacht oder gefühlt?" einleiten.

Das dritte Kriterium für ein fokussiertes Interview bezieht sich auf die Erfassung möglichst vieler einschlägiger Daten im Verlauf des Interviews (Merton & Kendall 1993, 192). Für unsere Untersuchung bedeutete dies, daß wir, wenn der Befragte eine themenrelevante Situation andeutet oder beschreibt, uns diese möglichst unter Beachtung aller relevanten Aspekte schildern lassen wollten. In unserem Leitfaden haben wir daher im Anschluß an unsere Schlüsselfragen einen Katalog mit einigen wesentlichen Eventualfragen, worin sich verschiedene Fragen zur umfangreichen Betrachtung von erlebten Situationen befinden, aufgeführt. Je nach Gesprächsverlauf sollte der Interviewer sich die in diesen Fragen enthaltenen Aspekte vom Befragten schildern lassen. Als Regel für die Gesprächsführung legten wir daher fest, daß wir uns alle vom Interviewpartner angeschnittenen Aspekte durch Nachfragen weiter erörtern lassen wollten. Würde der Befragte insbesondere bei der Schilderung der Gefühlslage tiefergehenden Fragen ausweichen, so sollten Äußerungen des Interviewpartners im Gedächtnis behalten oder kurz notiert werden, so daß zu gegebener Zeit hierauf wieder zurückgegriffen werden konnte. Um ein möglichst breites Spektrum der Schilderungen zu erhalten, beschlossen wir ebenfalls, daß wir keine uns während der Interviewsituation als irrelevant erachteten Beschreibungen des Befragten abbrechen, da diese vom Interviewpartner vielleicht nur gemacht werden, um sich und uns gedanklich auf eine wesentliche themenrelevante Aussage vorzubereiten. Daher sollten alle Ausführungen der Patienten mit Interesse verfolgt werden und durch geschickte Nachfragen sollte versucht werden, den Befragten zu Erklärungen zu bewegen, warum er glaubt, daß diese Schilderungen etwas mit unserer Fragestellung zu tun haben.

Da wir uns in unserer Untersuchung mit dem Erleben von Patienten beschäftigen, stellte gerade das vierte Kriterium des fokussierten Interviews, die „Tiefgründigkeit", ein wesentliches Ziel der Gesprächsführung dar. Merton und Kendall fordern, daß der Interviewer versucht, ein Höchstmaß an selbstenthüllenden Kommentaren und Informationen darüber zu bekommen, wie eine Situation erfahren wurde (Merton & Kendall 1993, 197). Wie wir in der Modellbeschreibung und in den Vorüberlegungen bereits ausführten, haben Einstellungen, Motivlagen und Vorerfahrungen einen wesentlichen Einfluß auf das Erleben von Menschen. Gerade diese mußten vom Interviewer durch geschicktes Fragen offengelegt werden. Wir fügten daher unserem Interviewleitfaden auch Fragen zur Person und zum Bild dieser über Pflege hinzu, da wir uns von der Beantwortung dieser Fragen ein besseres Verständnis der vom Befragten gemachten Schilderungen zum Thema versprachen. Damit wir durch unsere Gesprächsführung eine gewisse „Tiefgründigkeit" des Interviews erreichen, sollte der Interviewer den Gesprächspartner immer wieder dazu auffordern, seine Gefühle und Gedanken zu den verschiedenen Situationen näher zu erläutern. Ebenso war es wichtig, daß der Interviewer sich persönliche Deutungen oder Einflüsse früherer Erfahrungen vom Befragten detailliert schildern ließ. Die Fokussierung des Gespräches auf die Gefühlsebene war also gerade bei unserer Untersuchung eminent wichtig. Eine derartige Fokussierung sollte innerhalb der Gesprächsführung dadurch erreicht werden, daß der Interviewer geäußerte oder implizierte Gefühle des Gesprächspartners wiederholt in dem Gespräch aufgreift. Sollte der Befragte jedoch eine zu starke Betroffenheit zeigen oder andeuten, daß er keine weiteren Auskünfte über seine persönliche Gefühlslage geben möchte, so sollte das Gespräch in einer „Tiefe" geführt werden, die vom Interviewpartner akzeptiert wird.

3.1.4.2   Erstellung des Befragungsbogens

Auch bei der Konzipierung der Fragebögen für die schriftliche Befragung, die in einer offenen und nicht-standardisierten Form durchgeführt werden sollte, gingen wir von ähnlichen Anforderungen aus wie bei der mündlichen Befragung. Durch den von uns verfaßten Text bzw. durch die gestellten Fragen sollten die Probanden bei der Beantwortung nicht zu stark beeinflußt werden. Ferner sollten sie dazu motiviert werden, möglichst „tiefgehend" und umfassend über themenrelevante Aspekte unserer Fragestellung zu berichten. Da wir in der von uns genutzten Literatur zur empirischen Sozialforschung keine konkreten Hinweise zur Konzipierung derartiger Befragungsbögen fanden, stellt der im Anhang beigefügte Fragebogen (Anlage 4) einen Versuch dar, einen nicht-standardisierten Fragebogen zu entwerfen. Die Inhalte des Fragebogens sollen an dieser Stelle kurz erläutert werden.

Da wir die Fragebögen nicht selber an die Probanden aushändigten, fügten wir jedem Bogen ein kurzes Anschreiben bei, in dem wir uns und die Untersuchung, die wir durchführen wollten, vorstellten. Ferner enthielt dieses Anschreiben, neben der Bitte zur Teilnahme an der Befragung, unsere Anschriften und Telefonnummern.

Der eigentliche Fragebogen umfaßt zwei Seiten, dem jeweils fünf unbeschriftete DIN A 4 Bögen zur Beantwortung beigefügt wurden. Auf der ersten Seite befanden sich sechs geschlossene und strukturierte Fragen zur Person des Probanden, die mit ein paar kurzen Worten beantwortet werden konnten. Auf der zweiten Seite stellten wir dann drei offene, unstrukturierte Anregungsfragen, die einen ähnlichen Wortlaut hatten wie die Schlüsselfragen in den fokussierten Interviews.

1. „Fühlten Sie sich während Ihres letzten Krankenhausaufenthaltes irgendwann einmal in irgendeiner Weise durch das Verhalten oder durch Handlungen von Pflegenden geschädigt bzw. verletzt?
2. War Ihnen gegenüber ein Pflegender schon einmal gereizt und hat sich dieses auch in ihrem/seinem Handeln ausgedrückt?
3. Gab es Handlungen von Pflegenden, durch die Sie sich geschädigt fühlten, ohne daß diese Handlungen im Zusammenhang mit einer gewissen Gereiztheit des Pflegenden auftraten?"

Der Proband wurde im folgenden von uns aufgefordert, uns seine Gedanken und Erlebnisse, die ihm beim Lesen dieser Anregungsfragen kommen, unter Berücksichtigung der drei Aspekte:

a) Was hat sich zugetragen?
b) Wie haben Sie sich in der Situation gefühlt?
c) Wie haben Sie in der Situation reagiert?

in einer Form seiner Wahl zu beantworten und uns in den beigefügten, frankierten Rückumschlägen zuzusenden.

3.2   Ethische Aspekte zur Untersuchung

Ebenso wie die Pflegeforschung als ein Mittel zur Gewinnung von Erkenntnissen über die pflegerische Praxis, und hier speziell zum Erleben dieser von Patienten, angesehen werden kann, könnte man im weitesten Sinne auch die zu beforschenden Subjekte als ein Mittel zur Wissenserweiterung ansehen. Daß der Begriff „Mittel" hier als verfehlt anzusehen ist, ergibt sich schon allein aus den Überlegungen heraus, daß das persönliche Erleben sowie Meinungen und Deutungen von Menschen in den Mittelpunkt der Betrachtung rücken. Wie man mit den persönlichen Wahrheiten von Menschen umgeht, ist eben nicht nur eine Frage der methodischen Vorgehensweise, sondern stellt primär hohe Anforderungen an die Forschenden, die sich mit den ethischen Aspekten ihrer Untersuchung auseinandersetzen müssen. Hier wollen wir einige Überlegungen, die nicht nur als abstrakte Betrachtungen der Untersuchung anzusehen sind, sondern vielmehr in recht pragmatischen „Regeln" bei der Vorgehensweise im Forschungsprozeß mündeten, darstellen.

3.2.1   Über den Umgang mit den zu beforschenden Subjekten
im Rahmen der Datenerhebung

In der Konzeptualisierung der Untersuchung wird ersichtlich, daß wir im Rahmen der Datenerhebung in einem nicht unbeträchtlichen Ausmaß in die Lebens- und Erfahrungssphäre der Patienten eindringen würden. Die Achtung der Würde und der Integrität der Patienten stand aus diesem Grund als wichtigste Prämisse bei der Datenerhebung im Vordergrund. Für beide Erhebungsarten, also der schriftlichen wie der mündlichen Befragung, galt gleichermaßen, daß wir durch unsere Fragen in die Erlebniswelt und damit auch in die Verarbeitungsprozesse der Patienten eindringen würden. Uns war bewußt, daß neben den Überlegungen beispielsweise über einen sensiblen Umgang mit den Patienten und ihrem Erleben auch schon im Vorfeld „Grundregeln" für das Zusammentreffen mit ihnen festgelegt werden mußten. Bei der Auseinandersetzung mit den ethischen Gesichtspunkten unserer Untersuchung formulierten wir Grundsätze, die zum Schutz der Patienten und zur Wahrung ihrer Integrität dienen und die uns gleichermaßen unserer Verantwortung gegenüber den Patienten in verschriftlichter Form bewußt machen sollte. Diese nun vorgestellten „Regeln" basieren auf einigen Diskussionen, an denen sich auch Freunde von uns beteiligten, die in einem, wenn auch geringen Umfang, selbst Befragungen mit Patienten durchgeführt hatten. Folgende „Regeln" im Umgang mit den Patienten wurden erarbeitet:

Für die mündliche Befragung
1. Die Teilnahme an unserem Forschungsprojekt ist freiwillig. Dies bedeutet auch, daß wir die Patienten nicht zu einer Teilnahme überreden. Zur Aufzeichnung des Gespräches mit einem Tonbandgerät bedarf es der ausdrücklichen Zustimmung des jeweiligen Gesprächspartners. Dabei werden die Grundsätze der Wahrung der Anonymität zugesichert und eingehalten.

2. Der Ort und die Zeit, an dem die Befragung stattfinden soll, wird vom jeweiligen Interviewpartner selbst bestimmt. Dabei sollen die Interviewpartner auch die Möglichkeit bekommen, die Gesprächsumstände selbst zu bestimmen. Die zeitliche Terminierung erfolgt stets einige Tage im voraus, um so dem Probanden die Zeit zu geben, seine Entscheidung zur Teilnahme nochmals zu überdenken.
3. Jeder Interviewpartner erhält vor dem Interview Informationen zum Thema, zur Vorgehensweise und zur voraussichtlichen zeitlichen Inanspruchnahme bei der Teilnahme an der Untersuchung.
4. Lehnt der Patient die Fokussierung des Themas persönlich ab, oder haben wir den Eindruck, daß das Gespräch mit dieser Ausrichtung als nicht angemessen empfunden wird, erhält der Interviewpartner die Möglichkeit, über die Dinge zu sprechen, die er für wichtig erachtet. Kein Gesprächspartner soll angehalten werden, über Dinge zu sprechen, über die er augenscheinlich nicht reden möchte. Jeder Interviewpartner wird im Vorfeld aufgefordert, uns mitzuteilen, wenn unsere Fragen zu persönlich erscheinen und aufgrund dessen vom Interviewpartner abgelehnt werden. Vor und nach dem Interview stehen wir den Interviewpartnern, wenn sie es wünschen, für Gespräche zur Verfügung. Darüber hinaus soll jeder Gesprächspartner unsere Anschrift und Telefonnummer erhalten, um die Möglichkeit zu haben, mit uns zu einem späteren Zeitpunkt nochmals Kontakt aufzunehmen.

Für die schriftliche Befragung
1. Die Teilnahme an der Untersuchung ist freiwillig. Der Grundsatz der Anonymität wird zugesichert und eingehalten.
2. Jeder Teilnehmer verfügt über Informationen zur Untersuchung und deren Zielsetzung und hat zudem die Möglichkeit, sich telefonisch oder schriftlich an uns zu wenden, um weitere Informationen zu erlangen, oder auch Gespräche mit uns zu führen.

3.2.2   Über den Umgang mit dem Datenmaterial

Bei der Analyse des Datenmaterials stand für uns die Wahrung der Anonymität im Vordergrund. Dabei bezogen sich unsere Überlegungen nicht nur auf den Namen des jeweiligen Probanden, sondern auch auf Daten bezüglich der Erkrankung. So hatten wir es uns zum Ziel gesetzt, alle Daten, die geeignet sein könnten, eventuelle Rückschlüsse auf Personen zuzulassen, zu codieren. Dazu gehört unserer Ansicht nach auch, daß spezifische Lebensumstände nicht näher beschrieben werden sollen.

   Ein anderer Schwerpunkt unserer Überlegungen bezog sich darauf, wie wir mit den gewonnenen Daten umgehen sollten. Daß dabei die Daten nicht manipuliert werden sollten, ist selbstverständlich, doch überlegten wir auch, wie mit Daten umzugehen ist, die wir nicht in einem ausreichenden Maße dokumentieren könnten. Hierzu gehören vor allem Informationen, die außerhalb der Interviews gewonnen werden. So beschlossen wir, nach jedem Interview ein längeres, gemeinsames Gespräch über die Erlebnisse im Zusammenhang mit dem Interview und dem jeweiligen Interviewpartner zu führen, um die teilweise widersprüchlichen Eindrücke transparent zu machen, da diese Eindrücke in die Interpretation des Interviews einfließen. Um jedoch den Interviewpartnern gerecht zu werden, sollten hier nur Eindrücke festgehalten werden, die beide Forscher möglichst übereinstimmend sammeln konnten.

3.3   Zum geplanten zeitlichen Ablauf der Untersuchung

Nach oben dargelegten Überlegungen entwarfen wir eine Planung zum Verlauf der Untersuchung, die wir hier anhand eines tabellarischen Zeitplanes verdeutlichen möchten.

Oktober 1994	Entwurf des Interviewleitfadens Entwurf des schriftlichen Befragungsbogens
18.11.1994	Kontaktaufnahme mit der Koordinierungsstelle der Selbsthilfegruppen, die im Rahmen der schriftlichen Untersuchung angesprochen werden sollten
22.11.1994	Kontaktaufnahme mit der Selbsthilfegruppenleiterin, die sich als Kontaktperson für die schriftliche Befragung angeboten hatte
23.11.1994	Teilnahme an einem Gruppentreffen aller Leiter von Selbsthilfegruppen
24.11.–28.11.1994	Kontaktaufnahme mit den Interviewpartnern für den Pretest der mündlichen Befragung
29.11.1994	Übersendung der Befragungsbögen für den Pretest an die Leiterin einer Selbsthilfegruppe
1.12.1994–20.01.1995	Durchführung und Auswertung der Preteste der mündlichen und schriftlichen Befragung
1.02.1995–28.02.1995	Durchführung der Hauptuntersuchung der schriftlichen und mündlichen Befragung
1.03.1995–31.03.1995	Auswertung der mündlichen und schriftlichen Befragung
1.04.1995–1.05.1995	Schreiben des Forschungsberichtes

Bei der Durchführung unserer Untersuchung konnten wir uns größtenteils an diesen geplanten zeitlichen Ablauf halten und haben lediglich für das Schreiben des Forschungsberichtes einen wesentlich längeren Zeitraum benötigt. Die hier so klar erscheinende Vorgehensweise soll jedoch nicht darüber hinwegtäuschen, daß wir in der Erhebungsphase mit einigen Problemen umzugehen lernen mußten, die nun im folgenden näher beschrieben werden sollen.

3.4   Kontaktaufnahme und Zugang zu den Teilnehmern der Untersuchung

3.4.1   Probleme während der Pretestphase

Im Zusammenhang mit der Befragung der Patienteninitiativen und der Auseinandersetzung mit deren Zielsetzungen und Aufgabenbereichen hatten wir in der Literatur einige Hinweise zu Patientenselbsthilfegruppen bekommen. So setzten wir uns zunächst einmal mit einem Handbuch auseinander, in dem die Vielzahl der Patientenselbsthilfegruppen der Stadt X. näher beschrieben werden. Dabei stellten wir fest, daß es circa 150 verschiedene Selbsthilfegruppen mit den unterschiedlichsten Schwerpunkten gibt. Einen wesentlichen Schwerpunkt bilden dabei die Selbsthilfegruppen, die Patienten aufgrund einer chronischen Erkrankung zu einem Gedanken- und Erfahrungsaustausch einladen.

Eine Vielzahl von Patientenselbsthilfegruppen sind dabei nicht nur auf der regionalen Ebene gegründet worden, sondern gehören Verbänden an, die sich auch auf Bundesebene organisiert haben. Bei dieser Auseinandersetzung bemerkten wir, daß lediglich bestimmte Selbsthilfegruppen im Rahmen unserer Untersuchung in Frage kommen, nämlich diejenigen, deren Mitglieder aufgrund ihrer Erkrankung möglicherweise häufiger einer Krankenhausbehandlung bedürfen. So beschlossen wir zunächst einmal, Kontakt zu den Stellen zu knüpfen, die die verschiedenen Patientenselbsthilfegruppen koordinieren und schon aus diesem Grunde einen tieferen Einblick in deren Mitgliederstruktur haben.

Dabei konnten wir bereits auf einen recht erfreulichen Kontakt zurückgreifen, den wir durch das anfängliche Anschreiben der Patienteninitiativen geknüpft hatten. Auf unser Schreiben hin hatte sich nämlich damals eine Frau gemeldet, die mehrere Selbsthilfegruppen in einer Stadt in Niedersachsen koordinierte und selbst die Leitung einer Selbsthilfegruppe wahrnahm. Frau C. zeigte für unsere Arbeit großes Interesse und bot uns ihre Mithilfe an. Da diese Stadt in einiger Entfernung zu uns lag, entschlossen wir uns schon in einer frühen Phase des Unternehmens, diesen Kontakt zu nutzen, um dort die schriftliche Befragung durchzuführen. Frau C. fungierte somit während der gesamten Erhebungsphase als Kontaktperson und verteilte im Rahmen des Pretestes und der Hauptuntersuchung die schriftlichen Befragungsbögen an die jeweiligen Leiter der verschiedenen Patientenselbsthilfegruppen. Insgesamt nahmen fünf verschiedene Gruppen, die zwischen fünf bis elf Mitglieder zählten, an der schriftlichen Befragung teil. Durch das persönliche Engagement von Frau C. konnte unserer Meinung nach ein Mindestmaß an Vertrauen zwischen uns und den Teilnehmern aufgebaut werden, so daß die Befragung erfolgreich verlaufen konnte.

Schon während der Pretestphase der schriftlichen Untersuchung kam es zu einigen Verzögerungen, die wir uns anfänglich gar nicht erklären konnten. Unsere Kontaktperson Frau C. hatte in der Pretestphase sieben Befragungsbögen persönlich an zwei Selbsthilfegruppen weitergeleitet, mit der Bitte, die Berichte möglichst rasch an uns zurückzusenden. So waren wir ein wenig irritiert, daß uns in den nächsten Wochen kein Antwortschreiben übersandt wurde. Nach erneuter Kontaktaufnahme mit Frau C., die sich zwischenzeitlich noch einmal an die Mitglieder der Gruppen gewandt hatte, bemerkten wir, daß der Zeitpunkt der Untersuchung sich als höchst ungünstig erwies. So hatten wir nicht bedacht, daß unsere Erhebungsphase gerade in die letzten Wochen vor Weihnachten fiel und diese Zeit nach Angaben der Teilnehmer durch rege Vorbereitungen zum Fest gekennzeichnet war. Nach den Feiertagen fanden dann aber doch drei Teilnehmerinnen die Zeit zum Ausfüllen der Fragebögen, so daß der Pretest dann recht schnell abgeschlossen werden konnte.

Im Rahmen der mündlichen Befragung wählten wir eine andere Stadt aus, die uns aus räumlichen Gründen für die mündliche Befragung günstiger erschien. So sprachen wir in dieser Stadt den Leiter des Gesundheitszentrums an, um Kontakte zu den Selbsthilfegruppen herzustellen. Herr D. reagierte ebenfalls sehr positiv auf unser Anliegen und sicherte uns seine Mithilfe zu. Während eines Gespräches erklärten wir ihm die Zielsetzung der Untersuchung und unsere geplante Vorgehensweise. Dabei ist anzumerken, daß wir zunächst geplant hatten, nur mit ein oder zwei Gruppen in Kontakt zu treten, die uns sowohl aufgrund der hohen Anzahl der Mitglieder als auch aufgrund des Schwerpunktes als interessant erschienen. Herr D. regte an, zunächst ein Treffen der Leiter von Selbsthilfegruppen zu besuchen, um dort mit einigen Gruppen in Kontakt zu treten, und stellte uns im darauffolgenden Treffen Zeit zur Verfügung, unser Anliegen dort vorzutragen. Damals hatten wir nach einer kurzen Vorstellung unserer Personen den Leitungen unser Projekt kurz dargestellt und erklärt, daß wir Patienten suchen, die bereit sind, mit uns über ihre Erfahrungen mit Pflegenden im Krankenhaus zu sprechen. Daß wir jedoch bei diesem Treffen fast nur negative Reaktionen von Leitungen auf unser Anliegen hin bekamen, sollen folgende Reaktionen, deren Wortlaut wir nur aus der Erinnerung wiedergeben können, beispielhaft verdeutlichen:

> „Naja, seitdem für Sie in der Pflege nur noch Minuten zählen, braucht man doch über die Pflege nicht mehr zu sprechen."
> „Können Sie sich das nicht schon selbst denken, was soll denn das noch?"
> „Wissen Sie, mit Schwestern rede ich gar nicht mehr, höchstens mit Pflegern."

Über diese zum Teil sehr eindeutigen Reaktionen zur Pflege waren wir sehr überrascht. Trotzdem nutzten wir nach dem Treffen die Möglichkeit, einige Leiter direkt anzusprechen und sie für unser Vorhaben zu gewinnen, was uns auch in zwei Fällen gelang. Wir mußten aber auch feststellen, daß es nicht einfach werden würde, mit den Mitgliedern der Gruppen in Kontakt zu treten, denn wir erkannten, daß die anfänglich geplante Vorgehensweise, nämlich zu den wöchentlichen bzw. monatlichen Treffen der jeweiligen Patientenselbsthilfegruppe zu gehen und dort unser Vorhaben vorzustellen, nicht zu realisieren war. Verschiedene Leiter der Gruppen machten uns darauf aufmerksam, daß zunächst einmal die Gruppe abstimmen müsse, ob wir überhaupt zu einem Treffen kommen könnten. Als wir uns nun in den nächsten Tagen mit den Erlebnissen vom Leitungstreffen auseinandersetzten, wurde uns klar, daß wir im Vorfeld nicht erkannt hatten, daß Patientenselbsthilfegruppen verständlicherweise recht zurückhaltend auf Anliegen von Außenstehenden reagieren. Während der Treffen werden sehr sensible und für den Einzelnen persönliche Dinge zur Sprache gebracht, die zunächst einmal auch zum Schutz des Einzelnen nicht für Außenstehende bestimmt sind. Nach einigen Überlegungen zur weiteren Vorgehensweise beschlossen wir, mit verschiedenen Leitern von Patientenselbsthilfegruppen in telefonischen Kontakt zu treten und sie zu ermuntern, mit uns ein Gespräch bzw. Interview zu führen. Wir versprachen uns von dieser Vorgehensweise, daß die Leitungen nach einem Gespräch vielleicht eher dazu bereit wären, andere Mitglieder der Gruppen für ein Gespräch mit uns zu gewinnen. Von dem Vorhaben, persönlich während einiger Gruppentreffen zu erscheinen, nahmen wir zunächst Abstand, auch wenn es uns zu einem späteren Zeitpunkt des Unternehmens gelungen ist, an einem solchen Treffen teilzunehmen. So stellten wir zunächst einmal zu zwei Gruppen, deren Gruppenleiterinnen wir auf dem Leitungstreffen kennengelernt hatten, telefonischen Kontakt her und konnten sie wider Erwarten sofort zu einem Interview motivieren. Dabei hatten wir den Eindruck, daß auch die Leiterinnen mit dieser Vorgehensweise zufrieden waren, da sie ihrer Meinung nach „auch nicht soviel Unruhe in die Gruppe" bringen würde. So konnten wir für den Pretest drei Interviewpartner gewinnen.

3.4.2   Probleme während der Hauptuntersuchung

In der Hauptuntersuchung ergaben sich sowohl in der schriftlichen als auch in der mündlichen Befragung einige Probleme, die sich teilweise schon im Zugang zu den Teilnehmern abgezeichnet hatten, aber teilweise doch überraschend für uns auftraten. Diese Probleme sollen nun hier eingehender aufgezeigt werden.

3.4.2.1   Besonderheiten während der schriftlichen Befragung

Auch während der Hauptuntersuchung verlief die schriftliche Befragung nicht immer ohne Schwierigkeiten. Wiederum konnte unsere Kontaktperson Frau C. zu drei weiteren Patientenselbsthilfegruppen einen Kontakt herstellen und übersandte den Gruppen insgesamt acht Befragungsbögen mit frankierten Rückumschlägen, die wir ihr einige Tage vorher zukommen ließen. Schon während der Pretestphase hatte sich eine Frau telefonisch bei uns gemeldet und sich noch einmal danach erkundigt, ob sie den Befragungsbogen tatsächlich mit freien Formulierungen bearbeiten könne. In diesem Gespräch erzählte sie auch kurz, was ihr im Krankenhaus mit Pflegenden widerfahren war, und fragte nach, ob dies etwas wäre, was uns interessiert. Nach einem Gespräch von circa 15 Minuten konnten ihre Fragen soweit geklärt werden, daß sie uns einen Selbstbericht zukommen ließ. Während der Hauptuntersuchung riefen uns dann auch andere Teilnehmerinnen der Befragung vor dem Ausfüllen der Bögen an. Wir hatten den Eindruck, daß es bei diesen Anfragen eher darum ging, einen persönlichen Kontakt zu uns herzustellen, um einen Eindruck darüber zu gewinnen, in welche Hände ihre persönlichen Daten gelangen. Nach diesen Gesprächen, die oft nur einen kleinen klärenden Teil zur Untersuchung beinhalteten, sandten uns vier Frauen in der Hauptuntersuchung die Befragungsbögen zurück. Schon in der Pretestphase hatten wir den Teilnehmerinnen, die uns ihre Anschrift bewußt auf die Befragungsbögen geschrieben hatten, mit einem kurzen Brief geantwortet, und auch in der Hauptuntersuchung dankten wir den Teilnehmerinnen noch einmal in dieser Form.

Uns erscheint es heute als sehr wichtig, daß das Aufbauen eines Vertrauensverhältnisses zu den Befragten in irgendeiner Form erfolgt. Unserer Idee, die Befragung so anonym wie möglich zu gestalten, fand insofern nur wenig Anklang bei den Befragten, als es insgesamt fünf von sieben Teilnehmerinnen wichtig war, daß wir über ihre Anschrift verfügen und uns bei Rückfragen an sie wenden könnten. Dies mag sicherlich auch damit zusammenhängen, daß uns einige der Teilnehmerinnen schon am Telefon gefragt hatten, warum wir denn nicht mit ihnen ein Gespräch führen möchten, denn in der schriftlichen Form sei es sehr schwer, die Erlebnisse wiederzugeben. Zudem würde man sich an Dinge zurückerinnern, und diese Gedanken seien nicht immer besonders angenehm. Darum sei es auch leichter in einem Gespräch, die Erinnerungen wachzurufen, denn das Aufschreiben dieser Begebenheiten würde vornehmlich dazu führen, daß man am Schreibtisch sitzen würde und ins Grübeln käme.

Für uns wurde daher die schriftliche Befragung zu einem spannenden Unterfangen, und glücklicherweise ist es uns bei jedem, der bei uns angerufen hat, gelungen, ihn zu motivieren, den Versuch zu unternehmen, die Dinge einmal schriftlich zu fixieren.

3.4.2.2 Besonderheiten während der mündlichen Befragung

Schon in der Pretestphase der mündlichen Befragung zeichnete sich ab, daß die telefonische Kontaktaufnahme mit den Leitern der Patientenselbsthilfegruppen und der damit verbundene Versuch, die Leiter zu einem Interview zu motivieren, sich als günstige
Vorgehensweise für unserer Vorhaben erweisen würde. So verzichteten wir auch auf die
Verteilung der von uns teilweise bereits angefertigten Handzettel, die potentielle Interviewpartner zu einem Gespräch mit uns motivieren sollte, und versuchten, über das Interview mit den Leitern ein Vertrauensverhältnis aufzubauen, damit diese dann andere Patienten in den verschiedenen Gruppen ansprechen würden. Diese Vorgehensweise erwies
sich als zweckdienlich, und zwei Interviewpartnerinnen sagten uns sogar nach dem Gespräch, daß sie sich vorstellen könnten, daß auch anderen Patienten aus der Gruppe ein
solches Gespräch einmal „gut tun" würde. So stießen wir bei drei Selbsthilfegruppen auf
die Bereitschaft, sich an den Gesprächen zu beteiligen, während bei einer Patientenselbsthilfegruppe die Leiterin keine weiteren Mitglieder der Gruppe dazu bewegen konnte,
sich an einem Gespräch zu beteiligen. Innerhalb eines Telefongespräches schilderte uns
diese Leiterin, daß einige Mitglieder, als sie unser Anliegen vorgetragen habe, sagten,
daß sie nicht dazu bereit seien, sich an diese Zeit noch einmal zurückzuerinnern.

Bei den anderen drei Selbsthilfegruppen meldeten sich glücklicherweise Patienten in
ausreichender Anzahl, so daß die Hauptuntersuchung erfolgreich durchgeführt werden
konnte. Bei der Kontaktaufnahme mit diesen Gesprächspartnern wurde durch die Leitungen der jeweiligen Patientenselbsthilfegruppen eine Vorgehensweise gewählt, die wir als
günstig betrachteten. So sprachen sie auf dem jeweiligen Treffen die Mitglieder an und
gaben uns dann einige Tage später die Telefonnummern derjenigen Patienten, die sich zu
einem Gespräch bereit erklärt hatten. Daraufhin riefen wir diese an und konnten so Ge-
sprächstermine vereinbaren. Uns erstaunte, daß sich diese Art des Zugangs zu den Interviewpartnern nur in zwei Fällen anders gestaltete. Die Leiter hatten bei den Treffen stets
zusätzlich unsere Telefonnummern an die Mitglieder weitergegeben, doch meldeten sich
bei uns nur zwei Personen aus eigener Initiative, während wir alle anderen, nachdem wir
die Telefonnummer erhalten hatten, anriefen. Wir hatten den Eindruck, daß es unseren
Interviewpartnern regelmäßig leichter fiel, einem Gespräch zuzustimmen, wenn wir
durch einen Telefonanruf den Kontakt vorher herstellten.

Zudem ist noch zu bemerken, daß alle Interviewpartner, bis auf eine Ausnahme, es
vorzogen bzw. begrüßten, daß das Gespräch in ihrer häuslichen Umgebung stattfinden
sollte. Dies läßt sich sicherlich nicht nur darauf zurückführen, daß es einigen Patienten
mitunter größere Schwierigkeiten bereitet hätte, an einen anderen Ort zu kommen, sondern auch darauf, daß sich die Patienten dort verständlicherweise sicherer bzw. geborgener fühlten.

Mit unseren Interviewpartnern führten wir Gespräche, die meist über eine Stunde an-
dauerten. Hinzu kam in aller Regel, daß wir uns nach dem eigentlichen Interview noch
zwischen einer und drei Stunden mit den Gesprächspartnern unterhielten, da wir bemerkten, daß sie dies wünschten. Auch für uns nahmen diese sich anschließenden Gespräche
einen großen Stellenwert ein, da wir in ihnen die Patienten wesentlich besser kennenlernen durften und somit das Verstehen ihrer persönlichen Lebenslage erheblich verbessert
wurde. So erlebten wir es auch als durchaus vorteilhaft, daß wir uns schon nach den
ersten Gesprächen auf eine längere Zeitdauer einstellten und die Interviewtermine so legten, daß in jedem Fall der Interviewpartner selbst entscheiden konnte, wie lange und da-

mit auch wie intensiv das sich anschließende Gespräch mit uns sein sollte. Wir hatten auch den Eindruck, daß sich auf diese Weise ein recht persönliches Verhältnis zwischen uns und den Gesprächspartnern aufbaute und so viele Gedanken und Erlebnisse, die im Verlauf der Interviews von den Patienten verbalisiert wurden, nicht isoliert im Raume stehen blieben. Die Gesprächspartner konnten, hieran anknüpfend, einiges mehr zu ihrer Lebensgeschichte berichten.

Aufgrund dieser Gespräche bekamen wir wiederholt den Eindruck, daß wir so mehr über die alltäglichen Probleme und Erlebnisse von Patienten erfahren durften, als es uns während der beruflichen Arbeit als Pflegende oft möglich war. Die zum Teil erschütternden Berichte der Patienten hinterließen bei uns einen starken Eindruck.

3.5   Durchführung und Auswertung der Preteste

Nachdem wir unseren Forschungsplan erstellt und die Untersuchungsinstrumente entwickelt hatten, führten wir sowohl für die mündliche als auch für die schriftliche Befragung einen Pretest durch. Innerhalb der Pretestphase sollten unsere Planungen und Untersuchungsinstrumente auf ihre Anwendbarkeit in der Praxis hin überprüft werden. Hier soll vornehmlich eine Auswertung der Preteste in bezug auf die methodische Vorgehensweise bei der Anwendung der beiden Erhebungsinstrumente erfolgen. Auf die Probleme, die sich auf den Zugang zu den Probanden der Untersuchung beziehen, wurde bereits ausführlich eingegangen, da diese sich über den gesamten Erhebungszeitraum in ähnlicher Weise stellten, sich also, wie oben bereits dargelegt, auch nach der Pretestphase nicht abschließend beheben ließen.

Bei der Auswertung der Preteste richteten wir unserer Hauptaugenmerk auf die Überprüfung der sechs von Friedrichs genannten wesentlichen methodischen Probleme des Forschungsplanes. Er bezeichnet diese Probleme mit den Überschriften: Legitimation, Erhebungssituation, Rollen, Instrumente, Stichprobe und Kontrollen (Friedrichs 1980, 153). Jedem dieser Punkte ordnet er eine Reihe von Fragen zu, die wir als Grundlage der Auswertung der Preteste verwandten und auf die wir uns in den folgenden Ausführungen beziehen.

3.5.1   Über den Pretest der mündlichen Befragung

In der Pretestphase zur mündlichen Befragung führten wir drei Interviews mit Angehörigen zweier unterschiedlicher Selbsthilfegruppen durch. Bei zwei Befragten handelte es sich um die Leiterinnen der Selbsthilfegruppen, während der Kontakt zur dritten Person durch die Vermittlung einer Leiterin zustande kam. Bei den Interviews waren jeweils beide Forscher anwesend, wobei das Gespräch jedoch nur von einer Person geführt wurde und die andere lediglich einige wenige ergänzende Fragen stellte. Die Dauer der Interviews, die jeweils in der häuslichen Umgebung der Probanden stattfanden, bewegte sich zwischen 50 und 70 Minuten.

Allen drei Befragten konnte entweder in den Vorgesprächen oder auch in der Einleitungsphase des Interviews das Forschungs- und Verwendungsziel der Befragung hinreichend verdeutlicht werden. Insbesondere die persönliche Kontaktaufnahme, die jeweils durch denjenigen von uns hergestellt wurde, der auch anschließend das Gespräch leitete, ermöglichte uns, die Befragten zu einer engagierten Mitarbeit zu bewegen. Das Gesprächsziel wurde unserer Meinung nach von allen Probanden erkannt, was sie auch in den sich dem Interview anschließenden Gesprächen zum Ausdruck brachten. Bei keinem der Befragten hatten wir den Eindruck, daß er unserer Fragestellung auswich oder keine Aussagen zum Thema machen wollte. Deshalb entschlossen wir uns, auch innerhalb der Hauptuntersuchung die Ausrichtung des Gespräches schon im Vorfeld, aber spätestens während der Einleitung des Interviews, deutlich und ohne abschweifende Erklärungen zu nennen.

Zeitpunkt und Ort des Interviews konnten von den Interviewpartnern selbst bestimmt werden. Diese Vorgehensweise erschien uns auch nach der Besprechung der Pretestinterviews als für unsere Untersuchung sehr vorteilhaft, da hierdurch eine unserer Fragestellung angemessene Erhebungssituation hergestellt wurde. In keinem der Interviews kam es zu Störungen, die das Voranschreiten des Interviews behinderten. Da den Probanden die räumliche Umgebung, in denen das Gespräch stattfand, sehr vertraut war, wurden sie nicht durch äußere Einflüsse abgelenkt und konnten sich so mit ihrer ganzen Konzentration dem Gespräch zuwenden. Beispielsweise gestaltete eine Interviewpartnerin die Erhebungssituation auf die Art und Weise, daß sie das Gespräch im Liegen führte. Auch die Tatsache, daß der Zeitpunkt des Gespräches von den Befragten frei gewählt werden konnte, beeinflußte die Erhebungssituation positiv. Die Interviewpartner bekamen so die Möglichkeit, Termine festzulegen, die nicht nur zeitlich mit anderen Aktivitäten vereinbar waren, sondern auch die eigene psychische und physische Verfassung berücksichtigten. So wurde schon in der Pretestphase ein Interviewtermin aus gesundheitlichen Gründen um eine Woche verschoben.

Im Anschluß an die Pretestinterviews betrachteten wir aber auch unsere eigene Rolle als Interviewer und analysierten, inwieweit wir dieser Rolle gerecht werden konnten und ob unsere Fähigkeiten und Fertigkeiten ausreichen würden, um weitere Interviews in der Hauptuntersuchung durchzuführen. Zunächst stellten wir fest, daß die vorher festgelegten Gesprächsführungsregeln sich als sehr nützlich erwiesen. So konnte in keinem der drei Interviews eine zu starke Beeinflussung des Befragten durch unsere Personen festgestellt werden. Wir hatten auch den Eindruck, daß durch unsere Fragetechnik eine ausreichende „Tiefe" des Gespräches, in denen alle drei Gesprächspartnerinnen nähere Auskünfte über ihre Gefühle und Einstellungen gaben, erreicht werden konnte. Die Fokussierung des Gespräches stellte zu keinem Zeitpunkt der Gespräche eine Schwierigkeit für die Interviewer dar. Die befragten Patientinnen schienen mit der offenen und unstrukturierten Befragungsform gut zurecht zu kommen, und unsere Nachfragen stellten weniger eine Unterbrechung im Gedankenprozeß dar, sondern wirkten sich in aller Regel als gesprächsbelebend aus. Auch wir selbst fühlten uns während der Interviewsituation von unseren Gesprächspartnerinnen gut verstanden und akzeptiert, so daß sich in allen drei Interviews eine angenehme Gesprächsatmosphäre entwickelte.

Der von uns erstellte Interviewleitfaden erwies sich bei der Führung der fokussierten Interviews als brauchbares Instrument. Die drei Anregungsfragen konnten in allen drei Gesprächen gestellt werden, wobei sich insbesondere die beiden ersten Fragen als recht nützlich erwiesen, um die Fokussierung im Gespräch herbeizuführen. Auch die weiter aufgeführten Eventualfragen konnten von den Interviewern sinnvoll in das Gespräch integriert werden, so daß alle für uns als wesentlich erachteten Aspekte im Verlauf des

Interviews behandelt wurden. In zwei Interviews konnten auch die vier Phasen, nach denen der Leitfaden gegliedert war, deutlich im Gesprächsverlauf identifiziert werden, wobei hier, wie beabsichtigt, die Phase der Fokussierung den Schwerpunkt des Gespräches bildete. Sowohl der Interviewleitfaden als auch die Gesprächsführungsregeln wurden daher nach der Auswertung der Preteste in ihrer ursprünglichen Form belassen. Lediglich wurden dem Leitfaden einige der in den Interviews des Pretestes als gut befundenen Fragen hinzugefügt, die aber an dieser Stelle nicht näher erläutert werden sollen, da sie die Ausgestaltung dieses Instrumentes nicht wesentlich veränderten. So befindet sich auch im Anhang (Anlage 3) der um einige Eventualfragen erweiterte Interviewleitfaden.

Da auch alle drei von uns interviewten Personen nach Abschluß des Interviews ein positives Fazit zum Gesprächsverlauf zogen und uns die erhobenen Daten als verwertbar erschienen, konnten wir nach Abschluß des Pretestes der mündlichen Befragung unseren Untersuchungsplan wie vorgesehen weiter durchführen.

3.5.2   Über den Pretest der schriftlichen Befragung

In der Pretestphase der schriftlichen Befragung ließen wir durch unsere Kontaktperson sieben Fragebögen in zwei unterschiedlichen Selbsthilfegruppen verteilen, von denen uns drei nach einiger zeitlicher Verzögerung beantwortet zurückgeschickt wurden. Aufgrund dieser zeitlichen Verzögerung stand uns nur wenig Zeit zur Auswertung dieser Preteste zur Verfügung. Da wir die schriftliche Befragung zunächst nur als eine Ergänzung zur mündlichen sahen, waren wir um so mehr von der Qualität der Selbstberichte überrascht.

Während ein Proband anscheinend keine Schwierigkeiten hatte, in unseren doch recht kurz gehaltenen einführenden schriftlichen Informationen das Forschungs- und Verwertungsziel der Befragung zu erkennen, wandten sich die beiden anderen Personen telefonisch an uns, um so nähere Informationen über die Untersuchung zu erfragen. Obwohl in den Telefonaten hauptsächlich Fragen, die uns betrafen und bearbeitungstechnische Fragestellungen im Mittelpunkt standen, wurde uns bewußt, daß der von uns gewählte Zugang zu den Probanden über eine dritte Person mit einigen Problemen behaftet war.

Bei der Auswertung der drei Selbstberichte bekamen wir den Eindruck, daß die Probanden sich bei der Bearbeitung des Fragebogens sehr viel Zeit genommen und ihre schriftlichen Ausführungen sehr wohl durchdacht hatten. Zu diesem Urteil kamen wir aufgrund der Länge der Berichte – ein Bericht hatte einen Umfang von 20 handschriftlich verfaßten DIN A 4 Seiten – und der exakten Beschreibungen von erlebten Situationen und Gefühlen. Daß die Probanden die Fragebögen in der häuslichen Umgebung bearbeiten konnten und ihnen eine relativ lange Zeit zur Bearbeitung zur Verfügung stand, erwies sich also als sehr positiv. Die von uns gewählte Erhebungssituation erschien uns also für unser Forschungsvorhaben angemessen.

Daß sich eine Probandin mit uns zweimal telefonisch in Verbindung setzte, veranlaßte uns zu der Vermutung, daß unsere Rolle als Forscher innerhalb der schriftlichen Befragung möglicherweise zu passiv gewählt war, da wir Fragen, die bei der Bearbeitung der Bögen auftraten, nur auf telefonische Anfragen der Probanden hin beantworten konnten.

Nach der Betrachtung der mit Hilfe des Fragebogens erhobenen Daten kamen wir zu dem Schluß, daß das Erhebungsinstrument geeignet war, relevante Daten zu erheben. Obwohl in zwei Fällen bearbeitungstechnische Fragen telefonisch beantwortet werden mußten, kamen alle drei Probanden mit der Bearbeitung der Fragebögen gut zurecht. So erhielten wir zwei zusammenhängend geschriebene Berichte und einen Selbstbericht, in dem das als schädigend oder verletzend erlebte Verhalten von Pflegenden „schlaglichtartig" dargestellt wurde. In allen drei Berichten wurden die Probanden durch die Anregungsfragen dazu veranlaßt, in einer Form ihrer Wahl themenrelevante Erlebnisse zu schildern. Dabei gelang es allen, auch ihre Gefühle und Reaktionen, die sie während dieser Pflege-Situation gehabt hatten, darzustellen. Das Erhebungsinstrument des Selbstberichtes erschien uns in bezug auf die inhaltlichen Aussagen als verwendbar.

Trotz der von uns erkannten Mängel in der Untersuchungsplanung der schriftlichen Befragung, die vornehmlich im Zugang zu den Probanden lagen, entschlossen wir uns, die Hauptuntersuchung wie geplant durchzuführen, da unser Zeitbudget keine persönliche Kontaktaufnahme mit möglichen anderen Selbsthilfegruppen zuließ. Wir ließen unsere Kontaktperson Frau C. im Rahmen der Hauptuntersuchung also acht weitere Fragebögen mit frankierten Rückumschlägen zukommen, die diese in drei weiteren Selbsthilfegruppen verteilte.

Zusammenfassend kann gesagt werden, daß die Preteste trotz einiger aufgezeigter Probleme erfolgreich verlaufen sind. Wir haben daraufhin auch keine größeren Änderungen in der Planung und Durchführung der Untersuchung vorgenommen. Da insbesondere die Erhebungsinstrumente nur unwesentlich verändert wurden, entschlossen wir uns, die im Pretest erhobenen Daten auch im weiteren Forschungsprozeß zu verwenden und zusammen mit den Daten der Hauptuntersuchung inhaltlich zu analysieren. Bei der Vorstellung der Ergebnisse der Untersuchung handelt es sich jeweils um die mit den Ziffern 1–3 gekennzeichneten Interviews bzw. Selbstberichte.

4. Darstellung der Ergebnisse

4.1 Darstellung der interpretativen Vorgehensweise

Ende Februar 1995 schlossen wir die Datenerhebung ab, und es lagen uns zwölf Interviews und sieben handschriftliche Befragungsbögen bzw. Selbstberichte zur Analyse vor. Bevor wir nun die Ergebnisse der mündlichen und schriftlichen Befragung darstellen, soll hier zunächst der Ablauf der Analyse des erhobenen Datenmaterials näher beschrieben werden. Zur Analyse wurden in Anlehnung an die Literatur über Auswertungsmethoden der qualitativen Forschung für die beiden Befragungsformen jeweils Auswertungsstrategien von uns entwickelt.

4.1.1 Zur Auswertungsstrategie der mündlichen Befragung

Bei der mündlichen Befragung bestanden unsere erhobenen Daten aus den Tonbandaufzeichnungen der Interviews und unseren Erinnerungsmitschriften, die sich schwerpunktmäßig auf die Zeiträume vor und nach dem Interview bezogen. Das Kernstück unserer Analyse bildeten die Tonbandaufzeichnungen, mit deren Hilfe wir zunächst die Interviews verschriftlichten und so zusammenhängende Texte von allen Interviews erstellten. Beim Transkribieren achteten wir darauf, das Gesprochene möglichst genau zu erfassen. Beispielsweise beließen wir die von den Interviewpartnern genutzten Füllwörter und kennzeichneten „Denkpausen" im Text.

Bei der Auseinandersetzung mit den Auswertungsmethoden der qualitativen Forschung sind wir auf einige interessante methodische Vorgehensweisen gestoßen, aus denen wir wesentliche Hinweise zur Bearbeitung unseres Datenmaterials erhalten konnten. An dieser Stelle möchten wir aber nochmals darauf hinweisen, daß es sich bei unserer Untersuchung um eine Exploration handelt, deren vornehmliches Ziel die Gewinnung von Erkenntnissen über einen, unserer Meinung nach bislang nur wenig erforschten und bekannten, Untersuchungsgegenstand ist. Durch die Vorüberlegungen und Literaturarbeit konnten wir zwar einige uns für die Untersuchung sinnvoll erscheinenden Variablen des zu beforschenden Problems bestimmen, jedoch erschien uns eine Hypothesenbildung und Vorstrukturierung des Problems anhand einer vorab vorgenommenen Kategorisierung nicht möglich.

Bei der Entwicklung eines Analyseschemas zur Auswertung der fokussierten Interviews stießen wir auf das Problem, das Hron aufgriff, indem er anmerkte, daß in bezug auf offene Interviews Verfahren zur Interpretation der Interviewtranskripte, die als allgemein konsenzfähig gelten, fehlen (Hron 1982, 132). Als eine sehr bekannte und verbreitete Vorgehensweise ist hier jedoch die qualitative Inhaltsanalyse zu nennen, die Kommunikation systematisch, das heißt regelbegleitet und theoriegeleitet mit dem Ziel, Rückschlüsse auf bestimmte Aspekte der Kommunikation zu ziehen, analysieren will (Mayring 1993, 13). Bezug nehmend auf fünf verschiedene Ansätze, die hier nicht im einzelnen wiedergegeben werden können, jedoch zum Verstehen des sprachlichen Datenmaterials bei der Inhaltsanalyse zum Tragen kommen, stellt Mayring 16 Grundsätze zur qualitativen Inhaltsanalyse auf. In ihnen nimmt die Bildung von Kategorien zur Analyse der Daten eine zentrale Stellung ein (Mayring 1993, 41). Dabei werden vorab oder auch im Zusammenhang mit der Theorie und dem Textmaterial Kategorien der Analyse gebildet. Diese Vorgehensweise erschien uns jedoch für unser Vorhaben nur begrenzt geeignet, da wir den Schwerpunkt unserer Analyse auf eine beschreibende Darstellung dessen, was uns die Interviewpartner zum Thema erzählten, legten, um so überhaupt eine geeignete Grundlage zur späteren, eventuell von uns vorzunehmender Kategorienenbildung zu haben. Trotz dieser beschreibenden Ausrichtung bei der Analyse der Interviews konnten wir durch die Auseinandersetzung mit der qualitativen Inhaltsanalyse einige wertvolle Hinweise zur Interpretation der Interviews erhalten, die wir in unsere Vorgehensweise zur Auswertung mit einbezogen.

Des weiteren beschäftigten wir uns mit den hermeneutischen Interpretationsansätzen, deren Ziel nicht primär die systematische Identifizierung von Aussageelementen und deren Zuordnung zu vorher festgelegten Kategorien, sondern vielmehr das Verstehen des Sinns von Aussagen und Dokumenten ist. Dabei sollen die Bedeutungen von Botschaften der Texte erschlossen werden, indem man versucht, sich in denjenigen hineinzuversetzen, der den Text verfaßt bzw. gesprochen hat (Kromrey 1990, 169). Um vor allem Mißverständnisse, die Texten innewohnen können, zu vermeiden, werden durch die hermeneutischen Vorgehensweisen Methoden entwickelt, die es erlauben, zu dem Menschen vorzudringen, der den Text ursprünglich verfaßte. Dabei soll mit Hilfe einer psychologisierenden Deutung die psychische Verfassung des fremden Autors reproduziert werden, um so den Prozeß des Verstehens zu ermöglichen (Lübcke 1994, 201). Das „Sichhineinversetzen" in die Person des Verfassers bezieht sich jedoch im wesentlichen auf das Hineinversetzen in die Meinung des Verfassers über die Sache, von der er spricht. Dabei ist der Text primär eine Behauptung, die nur verstanden werden kann, wenn der Wahrheitsanspruch in bezug auf ihren Gegenstand ernst genommen wird (Lübcke 1994, 203). Gerade dieser Ansatz erschien uns für eine Untersuchung, die das Erleben von einzelnen Menschen in den Mittelpunkt stellt, als geeignet. Jedoch erkannten wir auch, daß unsere eigenen Kompetenzen nicht ausreichen würden, ein Analyseverfahren zur Auswertung des Datenmaterials in tiefenhermeneutischem Sinne durchzuführen. In der beschreibenden Darstellung des erhobenen Datenmaterials konnte es daher unserer Meinung nach primär nur um die Erfassung von Kernaussagen der Probanden gehen, anhand derer sich der gesamte transskribierte Text verstehen lassen würde. So konnten uns die Ansätze aus der Hermeneutik besonders dahingehend unterstützen, die Interviews bzw. die transskribierten Texte in ihrer Sinnstruktur und Aussagerichtung zu erfassen.

In Anlehnung an die Auseinandersetzung mit diesen Interpretationsverfahren entwickelten wir eine Auswertungsstrategie zur Darstellung der Interviews, die wir nun im folgenden darlegen werden.

Eine unserer wesentlichen Überlegungen betraf die Frage, wie wir das Gesprochene der Interviewpartner möglichst genau verstehen und dessen Verständnis in einer systematischen Form dem Leser zugänglich machen konnten. Dabei sollten die Interviews soweit zusammengefaßt werden, daß der Leser dieser Untersuchung an der Interpretation der Texte beteiligt werden kann und ihm in ausreichendem Maße eigene Interpretationsspielräume verbleiben, damit eigene und auch neue Bedeutungsaspekte erschlossen werden können. Um nun diese Interpretationsspielräume zu erhalten, entschlossen wir uns, alle Interviews in ihrem Kontext zu belassen und in Form einer Einzelfallstudie darzustellen. Da aber die Dauer der Interviews zwischen 45 und 90 Minuten lag und wir verständlicherweise nicht die gesamten Transskripte dem Leser zugänglich machen konnten, wählten wir in Anlehnung an Volmerg exemplarische Textpassagen aus, die unserem Verständnis nach die Meinung der Interviewpartner über den befragten Untersuchungsgegenstand treffend wiedergeben. Volmerg benennt drei Kriterien, nach denen Textpassagen ausgewählt werden können, nämlich das Kriterium der Wiederholung, das Kriterium der Betroffenheit und das Kriterium des Erlebnisbezugs (Volmerg 1988, 240). Mit dem Kriterium der Wiederholung weist Volmerg darauf hin, daß Probleme, auf die Interviewpartner wiederholt zurückkommen, nicht als nebensächlich zu betrachten sind, sondern eine zentrale Bedeutung einnehmen. Mit dem Kriterium der Betroffenheit sollen Textpassagen extrahiert werden, die darauf hindeuten, daß eine besondere Betroffenheit des Probanden vorliegt. Indizien können hier die Art und Weise sein, wie über die Sache gesprochen wird und welches persönliche Engagement der Interviewpartner zeigt. Durch die Anwendung des dritten Kriteriums soll festgehalten werden, ob ein Interviewpartner sich auf das eigene Erleben bezieht oder aber von anderen Menschen und deren Erlebnissen berichtet. Diese Kriterien erschienen uns zur Auswahl der jeweiligen Textpassagen als außerordentlich günstig, und wir bezogen uns bei der Auswahl der Textpassagen auf alle drei Kriterien, das heißt, es wurden stets Textpassagen ausgewählt, die darauf hindeuteten, daß sie eine besondere Bedeutung für die interviewte Person hatten, was sich in dem mehrmaligen Wiederholen bzw. Zurückgreifen auf eine bestimmte Situation, in der Art der Betroffenheit oder auch dadurch zeigen konnte, daß von eigenen Erlebnissen berichtet wurde.

In Anlehnung an diese und andere Überlegungen entwickelten wir einen Auswertungsleitfaden zur Analyse bzw. Darstellung der Interviews. In diesem Zusammenhang war es uns wichtig, alle transkribierten Texte in ähnlicher systematischer Weise darzustellen, um so ein besseres Verständnis für die Leser zu erreichen. Im Anhang findet der Leser den Auswertungsbogen (Anlage 6), der uns bei der schriftlichen Darstellung der Interviews als „Leitfaden" diente und hier in groben Zügen inhaltlich erläutert wird.

Anmerken möchten wir noch, daß die gesamte Darstellung und Analyse von uns gemeinsam durchgeführt wurde und der Darstellung der Einzelinterviews Diskussionen von vielen Stunden zugrunde liegen. So hörten wir uns bei der Analyse zunächst die Tonbandaufnahme des jeweiligen Interviews an und diskutierten Passagen, die uns wichtig erschienen. Hiernach lasen wir beide getrennt den transskribierten Text des Interviews und faßten die als wichtig erscheinenden Kernaussagen des Textes zusammen. Auf dieser Grundlage erörterten wir wiederum gemeinsam, wie der jeweilige Interviewpartner zu verstehen ist und welche wichtigen Hinweise im Text hinzugezogen werden können, um die Aussagen zu manifestieren. Nach diesen Schritten der Analyse faßte einer von uns das Interview inhaltlich zusammen. Diese schriftliche Auswertung wurde nochmals von uns beiden mit dem Interviewtext und der Tonbandaufnahme verglichen. Dabei erfolgte die Auswertung der Interviews mit Hilfe des Auswertungsleitfadens, der hier nun in seinen Bestandteilen erläutert werden soll.

Wir gliederten unsere Auswertungsschritte in drei Bearbeitungskomplexe. Zur besseren Orientierung für den Leser haben wir in der schriftlichen Darstellung die Auswertungsschritte durch Überschriften gekennzeichnet. Auch hier bei der Erläuterung der Vorgehensweise sollen diese Überschriften genutzt werden. Wir möchten darauf hinweisen, daß wir uns bei der Analyse der Interviews stets auf die von uns als wichtig erachteten Aussagen der Interviewpartner bezogen haben und dabei zwar jeden der im Anschluß vorgestellten Punkte untersuchten, uns jedoch bei der Darstellung im wesentlichen auf die Punkte konzentrierten, die für das Verstehen der Interviewpartner wichtig erschienen.

I. Bearbeitungskomplex

Im ersten Bearbeitungskomplex sollen neben einer formalen Vorstellung des jeweiligen Interviewpartners, wie beispielsweise Alter und Geschlecht, Einstellungen und Ansichten vermittelt werden, die uns als wichtig erscheinen, um das Gesagte zum Thema besser verstehen zu können. Dabei war es uns besonders wichtig, die Persönlichkeit des Interviewpartners näher zu charakterisieren, um so das Verständnis für seine individuelle Lebenssituation zu fördern. Folgende Aspekte werden sich bei der Darstellung der Interviews wiederfinden lassen:

• Allgemeines zum Verlauf des Interviews und zur Person des Befragten
• das Selbstbild des Interviewpartners
• das allgemeine Bild von Pflege und Pflegenden des Interviewpartners
• Allgemeines über den Zugang und das Umgehen mit dem Thema durch den Interviewpartner

Bei der Darstellung des ersten Bearbeitungskomplexes haben wir, falls notwendig bzw. sinnvoll, Daten hinzugezogen, die wir im Verlauf der Kontaktaufnahme oder auch im anschließenden Gespräch mit dem jeweiligen Interviewpartner gewinnen konnten.

II. Bearbeitungskomplex

Im zweiten Bearbeitungskomplex sollen die wesentlichen, nach den oben genannten Kriterien ausgewählten Aussagen und Meinungen der jeweiligen Interviewpartner in erster Linie anhand von Zitaten dargestellt werden. So lassen sich in diesem Bearbeitungsteil schwerpunktmäßig die wörtlichen Aussagen der Interviewpartner wiederfinden, die sich anhand folgender Punkte gliedern:

• Beschreibung der negativen Folgen bzw. Schädigungen und Verletzungen, die ein Interviewpartner selbst erlebt hat
• Beschreibung der erlebten Situationen, die den Schädigungen und Verletzungen zugrundeliegen.
• Beschreibung der Interpretationsversuche und Bewertungen des Verhaltens von Pflegenden in den vom Interviewpartner beschriebenen Situationen

In diesem Teil sollen also in erster Linie die Interviewpartner „zu Worte kommen", um so die vielfältigen Aspekte und Zusammenhänge im Sinne der Interviewpartner zu sammeln. Bei der Wiedergabe der Zitate wurde der Text insoweit modifiziert, als wir die

Füllwörter, wie beispielsweise „ehm", aus dem Text nahmen, damit der Leser im Lese-
fluß nicht unnötig behindert wird.

III. Bearbeitungskomplex
Im dritten Bearbeitungskomplex möchten wir noch einmal wesentliche Bestandteile
bzw. Aspekte der Interviews zusammentragen. Dabei werden wir jedoch nur in einem
sehr geringen Umfang interpretativ tätig werden, um so den beschreibenden Charakter
dieses Bearbeitungsteils der Arbeit zu erhalten.

4.1.2   Zur Auswertungsstrategie der schriftlichen Befragung

Die oben beschriebenen Vorüberlegungen und Auseinandersetzungen mit Auswertungsmethoden der qualitativen Forschung bildeten auch für die Entwicklung der Auswertungsstrategie bei der schriftlichen Befragung die wesentliche Grundlage. So stand
im Rahmen der schriftlichen Untersuchung, die unter anderem die mündliche Befragung
der Patienten inhaltlich ergänzen bzw. komplettieren sollte, der Aspekt im Vordergrund,
wesentliche Hintergrundinformationen, die wir bei einigen Probanden durch telefonische
Kontakte gewinnen konnten, zusammen mit dem verfaßten Selbstbericht transparent zu
machen. Bei der Analyse der Selbstberichte wählten wir eine zur Auswertung der Interviews sehr ähnliche Vorgehensweise und unterteilten die Auswertungsschritte analog in
drei Bearbeitungskomplexe. Die verschiedenen inhaltlichen Aspekte, die dargestellt werden sollen, können in dem Auswertungsbogen zur schriftlichen Untersuchung im Anhang
(Anlage 6) nachgelesen werden.
   Wir möchten an dieser Stelle darauf hinweisen, daß wir im zweiten Bearbeitungskomplex überwiegend die Selbstberichte vollständig zitiert und lediglich bei umfangreichen Selbstberichten die wesentlichen Passagen zusammengefaßt haben. Dabei konzentrierten wir uns auf die inhaltlichen Aussagen; eine Analyse der handschriftlichen Texte
bezüglich beispielsweise des Schriftbildes erfolgte nicht, und die Texte werden hier dem
Leser als Abschrift vorgestellt. Unsere Arbeitsschritte bei der Auswertung der Selbstberichte nahmen ebenso wie die Analyse der Interviews viele Stunden der Diskussion ein.
Da wir nur relativ wenige Hintergrundinformationen zum Verfasser des Textes hatten,
fiel es uns schwer, interpretativ tätig zu werden, und deshalb haben wir im dritten Bearbeitungsteil nur einige uns wichtig erscheinende Aspekte der Texte aufgegriffen und erläutert.

4.2   Ergebnisse der mündlichen Befragung

4.2.1   Beschreibende Darstellung von Interview 1

I. Bearbeitungskomplex

In unserem ersten Interview sprachen wir mit Frau E., einer 65jährigen Frau, die, bedingt durch ihre chronische Erkrankung, im Laufe der letzten 10 Jahre regelmäßig in verschiedenen Krankenhäusern lag. Obwohl Frau E. sehr engagiert in einer Selbsthilfegruppe tätig war, machte sie auf uns zu Beginn des Gespräches einen eher zurückhaltenden Eindruck. Wir hatten das Gefühl, daß es ihr nicht leicht fiel, über ein Thema zu sprechen, das vornehmlich ihre negativen Erfahrungen mit Pflegenden in den Mittelpunkt der Betrachtungen stellt. Da Frau E. von uns im Vorfeld nur eine grobe Beschreibung des Themas erhalten hatte, wirkte sie sehr überrascht, als sie die Ausrichtung des Gespräches von uns erläutert bekam. Sie fragte:

„Speziell nur Schädigendes? Nichts Positives?"

Trotz ihrer anfänglichen Überraschung entwickelte sich ein sensibles Gespräch von circa 50 Minuten, in dessen Verlauf Frau E. immer differenzierter über ihre Erfahrungen mit Pflegenden berichtete. Wir bekamen den Eindruck, daß Frau E. sich noch gut in die von ihr erlebten Situationen hineinversetzen und uns daher deutlich beschreiben konnte, wie sie das Verhalten der Pflegenden erlebt hatte. Auch ihre Interpretationen des Erlebten schilderte sie uns sehr differenziert, indem sie stets versuchte, das Verhalten der Pflegenden zu erklären. Auffällig war dabei, daß sie viel Verständnis für das Verhalten der Pflegenden zeigte. So war sie im allgemeinen mit dem Verhalten, das Pflegende ihr gegenüber zeigten, zufrieden. Jedoch gab es für sie auch klare Grenzen des Verständnisses, und dies vornehmlich dann, wenn durch das Verhalten der Pflegenden eine Atmosphäre geschaffen wurde, die das Anwachsen von Spannungen zwischen ihr und den Pflegenden ihrer Meinung nach förderte. Um Frau E.'s Äußerungen zum Thema besser verstehen zu können, soll zunächst auf die Person von Frau E. näher eingegangen werden. Frau E. beschrieb sich selbst als eine Patientin, die nicht „so einfach von Pflegenden geschädigt" werden könne.

„Ich habe mir in jungen Jahren sehr viel bieten lassen, und man schafft sich dann eben eine Hülle an, und die – ich sag mal so ein Regenmäntelchen, wenn man so mit bestimmten Personen zu tun hat, daß man sich so ein Regenmäntelchen umhängt und daß die nicht an einen rankommen. Also schädigen lasse ich mich nicht mehr, das kommt nicht mehr – käme für mich heute überhaupt nicht mehr in Frage."

Frau E. versuchte also durch eine Art „Abschottungsstrategie" zu vermeiden, daß sie durch Pflegende insbesondere psychisch „verletzt" werden konnte. In ihren Ausführungen verwies sie jedoch mehrere Male darauf, daß es ihr nicht immer gelungen sei, sich gegen Verhaltensweisen von Pflegenden „abzuschotten". Als Ursache dafür sah sie in erster Linie ihre damalige gesundheitliche Verfassung.

„Es kommt so ein bißchen auf die eigene Verfassung an. Ob einem das schwerer fällt, sich abzuschotten, oder ob man, sagen wir mal, selber nicht seelisch in der Verfassung ist und sagt: ‚Ach, ich lasse das [Morgentoilette mit Unterstützung durch eine ihr unsympathischen Schwester] über mich ergehen. Die ist ja gleich wieder weg.'"

Nicht nur aufgrund ihrer Krankenhauserfahrungen, sondern auch ihrer Tätigkeit als Beschäftigungstherapeutin in einem Altenheim entwickelte sie ein deutliches Bild von Pflege. Auf die Frage, worin sie die Aufgaben des Pflegepersonals sehe, antwortete sie:

„Eigentlich Routine für die. Daß man verbunden wird, daß die Sachen hingestellt werden, daß man sich waschen kann und wo ich nicht hinkomme, daß die mir dann mal den Rücken waschen oder so und eben mit dem Essen auch – gereicht wird, aber ich denke, das ist heute Routine, da habe ich eigentlich noch keine Schwierigkeiten mit gehabt."

Über die Erfüllung dieser Routineaufgaben hinaus stellte sie nur sehr „bescheidene" Ansprüche an Pflegende. So gehörten beispielsweise „tiefergehende" Gespräche mit Patienten ihrer Meinung nach nicht unbedingt in den Aufgabenbereich der Pflegenden, da diese hierzu gar nicht ausgebildet seien. Viel wichtiger war für sie, daß Pflegende während der Erfüllung ihrer Routineaufgaben eine angenehme Atmosphäre verbreiten.

„Also ich meine, da sind manchmal nur kleine Worte. Wenn die reinkommen morgens und – wollen mal sagen – ein fröhliches ‚Guten Morgen' und ‚Wie war die Nacht?' oder vielleicht mit einem Scherz, sagen wir mal ‚Wieviel Sterne haben Sie gezählt?' – so in der Art. (...) und das ist eben dann eine ganz andere Atmosphäre."

Gerade auf das Verbreiten einer „guten Atmosphäre" legte Frau E. bei den Pflegenden großen Wert, weil sie im Zusammenhang mit negativen Folgen, die sie durch Handeln von Pflegenden an sich feststellte, häufig eine „schlechte Atmosphäre" erlebt hatte. Im Verlauf des Gespräches gelang es ihr, über die Beschreibung von Charaktereigenschaften von bestimmten Pflegenden auf den Kern unserer Untersuchung zu stoßen. Verhaltensweisen, die bei ihr zu einer „Schädigung" oder „Verletzung" geführt hatten, erlebte sie eher in allgemeinen Umgangsformen als in speziellen Einzelhandlungen.

II. Bearbeitungskomplex
Negative Folgen durch Verhaltensweisen von Pflegenden erlebte Frau E. vor allem in der Form von nicht gewünschten psychischen Zustandsänderungen. Nach der genaueren Beschreibung von drei Situationen, in denen sich Pflegende ihrer Meinung nach falsch ihr gegenüber verhalten hatten, beschrieb sie deutlich die negativen Folgen, die sie in diesen Situationen erlebte:

„Das geht schon auf die Stimmung. Ja. Das geht schon auf die Stimmung. Das muß ich sagen, man zieht sich zurück. Also, das hat schon auch so auf die eigene Situation, auf das eigene Wohlbefinden schon ne' Wirkung. Also das hat es schon."

In den von ihr geschilderten Situationen waren es insbesondere ihr unsympathische Pflegende, die in ihr das Gefühl aufkommen ließen, „innerlich verletzt" worden zu sein.

„Und es ist schon, wenn einem ein Mensch unsympathisch ist, der muß einem bei der Morgentoilette helfen oder muß einen verbinden oder muß dies und jenes machen. Man empfindet es ganz anders. Dieses Anfassen, nicht? Das ist schon. Und da spürt man dann eben auch: ‚Wird es mit Liebe gemacht?' oder ‚Schnell weg, Nächster.' Man läßt es geschehen, es bleibt einem ja auch nichts anderes übrig."

Der Umstand, daß sie aufgrund ihrer persönlichen Situation wenig Möglichkeiten sah, die Situation „zu ihren Gunsten" zu verändern, verstärkte ihre schlechte Stimmung.

> „Denn wenn einer sehr krank ist, dann ist er einfach nicht mehr bereit. Wenn dann da noch jemand quer kommt, daß man dann sagt: ‚So, jetzt machst du das, auch wenn du das nicht willst – das hat so zu erfolgen!' Und da kann man dann so richtig, daß – da – einem sehr unwohl ist, wenn man dann daran denkt. [Pause] Daß man sich richtig wappnen muß."

Daß sie aufgrund von Verhaltensweisen der Pflegenden negative Folgen erlebte, schilderte sie anhand von drei Situationen eingehender. In der ersten Situation forderte sie ein Krankenpfleger auf, zum Verbandswechsel in einen benachbarten Raum mitzukommen, obwohl sie aufgrund einer Hauttransplantation nicht aufstehen durfte.

> „(...) ich hab ihm erst gesagt: ‚Das darf ich aber nicht. Ich soll da nicht aus dem Bett'. ‚Ach!' sagt er: ‚Kommen Sie man. Das geht nicht anders heute. Ich werde sonst heute nicht – ich komm sonst nicht rum.' Die sind sicher belastet."

Bei der Schilderung dieses Erlebnisses beschrieb sie die Eigenschaften des Krankenpflegers, die sie störten und die bei ihr das Gefühl hervorriefen, nicht als Mensch behandelt zu werden, sehr genau. Sie sagte mehrmals, daß sie besonders „ein wenig Menschlichkeit" an ihm vermißt habe.

> „Das war eine Routine, ich hatte herzukommen, und dann wurde erledigt – fertig! Alles, was da war: Routine. [Pause] Der machte seinen Beruf – ich weiß es nicht, warum. Aber das war keine Berufung. Ich denke, ein wenig sollte ein Pfleger oder überhaupt Pflegepersonal nach Berufung gehen. Denn die haben es mit Menschen zu tun, die viel fordern, die viel zehren, (...). Und dann hat das auch keinen Sinn, es wird da gefordert, und wer das nicht geben kann oder das eben nur als Gegenstand dann macht, ist nicht gut. Das darf nicht sein. Und da gibt es leider immer mal wieder welche."

Es war nicht in erster Linie die Aufforderung zum Aufstehen, die Frau E. am Verhalten des Krankenpflegers nicht akzeptieren konnte, sondern vielmehr:

> „Ja, also der Tonfall – nicht? und es ist manchmal nicht einmal die Wortwahl, das geht manchmal noch, aber so der Tonfall und so dieser – die Gestik, das macht es oft aus."

Das von ihr als unpersönlich erlebte Verhalten des Krankenpflegers wirkte sich vor allem auf ihre Stimmungslage aus, und dies auch über einen längeren Zeitraum hinweg. Sie sagte:

> „Also ich bin hingegangen und – weiß auch nicht – es war irgendwie eine richtige Mißstimmung. Nicht nur dieses eine Mal, so das zieht sich dann irgendwie so hin. Und wenn man dann einige Wochen dort liegt, ist das natürlich ein gespanntes Verhältnis."

Aufgrund des gespannten Verhältnisses wollte sie auch nicht mehr auf der Station liegen, auf der dieser Krankenpfleger arbeitete. In der Zeit, als sie jedoch noch auf dieser Station bleiben mußte, versuchte sie den Umgang mit ihm zu meiden.

„Ich weiß nur, daß das Verhältnis sehr gespannt war und daß ich mich möglichst dann auch immer an andere gewandt habe, wenn was nötig war. Denn ich durfte ja auch nicht zur Toilette, und dann kam aber doch meistens auch der Zivi."

Daß es durch das Verhalten des Krankenpflegers bei ihr auch zu einer körperlichen Schädigung kam, die noch schwererwiegendere Auswirkungen hätte haben können, stellt sie eher am Rande dar. Dies soll folgende Interviewpassage verdeutlichen, in die auch die Fragen des Interviewers in Kursivschrift mit eingearbeitet wurden.

„Ja, das ist klar, wenn man das Bein hochlegen soll und soll sich nur so im Bett bewegen und wenn sie dann hochkommen, das tut gemein weh. (...) Dann muß man wirklich still liegen. Nicht da – das dann zuviel wird. Ich meine, man bewegt sich im Bett ja so auch, aber wenn der Druck dann noch draufkommt vom Körper, das mußte wahrscheinlich nicht sein."

„Durch diese Aktion hätte der Erfolg der Hautverpflanzung auch gefährdet sein können?"

„Ja genau, darum nämlich auch, darum auch."

„Hatten Sie denn da Angst, daß das ..."

„Daß das ne' Schädigung wurde, na klar. Klar. Denn ich muß es ja wieder ausbaden, mein Körper."

Auch in einem weiteren Beispiel schilderte Frau E. anhand einer mit einer bestimmten Krankenschwester erlebten Situation, daß eher das allgemeine Verhalten dieser Krankenschwester ausschlaggebend für die Gefühle war, die sie in ihrer damaligen Situation ablehnte. Sie erzählte, daß eine Krankenschwester auf einer Intensivstation ihr bei der Morgentoilette, die sie, bedingt durch ihre Krankheit, im Liegen durchführen mußte, behilflich war. Hierbei beschrieb sie das Verhalten der Krankenschwester allgemein als „gereizt". So hatte die Krankenschwester ihre Zahnprothese, die Frau E. schon seit 25 Jahren jeden Morgen mit der Zahnbürste reinigte, nur mit Hilfe einer Tablette gesäubert. Ihren Wunsch, die Zähne wie jeden Morgen mit der Zahnbürste reinigen zu dürfen, lehnte diese Krankenschwester ab. Auch hier war es nicht die Handlung des „Prothesereinigens", die sie nicht akzeptieren konnte, sondern die „Umgangsform", die die Krankenschwester ihr gegenüber zeigte. Sie erzählte:

„Und das war wohl ihre Art, damit umzugehen. Alles eben schnell und [Pause] so das Nötigste, und das ist ja getan, wir haben das immer so gemacht, was soll's diese Extrawünsche, wir haben sowieso genug zu tun, denn das war ja ein Extrawunsch. Und das ist dann eben – also das liegt dann an den Personen. Ich meine, bei den anderen, die haben da nie was zu gesagt. Ich mein, im Anfang sicherlich, da sagt die eine: ‚Das haben wir hier eigentlich nie gemacht.' Und oder so, dann bin ich. Sie hat mir dann aber Zahnpasta besorgt, ich mein, ich durfte das ja selbst machen."

In folgender Interviewpassage beschrieb sie das Verhalten der Krankenschwester genauer. Auch hier wurden die Fragen des Interviewers in den Text mit eingearbeitet.

„(...). Und das war auch so das ganze Fertigmachen, jeder Handgriff ist dann gereizt."

„Woran merkten Sie das? Faßte sie härter zu?"

„Vielleicht nicht unbedingt härter, manchmal muß hart zugefaßt werden, aber es ist ein gefühlvoller fester Griff. Und bei dem anderen ist das dann so lasch, so halbherzig. Das kann man irgendwie auch schwer beschreiben, denke ich, das ist ganz einfach Gefühl. Und nur ne' kleine Äußerung – die brauchen auch nicht viel sagen. Das sind nur kleine Äußerungen oder so dann – das ist aber Gefühlssache. Darum, da sind Menschen, die miteinander klar kommen müssen."

„Hatten Sie Spannungen mit dieser einen Krankenschwester?"

„Ja, ich war immer froh, wenn die nicht da war. Keinen Dienst hatte."

Zum Ende des Gespräches hin faßte Frau E. noch einmal zusammen, welche Verhaltensweisen von Pflegenden sie als „schädigend" oder „verletzend" einordnen würde. Sie sagte:

„Ja, ich würde insofern sagen, ganz einfach, wenn jemand sehr kalt also im Wesen, in der Art, also Marionette und sehr kalt da rein kommt. [Pause] Und man hat damit zu tun. Also eben nur als Sache behandelt wird und wenn man das so spürt. Das ist schlimm."

III. Bearbeitungskomplex

In diesem Gespräch wurde uns sehr deutlich vor Augen geführt, daß es vor allem die alltäglichen Umgangsformen von einigen Pflegenden waren, die bei Frau E. zu Zustandsänderungen führten, die von ihr abgelehnt wurden. Diese Zustandsänderungen waren in erster Linie psychischer Natur. Bei unserer Gesprächspartnerin entstanden durch die beschriebenen Umgangsformen Mißstimmungen, die ihr Wohlbefinden in einem nicht unerheblichen Maße negativ beeinflußten. Ursache für derartige Umgangsformen sah sie in erster Linie in den Charaktereigenschaften der einzelnen Pflegenden. So wies sie mehrere Male darauf hin, daß sie als Patientin sehr wohl an einzelnen Äußerungen der Pflegenden bemerken könne, ob diese mit „Herz und Verstand" bei der Sache sind oder ob sie nur ihre routinemäßigen Arbeitshandlungen an ihr vollziehen. Bei den Routinehandlungen, wie beispielsweise dem „Bettenmachen" oder dem Wechseln von Verbänden, vermißte sie besonders den Versuch der Pflegenden, auf irgendeine Weise einen persönlichen Kontakt mit ihr aufzunehmen. Dieser Kontakt mußte nicht sehr tief gehen, sondern es reichte ihr, wenn durch ganz allgemein gehaltene Fragen wie zum Beispiel: „Wie geht es Ihnen denn heute?" die Pflegenden deutlich machten, daß sie an ihrer Person interessiert waren. Es entstehe so eine für sie angenehme Atmosphäre, die für sie notwendig sei, um in der Interaktion mit dem einzelnen Pflegenden keine negativen Folgen zu erleben. Bei einer „vertrauensvollen" Atmosphäre zwischen ihr und den Pflegenden konnte sie sogar einen, für sie offensichtlichen Pflegefehler ohne größere Schwierigkeiten „verzeihen". So berichtete sie in einem oben nicht aufgeführten Beispiel davon, daß sie von einem Krankenpfleger, mit dem sie ein gutes Verhältnis aufgebaut hatte, mit einer falschen Salbe eingerieben wurde. Obwohl diese Salbe bei ihr einen brennenden Schmerz verursachte, konnte sie das Verhalten des Pflegers ohne weiteres akzeptieren.

Erkannte sie jedoch in bestimmten Verhaltensweisen der Pflegenden, daß diese kein Interesse an ihrer Person zeigten, so erlebte sie deutliche psychische Zustandsänderun-

gen, die sich auf ihr allgemeines Wohlbefinden negativ auswirkten. Diese negativen Auswirkungen versuchte sie möglichst gering zu halten, indem sie sich gegenüber ihr unsympathischen Pflegenden soweit wie möglich „abschottete". Sie sagte aber deutlich, daß ihr
diese Strategie umso schwerer fiel, je schlechter ihr Gesundheitszustand war. Die Wahrscheinlichkeit, daß es durch das Verhalten von Pflegenden bei ihr zu einer Schädigung
kommen konnte, erhöhte sich also, wenn ihr gesundheitlicher Zustand schlechter war.

Das Aufbauen eines guten Verhältnisses zwischen Pflegenden und Patienten war für
Frau E. also das entscheidende Kriterium dafür, daß Patienten nicht von Pflegenden geschädigt werden können. Ein gutes Verhältnis war ihrer Meinung nach schon dann erreicht, wenn eine gegenseitige Akzeptanz offensichtlich wurde.

4.2.2 Beschreibende Darstellung von Interview 2

I. Bearbeitungskomplex
Bei dieser Interviewpartnerin handelte es sich um eine 38jährige Frau, die vor circa
einem halben Jahr eine Selbsthilfegruppe gegründet hatte und sich seitdem aktiv mit anderen Mitgliedern der Gruppe zusammen für die Belange von Menschen mit der gleichen
chronischen Erkrankung einsetzte. Sie selbst war seit zwei Jahren erkrankt und mußte
sich aufgrunddessen mehrmals einer Krankenhausbehandlung unterziehen. Zum Zeitpunkt des Interviews war Frau F. im alltäglichen Leben durch die Krankheit und die damit verbundenen starken Schmerzen beeinträchtigt und konnte noch immer nicht einer
beruflichen Tätigkeit nachgehen. Die Krankheit bewirkte in ihrem Leben eine einschneidende Veränderung, die von ihr auch noch zum Zeitpunkt des Interviews als sehr
schmerzlich empfunden wurde. Frau F. hatte sich während eines Telefongespräches spontan dazu entschieden, an der Befragung teilzunehmen, da sie zum einen das Thema selbst
als wichtig erachtete und glaubte, bedingt durch längere Krankenhausaufenthalte, Aussagen zum Thema machen zu können, und zum anderen, da sie generell dazu bereit sei,
Menschen zu unterstützen, die eine „schwierige Problematik" aufgreifen und dabei auf
Unterstützung angewiesen sind. Der anfänglich festgelegte Gesprächstermin mußte einmal verschoben werden, da Frau F. sich gesundheitlich nicht in der Lage fühlte, das Gespräch zu führen. Zu einem späteren Zeitpunkt konnten wir dann ein sensibles und interessantes Gespräch mit ihr in ihrer häuslichen Umgebung führen, was wir vor allem ihrem
hohen Engagement verdanken.

Im Verlaufe des Gespräches lernten wir zwei Seiten ihrer Persönlichkeit kennen.
Zum einen präsentierte sich Frau F. als eine starke und engagierte Frau, die sich selbst als
kritisch, wehrhaft und unbequem bezeichnet, da sie ihre Mitmenschen mit offenen Fragen direkt konfrontiere, auch wenn sie bemüht sei, „mit allen Menschen auszukommen
und diese zu nehmen, wie sie sind". Diese „starke" Seite ihrer Persönlichkeit trug sie
auch am deutlichsten nach außen, während ihre „schwächeren Anteile", wie beispielsweise Selbstzweifel, eigentlich nur unterschwellig zu Tage traten. Diese Anteile der Persönlichkeit haben möglicherweise einen Anknüpfungspunkt an ihre Krankheit, denn im Verlaufe des Gespräches machte sie wiederholt deutlich, daß sie sowohl im Krankenhaus als
auch im alltäglichen Leben die Erfahrung gemacht habe, daß „kranke Menschen als Menschen zweiter Klasse" behandelt werden. Diese Erfahrungen lösten bei ihr Gefühle der
Traurigkeit und Angst aus. So erscheint auch verständlich, daß von Frau F. Zweifel geäu-

ßert wurden, ob sie stark genug sein würde, mit ihren Einschränkungen auf Dauer „gut"
zu leben. Die Gedanken an die Zukunft, eben einem Altern mit der Krankheit, lösten in
ihr Ängste aus, und sie befand sich zum Zeitpunkt des Interviews in der Situation, daß sie
nach Wegen suchte, um mit den Konsequenzen, die sich langfristig aus ihrer Krankheit
ergeben, zurecht zu kommen.

Frau F. sammelte ihre Erfahrungen mit Pflegenden weitgehend während zweier län-
gerer Krankenhausaufenthalte in einer Klinik, bei denen sie zwei unterschiedliche Stationen kennenlernte. Anzumerken ist, daß sie im wesentlichen auf einer Station nachhaltig
schlechte Erfahrungen mit Pflegenden gemacht hat und ihr Bild von Pflegenden davon
am meisten geprägt wurde. So hatte sie den Eindruck, daß Pflegende häufig bequem waren und nicht die Anliegen der Patienten in den Mittelpunkt ihrer Arbeit rückten. Dieses
Bild bezog sich meist allgemein auf Pflegende, während sie aber auch den Eindruck
hatte, daß einige Pflegende erheblich „schlechter" geeignet sind als andere, da ihnen die
Feinfühligkeit im Umgang mit den Patienten fehle. Auch könne man einige Pflegende
mit „sogenannten Trinkgeldern bestechen", damit sie sich dem Patienten mehr zuwenden. Frau F. vermittelte im Gespräch ihren Eindruck, daß Pflegende sich nicht in ihrer
Arbeit untereinander abstimmen, obwohl sie nach außen hin als geschlossenes Team auftreten.

Frau F. äußerte im Gespräch bestimmte Ansprüche und Wünsche an Pflegende, die
über die bloße Ausübung verschiedener Routinetätigkeiten, die sie erleben konnte, hinausgingen. Sie sagte:

„(...), ne' Krankenschwester, sage ich, darf nicht nur allein einen Verband wechseln
können, die muß auch ein bißchen feinfühlig sein. (...) Ich kenne zum Beispiel Krankenschwestern, die sind so ‚Buff', ‚Hier bin ich, stell dich nicht so an', und die sind
in ihrem Job vielleicht gut, können mit anpacken, und denen macht es auch nichts
aus, da vielleicht auch zwei Leute, die nachts gestorben sind, rauszufahren und zu
waschen und fertigzumachen. Die sind für den Job vielleicht ganz gut, aber für die
Patienten sind die nicht das Beste, weil sie zu sehr über die Dinge hinweggehen. Und
das ist eigentlich das, was ich mir mehr wünsche, daß da mehr auf die Psyche eingegangen wird."

So wünschte sich Frau F., daß Pflegende sich in die Situation von Patienten hineinversetzen, auf die Patienten eingehen und ihnen zureden und Mut machen. Darüber hinaus erwartete sie aber auch, daß Pflegende einen Blick für recht kleine alltägliche Dinge,
wie beispielsweise das Versorgen der Blumen mit Wasser, haben und Patienten anleiten
und schulen können, damit diese nach dem Krankenhausaufenthalt mit den anstehenden
Problemen umgehen können.

„Es muß aber irgendwo eine Schulung geben, und wenn das Personal mit einem
schult, wie verhalte ich mich anders. Und zwar muß die Krankenschwester mir sagen, so komme ich aus dem Bett, und so komme ich rein ins Bett, und die muß mir
auch sagen, so trage ich meinen Koffer."

Nach unseren kurzen anfänglichen Erläuterungen zum Thema, die nicht über unsere
Standardfrage „Was haben Sie als schädigend und/oder verletzend erlebt" hinausgingen,
fand sich Frau F. von ganz alleine ins Thema ein. Im Verlauf des Gespräches griff sie

unsere Fragen als Gedankenhinweise auf und konnte so die für sie wesentlichen Dimensionen des Themas gut verständlich machen.

II. Bearbeitungskomplex

Bei der Gesprächsanalyse möchten wir nun zunächst aufgreifen, welche allgemeinen negativen Folgen Frau F. für sich identifizierte. Sie sagte:

> „Schaden, also Schaden genommen hört sich für mich immer so an, als ob ich einen bleibenden Schaden genommen hätte, und einen bleibenden Schaden habe ich nicht. Aber Schaden genommen habe ich in dem Moment, in dem man nicht ernst genommen wird. Das heißt, die Schwestern kommen nicht rechtzeitig, oder man hat tierische Kopfschmerzen, und es heißt: ‚Ja, wir können Ihnen nichts geben', oder jemand möchte irgend etwas, und es wird nicht gemacht aus irgendeinem Grund. Man kommt sich total hilflos vor, hilflos und verlassen."

Frau F. erlebte vor allem Hilflosigkeit, Verlassenheit und Alleingelassensein sowie Gefühle der Erniedrigung und Diskriminierung als für sie schmerzliche Folgen des Handelns von Pflegenden und begriff dies als psychischen Schaden.

> „Also das fand ich – insofern den psychischen Schaden, den hat man wohl auch hundertprozentig. Also so, daß ich sagen kann, körperlich, wäre albern, habe ich nicht. Aber psychisch hundertprozentig, und wer länger im Krankenhaus liegt, kriegt psychisch einen mit. (...) Dieses Psychische, dieses Alleingelassen, daß man mal ein tröstendes Wort hört, daß wirklich mal einer sagt: ‚Ach, das geht schon, wir hatten mal jemanden, der hat das auch so gepackt', oder einfach mal so ein bißchen Zuneigung, Zureden. Nicht jeder hat eine Familie, nicht jeder hat Freunde."

Eindeutig nahm diese Dimension der als negativ beschriebenen Folgen die zentrale Stellung ein. Obwohl uns Frau F. auch von einigen negativen körperlichen Folgen wie beispielsweise einem Dekubitus an den Fersen berichtete, maß sie diesen Folgen nur wenig Bedeutung im Zusammenhang mit dem Thema bei. Jedoch bemerkte sie allgemein, daß die pflegerische Versorgung besonders in der Zeit, in der sie bettlägerig war, nicht ausreichend für sie war und erwähnte, daß sie aufgrunddessen eigentlich auch Angst vor einem weiteren Krankenhausaufenthalt habe.

Frau F. konnte sich im Verlauf des Gespräches an viele Begebenheiten erinnern, die dazu geführt haben, daß sie die oben beschriebenen negativen Folgen in der Form für sich identifizierte. Hier können jedoch nur einige Erlebnisse aufgegriffen und dem Leser verdeutlicht werden.

In ihren Schilderungen erzählte sie von einer Begebenheit, die in ihr Gefühle von Unwohlsein und Hilflosigkeit auslösten. Bedingt durch einen starken Gehirnwasserverlust, mußte sie sich über mehrere Tage hinweg immer wieder übergeben. Sie berichtete:

> „Also bleibt dir nichts anderes übrig, du spuckst dich selber an. Das wußten auch die Schwestern, das wußte auch der Pfleger. So, und dann hat man sich von oben bis unten angespuckt, dann hat man das Gefühl gehabt, daß war denen auch schon lästig, weil das dreimal am Tag passiert ist. Ich konnte da aber nichts für. Dann kamen sie, dann haben sie mir zwar geholfen, das Bett zu beziehen und mich umzuziehen, aber glauben Sie nicht, daß mal einer auf die Idee gekommen ist, mir die Hände zu waschen, mir mal durchs Gesicht zu waschen. Und den ganzen Tag hatte man nur den

Gestank von Erbrochenen um sich. Es bleibt überall sitzen, bleibt ja auch gar nicht aus. Und das ist die Hölle, das ist die Hölle. Beim nächsten Spucken, da denke ich, was mache ich denn jetzt?"

Daß sie in dieser Zeit besonders negative Auswirkungen erlebte, verdeutlicht auch folgendes Zitat, das im Zusammenhang mit dieser Begebenheit stand:

„Ich kann ne' ganze Ecke wegstecken, aber wissen Sie, ich habe eine Zeit gehabt, das war die Zeit, als ich dieses Gehirnwasser verloren habe, auf dieser Station, da habe ich zu meinem Mann gesagt, wenn ich hier unten bin, ich gehe vor die Hunde. Diese Station, die hat mich abgeschreckt, weil ich das Pflegepersonal – ich wußte, wie es ist."

Gefühle der Hilflosigkeit und des Ausgeliefertseins machte sie auch an „sehr kleinen" Begebenheiten fest, wie beispielsweise einer Situation, als sie klingelte und nach einem Kopfschmerzmittel verlangte.

„Und wenn ich dann unten geklingelt habe und habe gesagt ‚Mein Gott, ich habe solche Kopfschmerzen, kann man da nicht irgend etwas machen?' und dann wurde das ignoriert."

Frau F. kam während des Gespräches mehrmals auf ein Problem zurück, das sie in dieser Zeit als außerordentlich „schlimm" empfand. Sie schilderte, daß sie verschiedene Pflegende wiederholt angesprochen hatte, ob diese ihr nicht die Haare waschen könnten.

„Und wissen Sie, wenn die es schon nicht schaffen, mit mir Haare waschen zu gehen, was furchtbar war, dann frage ich mich, wer soll es. Da habe ich gefragt ‚Können Sie mir eine Schüssel bringen?' ‚Wofür denn? Sie dürfen das nicht!'. Ich sage: ‚Doch, die andere Schwester hat mir gesagt, ich darf das.' Ja gut, dann kriege ich keine Schüssel, ich habe mir das von zu Hause mitbringen lassen."

Frau F. hatte in der Situation versucht, ihrer Hilflosigkeit entgegenzutreten und führte das Haarewaschen selbst durch, wobei sie sich nicht anders zu helfen wußte, als den Kopf am Waschbecken nach unten zu halten, was aber dazu führte, daß sich ihr gesundheitlicher Zustand schlagartig noch einmal verschlechterte.

In einer anderen Situation fühlte sich Frau F. durch eine Krankenschwester öffentlich bloßgestellt, was in ihr Gefühle von Wut und Zorn auslöste. In dieser Situation hatte eine junge Schwester, die nach Meinung von Frau F. glaubte „etwas Besseres zu sein", während der Besuchszeit Frau F. auf dem Flur aus einiger Distanz laut gefragt, ob sie schon abgeführt habe.

„Ich dachte, ich spinne, schreit die mir da rüber, ob ich schon abgeführt hätte. Und alle Leute gucken – ja, das ist doch so, das darf doch wirklich nicht vorkommen. Das habe ich also echt persönlich genommen, da habe ich gedacht, das ist doch eine Unverschämtheit, mich hier so bloßzustellen."

In diesen und ähnlichen Verhaltensweisen glaubte Frau F. persönliche Defizite bei Pflegenden zu erkennen, gegen die sie sich nicht immer wehren konnte. Nur wenn die Situation für sie zu unerträglich wurde, griff sie zu einem speziellen Mittel der Gegenwehr.

„Ich habe da zwei Pflegekräfte gehabt, da habe ich mich auch beim Arzt drüber beschwert, da habe ich mir das nicht gefallen gelassen und habe gesagt: ‚Also so etwas
Unhöfliches, Unzufriedenes diese beiden Wichter.' Ich war total enttäuscht und habe
dem Arzt auch gesagt, er solle auf der Station mal ein bißchen aufräumen, also so
wie die mit den Patienten umgehen, rotzefrech. Die waren noch sehr jung, und die
hauten den Leuten was um die Ohren, wo ich gedacht habe, also das würden die mit
mir nicht machen, also mit mir persönlich haben sie es auch nicht gemacht."

Frau F. erlebte im Krankenhaus auch Situationen, in denen Pflegende mit anderen
Patienten umgingen und dieser Umgang bei Frau F. Gefühle von Angst, Ohnmacht und
Traurigkeit auslösten. Neben einer Stellungnahme, daß vor allem alte und kranke Patienten ihrer Meinung nach anders bzw. schlechter behandelt würden, schilderte sie uns auch,
wie sie den Umgang mit Schwerkranken erlebte:

„(...). Leute, die vor Schmerzen geschrien haben, denen es nicht gut ging, die wirklich am Jammern waren, ab auf den Flur damit. Dann wenn man so mitbekommen
hat, Patienten, denen man nicht mehr helfen konnte, das ist also auch irgendwo recht
traurig gewesen. Dann kriegen die eben noch eine Dröhnung an Tabletten und fertig.
Dann wurde da gar nichts mehr gemacht irgendwie. Nur weil ein Patient soweit ist,
daß er sagt, also ich kriege den nicht mehr ganz so hin oder auch gar nicht mehr hin,
deswegen ist das doch ein Mensch, und ich denke, die Zeit, gerade die letzte Zeit im
Krankenhaus, sollte man denen doch so angenehm wie möglich machen – würde ich
so sehen."

Diese und andere Erlebnisse ließen sie wiederholt zu zum Schluß kommen:

„Da habe ich mir immer gedacht, also wenn man arm ist und krank ist, kannst du dir
auch einen Strick nehmen."

Bei den Schilderungen der vielen „kleineren" Begebenheiten versuchte Frau F. das
Verhalten von Pflegenden nicht zu entschuldigen, sondern verdeutlichte vielmehr, daß sie
das Verhalten nicht akzeptierte und durchaus glaubte, daß viele Probleme hätten verhindert werden können. Ursachen für das Verhalten der Pflegenden sah sie primär in deren
„Bequemlichkeit und der fehlenden Eignung zum Beruf", die sich an der „mangelnden
Feinfühligkeit im Umgang mit den Patienten" zeige.
    Auch erlebte sie, daß einige Pflegende auf bestimmte Patienten ungehaltener reagier-
ten und sich dann im weiteren Verlauf des Krankenhausaufenthaltes ein schlechtes Verhältnis zum Patienten aufbaute. Sie berichtete:

„Ich habe das aber häufig und mehrfach – ganz ehrlich, daß die von Anfang an
‚Baff', die hatte irgend etwas gesagt, kriegte einen zurückgestoßen, jetzt die Patientin, und es war vorbei, ob die zwei Wochen lag, ob die drei Wochen lag, die war
unten durch."

III. Bearbeitungskomplex
Schon während des Interviews und auch später, als wir uns wiederholt die Tonbandaufnahme angehört haben, konnten wir erahnen, daß Frau F. in der Zeit ihres Krankenhausaufenthaltes auf einer bestimmten Station sehr viele Dinge erlebt hat, die sich negativ auf ihr seelisches Befinden ausgewirkt haben. Daß dies auch noch zum Zeitpunkt des

Interviewtermins zu spüren war, ist für uns ein deutlicher Hinweis darauf, daß es sich hier um tiefgreifende Erlebnisse handelt. Bedingt durch die verschiedenen Erlebnisse hat Frau F. ein tiefes Mißtrauen gegenüber Pflegenden entwickelt, von denen sie annahm, daß sie nicht dazu bereit waren, sich mit ihrer Person und ihren Bedürfnissen auseinanderzusetzen. Die beschriebenen negativen Folgen im psychischen Bereich brachte sie mit dem Verhalten der gesamten Gruppe der Pflegenden in Verbindung, bezog sich also primär nicht auf das Verhalten von einzelnen Pflegenden. Nur selten beschrieb Frau F., daß sie sich aktiv gegen das Verhalten von Pflegenden wehrte. Sie schritt anscheinend nur dann ein, wenn die negativen Folgen für sie nicht mehr tragbar waren und sie erkannte, daß eine Regelung in irgendeiner Form zwingend notwendig war. Bei dieser angestrebten Regelung beschritt sie jedoch nicht den Weg, sich mit einzelnen Pflegenden auseinanderzusetzen, sondern wandte sich an einen Arzt, von dem sie annahm, daß dieser eine für sie positive Wendung des Geschehens bewirken konnte. Dies zeigte uns noch einmal deutlich, daß die Beziehungen zwischen Frau F. und den Pflegenden nachhaltig gestört waren und sich keineswegs durch einen vertrauensvollen Umgang miteinander kennzeichneten. Festzuhalten ist auch, daß Frau F. aus ihrem Erfahrungshintergrund heraus den Pflegenden nicht zutraute, daß diese eine ausreichende pflegerische Versorgung sicherstellen können und daher hoffte, daß sie in Zukunft nicht in die mißliche Lage kommt, auf Pflegende angewiesen zu sein.

Bemerkenswert häufig nutzte Frau F. Begriffe und Redewendungen im Gespräch, die darauf hindeuten, daß sie das Verhalten der Pflegenden teilweise als aggressiv erlebt hatte.

Das für sie nicht sichtbare Interesse an ihrer Person und die ihrer Meinung nach nicht ausreichende pflegerische Versorgung legen die Vermutung nahe, daß Frau F. eine Pflege erlebt hat, die sich nicht an ihrer Person und an ihren Bedürfnissen orientierte, denn ein wesentliches Ziel der Krankenpflege, das Wohlbefinden des Patienten zu fördern bzw. zu steigern, konnte nicht erreicht werden.

4.2.3   Beschreibende Darstellung von Interview 3

I. Bearbeitungskomplex
Im Rahmen des dritten Pretestinterviews konnten wir mit eine 36jährigen Frau, die seit drei Jahren an einer chronischen Erkrankung litt und aufgrunddessen auch seit geraumer Zeit arbeitsunfähig war, ein 50minütiges Gespräch über unser Thema führen. Frau G. war seit einem halben Jahr Mitglied einer Patientenselbsthilfegruppe und erlebte dort eine intensive psychische Unterstützung, die sie in ihrer damaligen Situation auch sehr begrüßte. Auf uns machte Frau G. einen zurückhaltenden, schüchternen und bisweilen selbstzweifelnden Eindruck. Sie selbst bezeichnete sich als einen Menschen, der eher geneigt sei, die „Schuld" zunächst bei sich selbst zu suchen und gleichzeitig sich so zu verhalten, daß sie im Rahmen bleibe, keinen Sonderfall darstelle und ihre Ansprüche soweit wie möglich zurücknehme. Im folgenden Zitat konnte Frau G. sich selbst und die psychische Unterstützung, die sie durch andere Mitglieder der Patientenselbsthilfegruppe erfuhr, treffend charakterisieren. Sie sagte:

> „Ja, daß man sich aussprechen kann. Man kann ja nicht immer alle Angehörigen damit belästigen, die wollen das ja gar nicht hören. Man wird dann immer so – ich

mache das ungern – so als Meckerer hingestellt oder ist immer unzufrieden oder ‚Der geht es immer noch nicht besser.' Das ist mir oft peinlich, immer das Gleiche sagen zu müssen, und da zieht man sich schon ein bißchen zurück, und da kann man sich aussprechen. Die verstehen einen wenigstens; die verstehen, was für Schmerzen hat man wirklich und was heißt das, jetzt auf einmal immer nur zu liegen, nicht ins Kino zu gehen oder nichts mehr zu arbeiten, zum Beispiel, daß man sich nicht mehr vollwertig fühlt."

So erscheint es auch verständlich, daß Frau G. verschiedene Anpassungsstrategien nutzte, um „keinem Menschen zur Last zu fallen". Manchmal zweifelte sie daran, ob sie selbst nicht einfach nur zu empfindlich sei und andere Leute mit einer ähnlichen Erkrankung besser mit den daraus resultierenden alltäglichen Problemen umgehen könnten.

Frau G. konnte im Laufe der letzten Jahre verschiedene Erfahrungen mit Pflegenden in Krankenhäusern machen. So glaubte sie, daß die Situation von Pflegenden allgemein durch „aufreibendes Arbeiten" unter zeitweilig schwierigen Bedingungen, wie beispielsweise dem zeitlichen Streß, gekennzeichnet ist. Positive Erfahrungen hat sie mit den Pflegenden gemacht, die ihr Aufmerksamkeit und kleine Hilfestellungen zukommen ließen. Sie erwartete aber auch, daß Pflegende Aufgaben wie Anleitung, Information und Beratung übernehmen und auf Dinge achten, die für sie nicht unbedingt zur Routine der täglichen Arbeit gehörten. Als Beispiele hierfür nannte sie das Versorgen der Blumen oder auch das Einräumen von Wäsche in den Schrank. Was sich Frau G. von Pflegenden wünschte und nur selten erfahren hat, war Verständnis für ihre persönliche Situation. Sie machte deutlich, daß sie ein Vertrauensverhältnis auch im Krankenhaus brauche und dieses vor allem dann aufgebaut werden könne, wenn sie das Gefühl habe, daß sich Pflegende mit ihr persönlich auseinandersetzen und versuchen, sie zu verstehen.

Nach unseren einleitenden Fragen und dem Konfrontieren mit unserer Fragestellung fand sich Frau G. gut im Thema zurecht und hatte keine Schwierigkeiten mit der eindeutigen Ausrichtung durch unsere Fragestellung. Dies läßt sich wohl darauf zurückführen, daß Frau G. in einem Krankenhaus auf einer Station nach eigenen Angaben negative Erfahrungen mit Pflegenden gemacht hat und diese Erfahrungen die durchaus positiven Erfahrungen in einem anderen Krankenhaus überlagerten. Wir stellten aber auch fest, daß ihr das Gespräch leichter fiel, wenn sie manchmal auch positive Aspekte herausstellen und so das Gefühl von „Einseitigkeit" verlieren konnte. Besonders bei diesem Gespräch zeigte es sich noch einmal, wie vorteilhaft eine unstrukturierte und offene Gesprächsführung für den Verlauf eines Interviews mit dieser Fragestellung war.

II. Bearbeitungskomplex
Frau G. erlebte Gefühle des Ausgeliefertseins, der Vernachlässigung oder auch der Hilflosigkeit. Diese und ähnlichen Gefühlen wie

„(...) ich kam mir lästig vor (...)"

oder

„(...) man kam sich oft dumm vor (...)"

nahmen eine zentrale Stellung bei der Fragestellung, was als schädigend oder verletzend erlebt worden war, ein. Weiter schilderte sie:

„Daß es jetzt auf Dauer einen Schaden hinterlassen hat, das will ich nicht behaupten. Es war jedenfalls – hat man in dieser Zeit in dem Krankenhaus so ein bißchen das Bewußtsein gehabt, man ist lästig als Patient, das muß ich ganz ehrlich sagen. Irgendwo hat das dazu beigetragen – natürlich kommen da auch noch andere Faktoren zu, auch andere Behandlungen durch Ärzte zum Beispiel, aber das hat dazu beigetragen, sich ein bißchen lästig zu fühlen. Um Hilfe zu bitten, und man ist denen lästig."

Daß diese Gefühle auch einen Einfluß auf ihr Handeln hatten, kann hier an folgendem Zitat verdeutlicht werden:

„Da waren also sehr viele junge Schwestern, die also wirklich überhaupt kein Einfühlungsvermögen hatten, das muß ich also ganz ehrlich sagen. Man fiel denen lästig, man mochte kaum klingeln, und von Zuwendung war da wenig zu spüren."

Bei ihrem zweiten Krankenhausaufenthalt im gleichen Krankenhaus zog Frau G. aus mehreren Gründen die Konsequenz, das Krankenhaus vorzeitig und gegen den Rat des Arztes zu verlassen, wobei sie einen wesentlichen Grund in dem Verhalten der Pflegenden ihr gegenüber sah.

Im Verlaufe des Gespräches verdeutlichte Frau G. an einigen Beispielen, inwieweit das Verhalten von einzelnen Pflegenden, aber auch der gesamten Gruppe der Pflegenden, bei ihr die nicht gewünschten psychischen Belastungen auslösten. So schilderte sie zunächst eine Begebenheit, in der sowohl die Umgangsform als auch die mangelnde Bereitschaft, Informationen zum Handeln zu geben, in ihr Gefühle wie Hilflosigkeit und Ohnmacht auslösten. Nach einer Operation hatte sie von einer Krankenschwester eine intramuskuläre Spritze in den Oberschenkel bekommen.

„Ich habe also das erste Mal diese Spritze bekommen und muß mich wohl verkrampft haben. Jedenfalls konnte ich mich nicht mehr rüberdrehen zur Seite, so wie ich es gelernt habe, und konnte nicht mehr frühstücken. Ich war nicht mehr in der Lage, und ich habe dann geschellt und habe gesagt: ‚Irgend etwas mit meinem Bein, ich kann mich gar nicht mehr gut bewegen, ich kann überhaupt nicht essen.' Weil das Essen stand auf der Seite, und da wurde sie ziemlich ruppig und hat gesagt: Also ich sollte mich nicht so anstellen, sie hätte nicht falsch gespritzt, sie würde das gut können, und wenn es mir nicht gut gehe, dann müßte sie einen Arzt holen.(...) Also ich habe mich ziemlich hilflos gefühlt, das Frühstück wurde auch einfach wieder abgeräumt nach einer halben Stunde, also da wurde nicht gefragt: ‚Konnten Sie denn jetzt essen?' oder so, ich konnte mich ja nicht drehen. Also ich kam mir sehr hilflos vor. Ich wollte ihr ja nichts Böses, ich wollte ja auch nicht, daß sie es falsch versteht."

In einer weiteren Situation, die ebenfalls mit dem Problemkreis „Essen" zusammenhing, wurden Unsicherheit und Selbstzweifel wiederum durch die Art des Umgangs und durch mangelnde Information bzw. Anleitung hervorgerufen. Sie erzählte:

„Es war aber auch zum Beispiel so, daß man zu Anfang nicht gut stehen konnte beim Essen. Man lag einfach so auf die Seite gerollt, und ich habe das oft gemacht, daß ich mir, daß ich mich so immer abgestützt habe zum Essen. Ich meine, man kann ja nicht so essen, das war ja auch ein bißchen höher. Ich weiß wohl, daß ich dann einmal so einen richtigen Anraunzer von der Schwester bekommen habe: ‚So dürfen Sie auf keinen Fall liegen' und es wäre ja kein Wunder, daß es mir schlechter ginge. Und ich denke mir mal, das kann man auch im Vorfeld schon sagen. Ich hatte jetzt das Gefühl ‚Oh Gott, was hast du denn jetzt falsch gemacht, vielleicht hast du jetzt dadurch so etwas bewirkt an der Operationssache, daß es dir dadurch jetzt schlechter geht.‘ Ja, und dann liegt man da wieder mit seinen Talenten und denkt, mm.“

In einem anderem Teil des Gespräches erzählte sie uns von einer Situation, in der sie sich nachts nach einer Operation wiederholt übergeben und ein Krankenpfleger ihr Bett mehrmals beziehen mußte. Hinzuzufügen ist auch, daß Frau G. zu diesem Zeitpunkt nach eigenen Angaben strenge Bettruhe verordnet bekommen hatte.

„(...) Und er wurde immer gereizter. Ob ich mich nicht zusammenreißen könnte – ich meine, das macht man ja nicht nur so, es geht einem halt schlecht, und dann übergibt man sich halt, und ich bin manchmal auch eingeschlafen und, dann fing es wieder an. Er mußte also dann von der anderen Station noch jemanden dazuholen, weil er sagte, er hätte ganz viele Frischoperierte und das würde ihm viel zu viel und ich sollte doch ein bißchen auf dem Flur auf und ab gehen, ob das denn wirklich so schlimm wäre, und ich kam mir so ein bißchen dumm vor. Und diese ganze Situation trägt natürlich dazu bei, daß man sich wenig meldet, nur dann, wenn wirklich etwas ganz Ernstes ist.“

Mit dem Wort „gereizt“ stand auch eine ganz andere Situation in Verbindung, die sich eher auf das Verhalten aller Pflegenden der Station bezog. Sie schilderte:

„Also die waren oft sehr gereizt, das muß ich wirklich sagen. Vor allen Dingen waren sie sehr gereizt, wenn man mal mit irgendwelchen Röntgenunterlagen in das Stationszimmer ging und es war gerade Frühstückspause. Da saßen alle herrlich versammelt – ich gönne denen das ja auch, und die müssen ja auch ihre Ruhe haben – aber man kann ja auch eben so ein Bild annehmen. Man mußte dann wieder aufs Zimmer gehen und dann wieder zurückgehen und das Bild abgeben, und das fällt einem auch schwer. Also ich muß ganz ehrlich sagen, es fehlt vielen Krankenschwestern so ein bißchen das Gespür für Patienten.“

Mit folgenden Worten von Frau G. soll nun ihre Schilderung zu einem Problem eingeleitete werden, das Frau G. in den ersten Wochen nach der Operation belastet hat.

„Wer kümmert sich denn um diese Sachen, um Wäsche oder zum Beispiel auch Fußpflege. Ich konnte mich ja überhaupt nicht bücken oder krumm machen oder so. Oder um das Haarewaschen. Man kommt also nicht fünf Wochen ohne Haarewaschen aus, auch wenn die das meinen, das ist nicht drin, das geht nicht, man fühlt sich ja schon nach drei Tagen unwohl.“

An dem Problem des Haarewaschens wurde Frau G. zwar ihre Hilflosigkeit bewußt, sie konnte jedoch die Situation mit Hilfe ihres Mannes bewältigen. Sie schilderte weiter:

„Ich konnte mir überhaupt nicht die Haare waschen, da wurde auch keine Hilfestellung angeboten, und da gibt es nur eine Dusche, ich glaube zum Hinsetzen. Ich durfte ja nicht sitzen, und stehen konnte ich auch nicht. Da ist man völlig hilflos, wenn man da allein sitzt, man will ja gar nicht von unten bis oben gewaschen werden, aber allein das Haarewaschen, das war unheimlich schwierig. Man mußte praktisch so die Dusche über den ganzen Körper halten und saß da nur so, und es war eine ganz dumme Situation. Also dann hat das jetzt mein Mann mit mir gemacht, aber da kam keine Hilfestellung."

Mehrmals schilderte Frau G. uns Situationen, die mit dem routinemäßigen „Betten-machen am Morgen" zu tun hatten und wie diese Handlungen von ihr erlebt wurden.

„Man ist da so eine Person, die halt so abgefertigt wird. Da geht man morgens rein, und da wird ein großes Trara gemacht, die Betten wieder glatt zu streichen, und ich denke nun, für den Aufwand könnte man auch irgendetwas anderes machen. Oder mal fragen ‚Wie geht es denn?' oder ‚Haben Sie irgendwelche besonderen Anliegen?' (...) Das war still und unheimlich, und die unterhielten sich privat über die neusten Frisuren oder so oder was weiß ich. Man wurde als Patient gar nicht so berück-sichtigt, sage ich jetzt mal. Das ist nicht so, daß man da jetzt irgendetwas Positives loslösen will, daß man da rein kommt und erstmal fragt, wie es geht. Das war so nicht."

Aber auch in der Zeit, in der Frau G. und ihre Mitpatientinnen das Bettenmachen wieder selbst erledigen konnten, kam es zu „einigen Schwierigkeiten". So berichtete Frau G., wie sie „erfolglos" versuchte, neue Bettlacken von den Pflegenden zu bekom-men.

„(...) Da waren die doch wirklich gereizt, und sie hätten soviel zu tun, und das läge nicht an ihnen, und es wäre auch zuwenig Wäsche da, und wenn mal wieder ein Bett-laken da wäre, dann würden wir das auch bekommen."

Frau G. machte im Verlauf des Gespräches mehrmals den Versuch, das Verhalten der Pflegenden zu bewerten und zu erklären. Hier sollen einige wesentliche Ansätze erläutert werden. Interessant erscheint uns, daß Frau G. sich dabei ausschließlich auf das Verhal-ten aller Pflegenden der Station bezog und nicht den Versuch unternahm, das Verhalten der einzelnen Pflegenden in einer geschilderten Situation zu erklären. So beschrieb sie, daß sie den Eindruck hatte, daß sie es mit einem „geschlossenen Arbeitsteam" zu tun hatte, das sich „beinahe gleichförmig" verhielt. Folgende Zitate sollen dies näher erläu-tern.

„Tja, das war so ein eingeschworenes Team von jungen Schwestern, und ich fand, die waren zum Teil ein bißchen zickig. (...) Ich habe so ein bißchen das Gefühl, wenn ich so die ganze Krankenschwesternschaft auf der Station sehe, daß sie doch ein bißchen unzufrieden waren."

Dies versuchte sie in Nebensätzen wiederholt zu erklären und sagte, daß wohl vor allem eine Arbeitsüberlastung, ein schlechtes Verhältnis zu Ärzten oder auch die fehlen-de Anerkennung des Berufes als Gründe für das Verhalten in Frage kommen würden. Doch trotz dieser Erklärungsversuche konnten ihre Gefühle nicht relativiert und bisweilen sogar noch verstärkt werden.

„Man hat das Gefühl, man fällt denen richtig lästig. Und weil man denen richtig an-merkt, jede zusätzliche Arbeit belastet nur. Es wird praktisch nur gestöhnt."

Da Frau G. sich nur teilweise in der Lage fühlte, das Verhalten der Pflegenden zu bewerten bzw. zu erklären, zog sie einen weiteren Eindruck hinzu, der uns erklären sollte, warum viele der geschilderten Situationen auf sie in der Form wirken konnten und Gefühle des ‚Lästigseins' und der ‚Hilflosigkeit' auslösten.

„Man sucht ja auch oft bei sich die Schuld, weil Krankenschwestern auch sehr dominant auftreten, und, tja, ein großes Selbstbewußtsein ausstrahlen und eine gewisse Kühle."

Diese Überlegenheit wurde ihrer Meinung nach sehr bewußt ihr gegenüber an den Tag gelegt und habe dazu beigetragen, daß die Distanz zu den Pflegenden zunahm. In diesem Zusammenhang erwähnte sie auch einmal das gute Verhältnis zum Reinigungspersonal der Station, die ihres Erachtens wesentlich netter mit ihr umgingen und sich sogar einmal mit ihr unterhalten haben während ihrer Arbeit.

III. Bearbeitungskomplex

Zusammenfassend läßt sich feststellen, daß Frau G. von einigen negativen Folgen berichtete, die mit dem Verhalten von Pflegenden im unmittelbaren Zusammenhang gesehen wurden. Dabei standen stets die psychischen Auswirkungen im Vordergrund. Eine sehr wichtige negative Folge konnte sie jedoch meist nur andeuten, und aus diesem Grunde möchten wir sie noch einmal kurz darlegen. Durch das Verhalten von Pflegenden in verschiedenen Situationen wurden bei Frau G. offenbar wiederholt Selbstzweifel und Störungen des Selbstwertgefühls ausgelöst. Deutlich wurde, daß sie Gefühle wie Ohnmacht oder Hilflosigkeit nicht nach außen tragen konnte und so ein Verarbeitungsprozeß eintrat, der vermuten läßt, daß die Selbstzweifel im Laufe des Krankenhausaufenthaltes zunahmen.

Frau G. wünschte sich, daß sich jemand im Krankenhaus persönlich mit ihr auseinandersetzt und versucht, sie zu verstehen und in ihrer Persönlichkeit zu begreifen. Unserer Meinung nach hätten viele der Begebenheiten vielleicht gar nicht dies Gewicht in ihrem Erleben bekommen können, wenn ein vertrauensvolles Verhältnis zwischen Pflegenden und ihr aufgebaut worden wäre. So erscheinen uns die Schilderungen fast symbolhaft für eine von Frau G. nicht wahrgenommene Patientenorientierung, auch wenn in keiner Weise der Rückschluß zulässig ist, daß die Pflegende in den Situationen nicht patientenorientiert gearbeitet haben.

In dieser Zusammenfassung möchten wir noch auf einen Umstand hinweisen, der uns in diesem Gespräch aufgefallen ist. Während der Schilderungen der Begebenheiten benutzte Frau G. Worte wie „gereizt", „ruppig" oder auch „anraunzen" und untermalte einige Schilderungen durch das Nachahmen eines eher rauhen Umgangstones, wenn sie das Verhalten von Pflegenden schilderte. So möchten wir an dieser Stelle betonen, daß wir Frau G. durch unsere Fragen keinen Anlaß gegeben haben, diese wohl sehr wichtigen Aspekte zu betonen. Lediglich das Wort „gereizt" wurde an einer Stelle von uns gebraucht, und wir müssen sogar zugeben, daß wir während des Interviews gar nicht bemerkt haben, daß die meisten Situationen mit den oben genannten oder ähnlichen Ausdrücken beschrieben wurden. Sollten jedoch einigen Situationen aggressives Verhalten von Pflegenden zugrunde liegen – und hierüber können keine Aussagen gemacht werden – so läßt sich festhalten, daß Frau G. Worte benutzte, die darauf hinweisen, daß sie diese Verhaltensweisen auch als solche wahrnehmen konnte.

Die Situationen, die Frau G. schilderte, waren in aller Regel sowohl für sie als auch für andere Patienten alltägliche Situationen im Krankenhaus. Die pflegerischen Handlungen, die sie beschrieben hat, deuten nicht darauf hin, daß die pflegerische Betreuung etwa durch die Art der Erkrankung fachlich höhere Anforderungen an Pflegende gestellt hat. Die Häufung dieser „alltäglichen Situationen" erscheint uns vor allem vor dem Hintergrund interessant, daß Frau G. wiederholt von Ängsten sprach, daß sie möglicherweise zu empfindlich mit ihrer Krankheit sei und andere vielleicht wesentlich besser damit umgehen könnten. Für uns wurde deutlich, daß es beinahe unerheblich für die erlebten Situationen erschien, ob sie mit der speziellen Krankheit hätte besser umgehen können, denn die Hilfestellungen, die sie von Pflegenden benötigte, lagen in pflegerischen „Grundleistungen", die in aller Regel bei den meisten Krankenhauspatienten getätigt werden und in keinem ausschließlichen Zusammenhang mit ihrer Krankheit standen.

4.2.4   Beschreibende Darstellung von Interview 4

I. Bearbeitungskomplex
Innerhalb unseres vierten Interviews sprachen wir mit der 60jährigen Frau H., die an zwei unterschiedlichen chronischen Erkrankungen litt. In dem 65 Minuten dauernden Gespräch konnten wir den Eindruck gewinnen, daß es sich bei Frau H. eher um eine ruhige und zurückhaltende Person handelte, die aber nicht zuletzt durch ihre Mitarbeit in der Selbsthilfegruppe und mit Unterstützung ihres Lebenspartners in jüngerer Zeit gelernt hatte, mit ihren Erkrankungen gut zurecht zu kommen. Frau H. wirkte zu Beginn unseres Gespräches nervös, was sich aber im Verlauf des Gespräches legte. Dies ließ sich unserer Meinung nach darauf zurückführen, daß Frau H. während des Interviews auch über Dinge reden konnte, die sich außerhalb unseres Themas bewegten. Nach Beendigung des Tonbandmitschnittes saßen wir noch circa zwei Stunden mit Frau H. zusammen, weil wir ihr Bedürfnis erkannten, mit uns über ihre Erkrankungen und die damit verbundenen Auswirkungen zu sprechen. Für uns war deutlich zu spüren, wie sehr Frau H. nicht nur unter den körperlichen Einschränkungen, die ihre Erkrankungen zur Folge hatten, sondern auch unter einer Vielzahl von psycho-sozialen Folgeerscheinungen ihrer Erkrankungen litt. Mit zunehmender Gesprächsdauer erkannten wir, daß Frau H. ihre damalige Situation sehr wohl einschätzen und genaue Vorstellungen von dem entwickeln konnte, was sie für sich persönlich in ihrer derzeitigen Lebenslage tun konnte. Sehr genau schilderte sie uns, welche Auswirkungen ihre Erkrankungen auf ihr tägliches Leben haben und wie sie versuche, diese wiederkehrenden Probleme zu bewältigen. Auch ihre Erfahrungen im Krankenhaus bestärkten ihre Meinung, daß sie selbst ihr „Schicksal" in die Hände nehmen müsse. Sie sagte:

„Man muß sich schon irgendwo selber helfen, auch im Krankenhaus."

Den Zugang zu unserer Fragestellung gewann Frau H. über den Vergleich zweier Krankenhäuser, in denen sie ganz unterschiedliche Erfahrungen mit Pflegenden sammeln konnte. Dabei legte sie während ihrer Krankenhausaufenthalte ein besonderes Augenmerk auf eine gute medizinische Versorgung.

„Also, wenn ich ganz ehrlich bin, es muß beides, also erst hat der Arzt Vorrang. Also wenn das alles stimmt, das ist für mich das Wichtigste. Aber das Schwesternteam, das muß mitziehen."

Neben der Ausführung der ärztlichen Verordnungen sah Frau H. einen weiteren Schwerpunkt pflegerischer Tätigkeiten in der Unterstützung bei den Verrichtungen des täglichen Lebens, die sie bedingt durch ihre Krankheit, nicht selber durchführen konnte. Jedoch bemerkte sie, daß sie insbesondere um die Erfüllung von „alltäglichen Wünschen", wie zum Beispiel dem Bringen einer Flasche Wasser, immer wieder kämpfen mußte und so den Eindruck gewann, daß die Pflegenden aufgrund der Vielzahl der täglich durchzuführenden Arbeitsaufgaben überlastet waren. Sie erzählte:

> „Die Schwestern als solches, die waren nicht, kann man sagen, schlecht. Die waren einfach überbelastet. Und ich sag immer: Die hatten die Türklinke von der anderen Seite noch nicht zu. Dann war das bei denen auch wieder weg. (...) Also da muß man schon manchmal ein bißchen grob werden oder ein bißchen einen Ton haben: ‚Es muß jetzt geschehen!' Ja, dann werden die wach, dann funktioniert das."

Weiterhin schilderte sie uns, daß sie umso häufiger um die Erledigung pflegerischer Tätigkeiten kämpfen mußte, je besser ihr Gesundheitszustand wurde. Aus dieser Erfahrung heraus leitete sie auch ihre Erwartungen und Wünsche an Pflegende ab.

> „Ja, was die besser machen könnten. Einmal mehr hinhören, was der Patient sagt. Zuhören, denn eine Schwester muß den Patienten, auch den Menschen soweit kennen und merken, ob das nur ein Meckerer ist oder ob er wirklich was zu sagen hat. Also soweit muß ich, wenn ich täglich mit Menschen umgehe, muß ich das spüren. Also das finde ich sehr sehr wichtig."

So zeichnete sich eine Station, auf der sie positive Erfahrungen mit Pflegenden sammelte, vor allem dadurch aus, daß die Pflegenden auch zu den Zeiten, in denen es ihr gesundheitlich besser ging, häufiger in ihr Krankenzimmer kamen und fragten, ob sie noch irgendeinen Wunsch habe.

Über den Vergleich der zwei Krankenhäuser kam sie, ohne daß wir sie zum Thema hinführten, auf Erlebnisse zu sprechen, in denen sie Verhaltensweisen von Pflegenden schilderte, die für sie negative Auswirkungen hatten.

II. Bearbeitungskomplex
Frau H. antwortete auf unsere Fragen nach negativen Folgen oder Schädigungen durch pflegerisches Verhalten mehrere Male mit Aussagen wie beispielsweise:

> „Ne, sonst habe ich keinen Schaden genommen. Also bin immer mit einem blauen Auge davongekommen, kann man sagen, ne."

Es war auffällig, daß sie mögliche Schäden, die durch das Verhalten von Pflegenden bei ihr auftraten, immer in Verbindung mit ihrem körperlichen Gesundheitszustand brachte.

> „Ja, ja, weil es einfach um meine Gesundheit auch ging. Und das war schlimm. Ich meine so mit den Schwestern, in Ordnung war das nicht, wie das da lief, auf keinen Fall".

Weiter drückte sie die Angst aus, daß es durch fehlerhafte Behandlung während ihres Krankenhausaufenthaltes zu einer erheblichen Verschlechterungen ihres Gesundheitszustandes kommen könne. Diese Angst vor einer „falschen Behandlung" durch das Pflegepersonal veranlaßte sie dazu, die Tätigkeiten der Pflegenden, besonders bei der Verabreichung von Medikamenten, ständig zu kontrollieren. Dadurch, daß sie in einem der beiden Krankenhäuser mehrere Fehler bei der Verabreichung von Medikamenten zu erkennen glaubte, zog sie dann auch folgenden Schluß:

„Ja, was nimmt man mit? Also aus dem [Name des Krankenhauses] hab ich mitgenommen, daß ich da nie wieder reingehen würde. Und wenn, dann nur mit einer Angst. Da bin ich ganz ehrlich. Also wenn, darum bin ich jetzt auch zum [Name eines Krankenhauses] gegangen. Und da will ich auch wieder reingehen, ohne weiteres auch nicht mit der Angst."

Aber trotz des starken Mißtrauens und der daraus resultierenden Kontrolle der Pflegenden in einem Krankenhaus berichtete Frau H., daß es ihrer Meinung nach zu körperlichen Schädigungen gekommen sei.

Ferner wies Frau H. uns auf eine Reihe von Gefühlen hin, die vor allem durch allgemeine Verhaltensweisen von Pflegenden, die sie mehrere Male mit dem Oberbegriff „Gleichgültigkeit" belegte, hervorgerufen wurden.

„Ja! Wenn die gar nicht drauf reagieren, dann – Sie haben das Gefühl, die hören einen gar nicht. Also manche sagen da: ‚Laß man liegen, da können wir noch irgendwann mal vorbeigehen und mal zugucken, ob sie wieder noch was hat, vielleicht hat sich das bis dahin erledigt, vielleicht braucht sie's dann nicht mehr.' So, man kommt sich wirklich im Stich gelassen vor."

oder

„Das ist auch, als ob man vor einer Wand steht. Die sagen, wie soll ich erklären, die sagen zum Patienten nicht, daß sie das nicht wollen, ja. ‚Das ist mir gleichgültig', das sagen die nicht. Die sagen: ‚Müssen Sie noch einen Moment warten' oder ‚Nachher!' oder ‚Ja, ja', und da gehen sie her. Und dann kommen sie vielleicht, wenn sie gar nichts sagen, oder auch nicht den Mut haben zu schellen, dann komm sie vielleicht in einer Stunde wieder."

Durch dieses und ähnliches Verhalten des Pflegepersonals entstand für Frau H. ein innerer Konflikt, da sie einerseits das Vertrauen der Pflegenden nicht vollkommen verlieren wollte, indem sie diese ständig auf bestimmte Sachen aufmerksam machte, andererseits aber ständig Angst hatte, daß „etwas passieren könnte". Damit sie das Pflegepersonal nicht ständig um bestimmte Sachen bitten mußte, fragte sie ihre Angehörigen.

„Man ist nur eben sehr enttäuscht. Und wenn dann jemand kam zum Besuchen, dann hab ich gesagt: ‚Mensch, ich möcht jetzt erst mal meine Hände waschen.' Hab ich das nachgeholt. Nein, ich hab sie dann auch einfach in Ruhe gelassen. Einmal hab ich gesagt: ‚Jetzt möcht ich aber doch meine Hände waschen.' So in dem Ton. ‚Jaja, jaja' ne. Also so kam das dann raus."

Im Verlauf des Gespräches schilderte uns Frau H. mehrere Situationen, in denen sie die hier beschriebenen negativen Folgen eindeutig auf Verhaltensweisen von Pflegenden zurückführte. So kam es trotz ihrer Aufmerksamkeit gegenüber dem Verhalten der Pflegenden zu einem körperlichen Schaden. Durch zu festes Wickeln der Beine erlitt sie, obwohl sie das Pflegepersonal mehrere Male auf Druckgefühle hingewiesen hatte, einen Dekubitus an den Fersen.

> „Und dann hab ich das einer Schwester gesagt, daß das so weh tät. Ich hielt das nicht mehr aus. Und ich bin echt nicht empfindlich. Und dann hat die mir nur gesagt: ‚Die Beine müssen so gewickelt werden. Das muß sitzen bleiben, und da kann man nichts dran machen.' Ja, und das war gegen Abend. Ja, ich hab die Nacht so verbracht. Ja, und der Fuß war den anderen Tag da kaputt."

In einigen Fällen beschrieb sie nicht das Verhalten einzelner Pflegender, sondern sprach eher von Verhaltensweisen der Pflegenden allgemein. So auch in einem Beispiel, als sie aufgrund einer Thrombose Bettruhe verordnet bekommen hatte und auf die Steckbecken angewiesen war. Sie schilderte:

> „(...), dann sagte ich: ‚Tun Sie mir einen Gefallen. Schwester, machen Sie das Becken warm. Es geht mit der Blasenentzündung, da sitz ich zwei Tage drauf, die Blasenentzündung ist wieder da. ‚Ach, Quatsch!' wird drunter geschoben. Jedesmal kalt. ‚Ja, ja, das geht auch nicht.' sagt sie, ‚wie soll ich das denn auch warm machen?' Sag ich: ‚Das ist nicht mein Problem, da müssen Sie sich was einfallen lassen.' Nein, die haben das kalte Becken zwei Tage weiter drunter geschoben – war's natürlich soweit. Akute Blasenentzündung. (...) Und dann eben, dann sagte ich, sie möchten mir das Becken vorne auf den Stuhl stellen. Dann käme ich selber damit zurecht. Es kommen laufend andere Schwestern. Ich bin ganz ehrlich. Ich habe vierzehn Tage gekämpft, daß ich mein Becken da hin kriegte. Und bis die das dann brachten, und wenn man eine Blasenentzündung hat, dann kann man das Wasser nicht halten. Und bis die das brachten, also der Schweiß stand mir auf der Stirn."

Frau H. beschrieb eine weitere Situation, in der sie Angst davor hatte, daß es durch nachlässiges Handeln von Pflegenden zu negativen gesundheitlichen Folgen kommt. Sie hatte festgestellt, daß ihr die vom Arzt verordneten Injektionen zur Thromboseprophylaxe nicht immer zu den festgelegten Zeiten verabreicht wurden.

> „Und da mußt ich tatsächlich hinterherlaufen. Also die ersten Tage, wo die große Gefahr war, da ging das pünktlich, genau auf die Uhr. Und dann so langsam nach vier, fünf Tagen dann wurde auch eine Stunde überzogen; und dann mußt ich auf dem Zimmer bleiben; zwei- dreimal gesagt; und das fand ich dann nicht mehr so gut. Ich meine, die Gefahr ist bei mir nie ganz gebannt; und weil ich keine Tabletten nahm, also es spielte schon eine Rolle, daß das schon einigermaßen pünktlich ist. Ich meine, ich konnte mich jetzt melden, aber wenn das jemand ist, der das nicht kann, oder die Älteren, also das finde ich dann doch sehr schlimm."

Das Mißtrauen, das sie den Pflegenden entgegenbrachte, wurde bei ihr noch verstärkt, wenn sie auf Pflegende traf, die ihr von Beginn an unsympathisch waren. In diesem Zusammenhang schilderte sie eine Situation, in der sie von einer Nachtschwester betreut wurde, der sie nicht zutraute, daß sie die Infusionsflasche, die während der Nacht gewechselt werden mußte, pünktlich austauschte.

> „Na ja, und dann sah ich schon, oh Gott, heute nacht irgendwann ist der Tropf leer. Und irgendwo, wenn die schon in das Zimmer reinkam, hatte ich schon das Gefühl, also da geht heute was schief. Das spürte ich einfach. (...) Trotzdem sie ja wußte,

daß die Ampulle gewechselt werden mußte. Und das war eigentlich, was ich ganz schlimm fand. Ich hab drei bis vier Stunden gelegen, immer wieder wach: ‚Du darfst nicht einschlafen.' Vor allem, die würden ja erst morgens wieder stechen. Das Blut würde dick bei der Thrombose. Und das ist auch nicht so ganz ungefährlich."

Die allgemeine Gleichgültigkeit, die sie in einem Krankenhaus beim Pflegepersonal feststellte, beschrieb sie besonders deutlich am Beispiel ihres Aufnahmetages. Aufgrund einer Thrombose war sie nicht in der Lage, abends das Bett zu verlassen, um sich „frisch zu machen" oder die Zähne zu putzen. Sie berichtete:

„(...), und also, es kümmerte sich einfach keiner um mich. Und im Moment mochte ich dann auch nicht direkt meine Wünsche äußern und Forderungen. War ja auch gerade mal ein paar Stunden da. Und, ne, es kam keiner. Also sie ließen mich einfach liegen, und dann kriegte ich was zu essen, und dann wurde abgeräumt, und dann Feierabend, dann konnte ich nachher schlafen."

Frau H. stellte fest, daß sie bei den Pflegenden des öfteren vermißt habe, daß diese sich mit ihrer speziellen Problematik genauer auseinandersetzen. Bei der Beschreibung einer Situation, in der sie eine längere Zeit auf das Steckbecken warten mußte, sagt sie:

„Ja, dann hat sie mich groß angeguckt. Und dann hat sie es mal ne' halbe Stunde später gebracht. Also immer so in'ner Opposition. Die spinnt, ne. Kann ja sein, daß die noch nie so'n Fall gehabt haben. Ich weiß es nicht. Aber die nehmen einen einfach nicht für voll. Was der Patient dann sagt. Und das ist schlimm, vor allem, wenn man fest liegt."

Obwohl Frau H. den Eindruck hatte, daß das Pflegepersonal häufig von den Patienten in Anspruch genommen wurde, und in diesem Zusammenhang auch von Überbelastung der Pflegenden sprach, entschuldigte sie die Verhaltensweisen, die in ihr negative Folgen auslösten, keinesfalls durch die zeitliche Überbelastung des Personals. So stellte sie zum Beispiel fest, daß sich auch in den Phasen, in denen das Pflegepersonal nicht so beansprucht war, die Qualität ihrer Betreuung nicht verbesserte.

„Ja, man hat deutlich das Gefühl, weil die dickfellig sind. Also die sagen das ja nicht. Die sagen nicht: ‚Also haben se sich man nicht so jetzt.' Das hat der Arzt mir gesagt. Aber die Schwestern nicht. Bloß, die lassen einen einfach warten."

III. Bearbeitungskomplex

Frau H. erlebte besonders in einer Klinik das Verhalten der Pflegenden als dickfellig, gleichgültig und nicht ihren persönlichen oder medizinischen Problemen angepaßt. Aufgrund dieser Verhaltensweisen entwickelte sie ein starkes Mißtrauen gegenüber Pflegenden. Sie beschrieb deutlich, daß sie Angst davor hatte, daß es durch Nachlässigkeiten des Pflegepersonals bei ihr zu negativen Folgen für ihren körperlichen Zustand kommen könnte. Ihre Angst drückte sich darin aus, daß sie die Handlungen, die Pflegende an ihr ausführten, oder eben nicht ausführten, kontrollierte. Es kam in keinem von ihr geschilderten Erlebnis zu einem Aufbau eines Vertrauensverhältnisses zwischen ihr und den Pflegenden, wodurch sich Gefühle des Alleingelassenseins oder der Hilflosigkeit entwickelten. In diesem Zusammenhang konnten wir den Eindruck gewinnen, daß sie der Meinung war, daß die Pflegenden ihr gegenüber nicht den Versuch unternahmen, ein derartiges Verhältnis aufzubauen. Vielmehr schilderte sie uns Erlebnisse, aus denen deutlich wurde, daß sich Pflegende regelrecht weigerten, ihr Handeln, das über die Erledigung ihrer Routinetätigkeiten hinausging (z. B. Anwärmen des Steckbeckens), den speziellen Bedürfnissen von Frau H. anzupassen. Sie wies uns darauf hin, daß sie sich von Pflegenden mehr Einfühlungsvermögen in ihre speziellen Problemstellungen gewünscht habe. Die Auseinandersetzung mit ihrer Person war ihrer Meinung nach schon deshalb notwendig, um „Fehlbehandlungen" zu vermeiden. Hätte das Pflegepersonal zum Beispiel ihren Hinweisen, daß ein kaltes Steckbecken bei ihr eine Blasenentzündung hervorrufen könne, mehr Bedeutung beigemessen, so wäre diese ihrer Meinung verhindert worden.

4.2.5   Beschreibende Darstellung von Interview 5

I. Bearbeitungskomplex
Im fünften Interview konnten wir mit einer 75jährigen Frau ein Gespräch von 70 Minuten führen. Frau I. litt seit 15 Jahren an einer chronischen Krankheit und wurde aufgrunddessen mehrmals im Krankenhaus behandelt. Auf uns machte Frau I. einen freundlichen und aufgeschlossenen Eindruck und schien sich über unseren Besuch zu freuen. Während des Gespräches bemerkten wir, daß es Frau I. schwer fiel, über ihre Gefühle Auskunft zu geben.

Seit sechs Jahren wohnte Frau I. alleine und schien, abgesehen von den regelmäßigen Kontakten zu ihren Kindern und Enkelkindern, ein wenig zurückgezogen zu leben.

Frau I. stellte sich selbst als einen bescheidenen Menschen dar, der bemüht ist, die Dinge selbst zu regeln und nicht die Hilfe anderer Menschen in Anspruch zu nehmen. So ist es verständlich, daß Frau I. auch im Krankenhaus darauf achtete, möglichst viele Dinge selbst zu erledigen und bisweilen die Pflegenden in ihrer Arbeit zu unterstützen. Sie selbst bezeichnete sich als „Arbeitstier" und erklärte, daß ihr das „Nichtstun" sehr schwer falle. Auch sei sie noch nie bedient worden und wolle dies auch nicht. Frau I. versuchte uns zu verdeutlichen, daß ihre Bereitschaft, anderen Menschen zu helfen, auch dazu beitragen würde, ein gutes Verhältnis zu ihnen aufzubauen.

„Ich bin auch kein anspruchsvoller Patient gewesen, der jetzt Gott weiß was alles verlangt und so. Jedesmal, wenn ich im Krankenhaus war und ich konnte aufstehen, ich habe lieber anderen geholfen, als daß ich Hilfe verlangte und deswegen kam ich eigentlich mit den Schwestern auch immer sehr gut aus."

Die lange Zeit des Krankseins habe aber auch dazu geführt, daß sie „mündiger" geworden sei. Sie sagte:

„Vor allen habe ich ja gelernt, daß man als Patient auch mal etwas sagen muß. Man kann sich eben nicht alles gefallen lassen."

Im Verlauf des Gespräches zeichnete Frau I. bewußt ein positives Bild von Pflegenden und wies mehrmals auf das durchgehend gute Verhältnis, das sie ihrer Meinung nach mit Pflegenden hatte, hin. Sie glaubte, daß es vornehmlich vom Patienten abhänge, ob Pflegende sich eingehender mit ihm auseinandersetzen. Gleichzeitig betonte sie, daß Pflegende ihrer Meinung nach auf jeden Fall die notwendigen Dinge für den Patienten erledigen würden. Sie vertraute darauf, daß Pflegende sie immer dann unterstützen würden, wenn sie auf deren Hilfe angewiesen sei. Gerade diese Unterstützung erwartete sie auch von den Pflegenden. Des weiteren sollten Pflegende freundlich mit dem Patienten umgehen, auch einmal einen Witz machen können und ab und zu auch darüberhinaus mal ein Gespräch mit dem Patienten führen. Frau I. hob allerdings hervor, daß die Initiative zur Gestaltung eines guten Verhältnisses vornehmlich von ihr selbst ausging und sie, wann immer es ihr möglich war, Pflegenden bewußt Arbeiten abnahm. So half sie beispielsweise allen Mitpatientinnen im Zimmer bei der Morgentoilette und stellte dann anschließend die Waschschüsseln wieder so zusammen, daß die Pflegenden diese nur noch abholen mußten. Im weiteren Verlauf des Gespräches fragten wir Frau I. dann, wie sie die Situation einschätzen würde, wenn sie selbst bettlägerig wäre und auf die Hilfe der Pflegenden angewiesen sei. Zu unserem Erstaunen antwortete Frau I. nur recht zögerlich auf unsere Frage und sagte:

„Ja, dann sähe es vielleicht anders aus."

Leider gelang es uns nicht, Frau I. dazu zu bewegen, uns die Gründe für diese Zweifel näher zu erläutern. Lediglich mit einigen Sätzen konnte sie Erwartungen an Pflegende in einer solchen Situation beschreiben.

„Vom Pflegepersonal erwartet man dann eigentlich mehr Zuwendung, wenn man selber, wollen wir mal sagen, wenn ich nicht mehr aufstehen kann und wenn ich gewaschen werden muß und wenn ich Hilfe brauche."

So hatten wir den Eindruck, daß durch diese Frage Zweifel an dem positiv gezeichneten Bild von Pflegenden geweckt worden waren. Die aufgekommenen Zweifel versuchte sie dann jedoch wieder abzuschwächen, indem sie betonte, daß sie immer ein recht gutes Verhältnis mit den Schwestern hatte und stets die Unterstützung erhalten habe, die sie benötigte.

Wir hatten in einem telefonischen Vorgespräch Frau I. über das Thema des Gespräches informiert, und sie schilderte uns zu Beginn des Gespräches eine Situation, die 30 Jahre zurück lag und in der sie negative Erfahrungen mit Pflegenden gemacht hatte. So nahm das Gespräch einen recht erstaunlichen Verlauf für uns, denn in den ersten 15 Minuten schilderte Frau I. uns Begebenheiten, die das doch eigentlich so positive Bild von Pflegenden zu erschüttern schienen, während sie in den restlichen 55 Minuten kaum noch bereit war, die negativen Erlebnisse näher zu betrachten. Wir hatten damals den Eindruck, daß sie es ablehnte, über das Verhalten von Pflegenden zu urteilen, und wir haben daraufhin auch nicht mehr zielgerichtet unser Thema angesprochen und Frau I. die Gestaltung des Gespräches überlassen. So wurden die Begebenheiten, die sie anfänglich schilderte, zum Kernstück unserer Analyse.

II. Bearbeitungskomplex

Während des Gespräches konnten wir aus den Äußerungen von Frau I. entnehmen, daß sie sich teilweise alleingelassen oder vernachlässigt gefühlt hat. Daß sie die negativen Folgen lediglich andeutete, scheint uns vor allem vor dem Hintergrund verständlich, daß sie uns gegenüber eine gewisse Verschlossenheit in Bezug auf die Offenlegung ihrer Gefühle entgegenbrachte. Darüberhinaus schienen die Schilderungen von „negativen Erlebnissen" nicht zu dem Bild zu passen, das Frau I. uns ansonsten von Pflegenden zeichnete. Sie schilderte, daß sich für sie in Zeiten, in denen sie sich nicht von Pflegenden abhängig fühlte, gar keine negativen Folgen ergeben könnten, da sie dann auch keine Hinwendung zu ihrer Person und Unterstützung von Pflegenden brauchen würde.

> „Aber wie gesagt, mit dem Pflegepersonal direkt, ich mein, die haben mir nichts getan, die haben mir geholfen, aber ich bin immer noch selber aufgestanden, habe mich gewaschen und getan."

In den Zeiten, in denen sie sich von Pflegenden jedoch abhängig fühlte, traten durch das Verhalten von Pflegenden Gefühle des Verletztseins auf. Diese Gefühle jedoch wurden von Frau I. nur angedeutet, und uns erschien es beinahe, daß es ihr zu unangenehm war, die Gefühle näher zu beschreiben.

So sollen nun im folgenden die Situationen dargestellt werden, die Frau I. im Zusammenhang mit der Fragestellung schilderte. Im wesentlichen ging es dabei um drei Begebenheiten, in denen sich Pflegende nach Meinung von Frau I. nicht in ausreichendem Maße um sie gekümmert hatten, obwohl dies ihrer Meinung nach notwendig gewesen wäre. Die Situation, an die sich Frau I. am besten erinnern konnte, lag schon 30 Jahre zurück. Sie erzählte:

> „Also direkt vom Pflegepersonal geschädigt, das kann ich nicht sagen. Abgesehen von damals beim Blinddarm, aber das ist nun schon über 30 Jahre her, ja 30 Jahre jetzt her. Also das war sogar die Stationsschwester, die gab mir einen Einlauf, und während des Einlaufes – damals gab es ja noch diese, also das war ja anders als heute, diese Trichter und so weiter – unterhielt die sich mit einer Bettnachbarin und – wie soll ich sagen – auch über, naja, über ‚Das war ja nur eine Putzfrau‘, und das klang so abwertend, und das konnte ich erstmal gar nicht gut haben und dann achtete die gar nicht auf mich. Die kümmerte sich nicht um mich, und da wurde mir schlecht, mir wurde regelrecht schlecht, weil man zu der Zeit noch neun Tage stramm im Bett liegen mußte, und dann war man ja doch irgendwie schlapper. Ich sagte: ‚Mir wird schlecht‘, und da endlich kümmerte sie sich erstmal um mich, trotzdem sie ja die ganze Zeit neben meinem Bett gestanden hatte."

Weiter berichtete sie von einer ganz ähnlichen Begebenheit, die jedoch nur wenige Jahre zurücklag. Damals war ihr während des Waschens im Bad schlecht geworden.

> „Und mir wurde beim Waschen schlecht, und die Schwester hat mich dann aufs Bett gesetzt und sich auch nicht groß um mich gekümmert. Nein, damals habe ich keine Unterstützung bekommen, damals nicht."

Sie schilderte eine dritte Situation, die ebenfalls mit einer Form von Vernachlässigung zu tun hatte. Dabei ging es jedoch nicht um ihre Person, doch löste die Situation bei Frau I. Empörung aus.

> „Eine Patientin unterhielt sich abends mit der Nachtschwester, die kam rein, wie das so üblich ist. Die Nachtschwestern kommen ja abends rein und gucken, wenn sie ihren Dienst anfangen, dann kommen die in die Zimmer rein. Unter anderem sich vorstellen oder fragen, wenn was ist oder ja, und die hat sich mindestens eine Stunde mit dieser Patientin unterhalten, mindestens. Über Privat oder Belangloses oder was. Und dann auf einmal sagt sie: ‚Ja, jetzt muß ich wohl zu meiner Oma gehen und die sauber machen.‘ Die hatte sich vollgemacht und der hatte sie nur die Bettdecke drübergemacht, zugedeckt und liegengelassen. Und dann wirklich eine Stunde, also das

fand ich empörend, und ich muß sagen, das habe ich in den ganzen Jahren, wo ich später mal wieder im Krankenhaus lag, nicht wieder erlebt. So etwas."

Während des Gespräches haben wir wiederholt versucht, Frau I. dazu zu bewegen, uns zu erklären, welche Gefühle diese Erlebnisse in ihr hervorgerufen haben. Frau I. wich diesen Fragen allerdings aus, so daß wir hier an dieser Stelle die Situationen recht isoliert stehen lassen müssen. Auch auf unsere Fragen, ob sie sich erklären könnte, warum sich Pflegende in diesen Situationen so verhalten hätten, gab uns Frau I. keine Erklärungen, sondern äußerte ein gewisses Unverständnis. Uns erstaunte in diesem Zusammenhang, daß sie tatsächlich überhaupt keine Erklärungen gab und somit das Verhalten der Pflegenden für sich weder entschuldigte noch eindeutig verurteilte.

Daß andere Patienten durchaus einmal mit Pflegenden Konflikte austragen würden, erklärte sie sich damit, daß diese Patienten in gewisser Weise die Konflikte „provozieren" würden, doch habe sie nur selten erlebt, daß Pflegende dann beispielsweise gereizt reagierten. Festzuhalten bleibt, daß Frau I. uns über solche Konflikte nichts berichtete.

III. Bearbeitungskomplex

Frau I. durften wir als eine Person kennenlernen, die sich trotz einer gewissen Zurückhaltung bereit erklärt hatte, an einem Gespräch mit uns teilzunehmen. Dabei stellte sie sich als einen bescheidenen und nicht fordernden Menschen dar, der stets bereit ist, sich für die Belange anderer einzusetzen und andere Menschen tatkräftig zu unterstützen. Daß diese Unterstützung auch dem Aufbau eines guten zwischenmenschlichen Verhältnisses diente, zeigte sie uns an Beispielen aus der Pflege. So kann es aber an dieser Stelle nur spekulativ bleiben, in welcher Tiefe ein Verhältnis zwischen ihr und den Pflegenden aufgebaut wurde. Sowohl während des Gespräches als auch beim anschließenden Hören der Tonbandaufnahme und dem Lesen des Interviews bekamen wir den Eindruck, daß Frau I. eher ein „oberflächliches" Verhältnis zu Pflegenden begrüßte und so auf eine gewisse Art und Weise sich mit einem „Schutzmantel" umgab, damit diese nicht an ihre Person herankamen. Von Pflegenden selbst erwartete sie im wesentlichen, daß diese ihr gegenüber freundlich auftreten. Mit den doch sehr bescheidenen Ansprüchen an die Pflegenden hängt sicherlich in einem gewissen Maß auch der Umstand zusammen, daß Frau I. sich von Pflegenden außer in den beschrieben drei Situationen nicht geschädigt oder verletzt fühlte. Die Anmerkung jedoch, daß sie nicht wisse, wie es sein würde, wenn sie tatsächlich einmal pflegeabhängig wäre, ließ uns vermuten, daß in Frau I. doch Befürchtungen bestanden, daß dann vielleicht die Möglichkeiten einer Schädigung oder Verletzung höher sein könnten. Diese Zweifel sind unserer Meinung nach auch in Verbindung mit ihren Schilderungen zu sehen, in denen sie uns immer wieder berichtete, daß sie den Pflegenden sehr viel Arbeit bewußt abnahm und so eine gewisse Vorleistung erbrachte. Die Überzeugung von Frau I., daß Pflegende den Patienten das Verhalten entgegenbringen, das auch ihnen entgegengebracht wird, legte für uns schon während des Gespräches die Vermutung nahe, daß Frau I. sich selbst durch ihre aktive Mithilfe vor Schädigungen und Verletzungen schützte.

4.2.6   Beschreibende Darstellung von Interview 6

I. Bearbeitungskomplex

In unserem sechsten Interview sprachen wir mit einem 51jährigen Leiter einer Selbsthilfegruppe, der schon in früher Kindheit an einer chronischen Krankheit erkrankt war.
Aufgrund der Erkrankung litt Herr J. auch zum Zeitpunkt des Interviews unter erheblichen Einschränkungen in Sprache und Bewegung. Diese Behinderungen hinderten ihn
auch daran, seinem erlernten Beruf, den er über 20 Jahre im Krankenhaus ausgeübt hatte,
weiter nachzugehen. Herr J. zeigte schon in den Vorgesprächen ein besonderes Interesse
an unserer Befragung. Er sah es als „seine Pflicht" an, gerade jüngeren Menschen durch
seine Lebenserfahrungen weiterzuhelfen und so Verbesserungen in der Versorgung kranker Menschen voranzutreiben. So berichtete er uns, daß er sich schon im Vorfeld überlegt
habe, wie die Versorgung des chronisch erkrankten Menschen im Krankenhaus optimiert
werden könne. Er selber machte auf uns trotz seiner Sprachbehinderung einen selbstbewußten Eindruck. Herr J. wies uns darauf hin, daß er sich aktiv mit den Problemen seiner
Krankheit auseinandergesetzt habe und deshalb heute in der Lage sei, auch anderen Menschen mit gleichartigen Problemen zu helfen. Seine engagierte Tätigkeit in der Selbsthilfegruppe biete ihm daher optimale Möglichkeiten, sich für die Belange chronisch er-
krankter Menschen, um die sich ansonsten keiner kümmern würde, einzusetzen.

Seinen Eindruck, daß die persönlichen Interessen der einzelnen Patienten innerhalb
der medizinischen Versorgung keine Berücksichtigung finden, drückte er auch in den Beschreibungen seiner Vorstellungen über Pflege aus. So sah er die Hauptaufgaben der Pflegenden darin, „den Anordnungen des Arztes Folge zu leisten". Er sagte:

> „(...) und das gilt auch noch heute. Den Anweisungen des Arztes muß unbedingt
> Folge geleistet werden. Und wenn der Arzt sagt: ‚Die Frau wird aufgenommen', dann
> hat das Pflegepersonal nicht zu sagen: ‚Sie wird nicht aufgenommen.' (...) Wissen
> Sie, das läuft ja ab: Morgens gehen die Ärzte je nach Hierarchie durch. Stationsarzt,
> und hin und wieder ist der Oberarzt dabei oder einmal in der Woche der Chefarzt, der
> hat natürlich das Generalsagen; und die Stationsschwester mit ihrem Ding, mit ihrem
> Block. Und schreibt auf: Der Mann kriegt von der und der Pillensorte. Zusätzlich
> machen wir mal ein EEG oder mal ein EKG und so weiter. Grundsätzlich hat das
> Pflegepersonal keine eigene Meinung zu haben. Die Ärzte würden sich dagegen ver-
> wahren. Das ist ja vielleicht ganz gut so. Und deshalb sag ich auch immer, es wäre
> ganz gut, wenn Gegenpole geschaffen würden. Daß man sagt: ‚Ginge es denn auch
> nicht anders herum?'"

Gerade eine Instanz in der Krankenhaushierarchie, die die Interessen der Patienten
gegenüber den Ärzten vertreten könne, wurde von Herrn F. während seiner Krankenhausaufenthalte schmerzlich vermißt. Zu verschiedenen Zeitpunkten des Gespräches deutete
er an, daß die Berufsgruppe der Pflegenden hierzu eventuell einen wesentlichen Beitrag
leisten könne. Um diese Funktion im Krankenhaus übernehmen zu können, müsse jedoch
die Ausbildung der Pflegenden wesentlich verbessert und die Weisungsbefugnisse des
ärztlichen Dienstes gegenüber dem Pflegepersonal eingeschränkt werden. Diese Überlegungen bezeichnete er als eine Art „Zukunftsvisionen". Aber auch für die Gegenwart
entwickelte er konkrete Vorstellungen, wie die pflegerische Versorgung verbessert werden könnte. So müsse bei der pflegerischen Versorgung nicht nur die Krankheit des Patienten im Mittelpunkt stehen, sondern der ganze Mensch.

„Krankheit ist nach meinem Dafürhalten etwas, das die Natur uns zeigt: Kinder, so geht es nicht. Und da kann ich nicht irgendwelche – und das ist das Problem eben, das man wohl heutzutage – und das ist das große Problem, kuriert man immer nur an den Symptomen herum, sieht aber gar nicht, daß ein Mensch krank ist. Sein Verhalten und so weiter."

Einen wesentlichen Ansatzpunkt zur Verbesserung der pflegerischen Versorgung sah er daher im Aufbau einer „kameradschaftlichen" Beziehung zwischen Pflegenden und Patienten.

„Wo ist da die Grenze des Erträglichen? Und das meine ich einfach: eine gute Kommunikation – ich will ja als Patient nicht mehr – daß ich das Gefühl hab, gut aufgehoben zu sein. Nichts anderes! Und einen Menschen zu haben, wo ich weiß, an den da kannst du dich anlehnen und das ist kein fünftes Rad am Wagen der Klinikleitung."

Auch sollten sich Pflegende seiner Meinung nach mehr mit den Persönlichkeiten der Patienten auseinandersetzen.

„Ich glaube, das Pflegepersonal sollte auch so'n bißchen auch Verantwortung – hätte ich bald sagen – oder Psychologie oder was weiß ich lernen – und nicht nur: Wie teile ich Pillen aus – und wenn irgendwie jemand [Patient] etwas macht, daß er hinterfragt: ‚Warum macht der das?'"

Auch könnten Pflegende den Patienten Hilfestellungen bei der Krankheitsverarbeitung geben.

„Und darum sag ich auch: Heutzutage geht man davon aus, ein Pfleger bzw. Schwester: ‚Hand in der Tasche und Faust' aber soviel wie möglich den Patienten selber machen lassen. Ne, damit er so schnell wie möglich wieder selbständig wird."

Da Herr J., aufgrund seiner früheren Tätigkeiten im Krankenhaus ein konkretes Bild von dem entwickeln konnte, was Pflegende unter den gegebenen strukturellen Bedingungen für ihn leisten können, fühlte er sich von konkreten Einzelhandlungen Pflegender auch keineswegs geschädigt oder verletzt, obwohl er auch Unterschiede im Verhalten einzelner Pflegender erkannte.

„Und somit muß der Patient natürlich auch verstehen, daß ne' Krankenschwester oder ein Pfleger nicht immer – jeden Tag – gleich gut drauf ist. Daß er, wie man im Volksmund sagt, auch einmal mit dem falschen Bein aus dem Bett gestiegen ist, eventuell einmal Probleme zuhause hat, in der Familie oder, was weiß ich, die Tochter ne' schlechte Arbeit geschrieben hat, die Frau, vor ehelichen Problemen und so weiter; und daß er dann nicht himmelhoch jauchzend im Krankenhaus; da kann man nun mal nicht. Ein Pfleger ist ja ein Mensch und kein Roboter."

Deshalb berichtete er in seinen Ausführungen zu unserer Fragestellungen auch mehr von negativen Auswirkungen, die durch die Organisation Krankenhaus bei ihm hervorgerufen wurden. Beispiele, in denen er Einzelhandlungen von Pflegenden als schädigend oder verletzend erlebte, führte er zu keinem Zeitpunkt des über 90minütigen Gespräches an.

II. Bearbeitungskomplex

Die Auswirkungen, die durch das allgemeine Handeln von Pflegenden innerhalb der Organisation Krankenhaus bei ihm hervorgerufen wurden, beschrieb Herr J., indem er sagte:

> „Ich meine einfach, daß gerade in der Krankenpflege – ich bin kein Auto, das kann ich zur Reparatur irgendwo hinbringen, nach [Name eines Autohauses] und sag: ‚Ich brauch ne' neue Achse.' Ne, ich bin ein Mensch, mit Gefühlen und so weiter. Und da hat man, bitte schön, auch Rücksicht drauf zu nehmen."

Dieser Eindruck, daß er im Krankenhaus vornehmlich als „Objekt" betrachtet wurde, konkretisierte er, indem er uns schilderte, wie er das allgemeine Verhalten von Pflegenden ihm gegenüber erlebt hatte.

> „Aber die Realität sieht so aus, daß alle, die sich im Augenblick für Sie verantwortlich fühlen, das sind a) die Eltern, b) die Kindergärtnerinnen, c) Lehrer, aber dann auch, wenn es ganz hart kommt, auch Schwestern, Pfleger und Ärzte. Daß die teilweise den Fall nur sehen und natürlich ja keine Fehler machen. Ne, und daß derjenige da wahnsinnig drunter leidet, daß er anders gesehen wird als seine Umgebung. Er wird von vornherein als Idiot abgestempelt, sagen wir mal so. Oder als Behinderter, das ist vielleicht der bessere Ausdruck."

In diesem Zusammenhang erlebte er manchmal eine Bevormundung durch das Personal.

> „Da heißt es eben mehr oder weniger, jedenfalls hab ich das immer so erlebt, nach dem Motto: ‚Achten Sie auf meinen Daumen.' Ne, und das ist böse; hab ich als böse empfunden."

Durch das Bewußtsein, daß der Patient im Krankenhaus einen sehr untergeordneten Status in der Hierarchie einnimmt, erlebte er sich in der Organisation Krankenhaus recht „hilflos" und „alleingelassen".

> „(...), ob ich nun im Krankenhaus lag oder ein anderer Betroffener, fest steht, daß sie alle sich so'n bißchen alleingelassen fühlen. Daß eben halt da die Ärzte sind, als Hierarchie; ich möchte mal sagen, die sehr wohl – mal sagen: dann geben wir hier ne' Pille mehr und so weiter – sind teilweise überbelastet; da das Pflegepersonal, und dann geht es immer eine Stufe weiter."

Dieses Erleben beschrieb er noch genauer auf folgende Frage:

> *„Behält man davon etwas zurück, oder schädigt einen das, wenn man im Krankenhaus so isoliert wird und mit keinem reden kann?"*

> „Ja! Das sehr! Sie sehen sich nachher als Einsiedler. Sie gehen dahin – und das ist schade – einfach ein Krankenhaus müßte einfach – so seh ich das – ein Haus sein, wo es einfach genauso vorgeht wie in einer kleinen Gemeinde. Bloß eben mit dem Schwerpunkt, die Krankheit zu heilen. Da aber – in der hiesigen Hierarchie werde ich einfach so ein bißchen an die Seite geschoben; ich habe nichts anderes zu tun, als in meiner Freizeit vielleicht mal eine Zigarette zu rauchen, auf den Flur zu gehen oder Mühle zu spielen oder auf Besuch zu warten, der vielleicht kommt oder vielleicht nicht kommt. Und da fühlt man sich sehr alleine. Das muß ich ehrlich sagen."

Die vorangegangenen Zitate machen deutlich, daß Herr J. den Hauptgrund dafür, daß er das Verhalten von Pflegenden auf diese Art und Weise erlebte, in den hierarchischen Krankenhausstrukturen erkannte. Einen anderen Einfluß auf sein Erleben sah er in der hohen zeitlichen Beanspruchung des Pflegepersonals durch Routinetätigkeiten.

„(...); aber ich kann es mir auch sehr wohl vorstellen, daß jemand keine Zeit dazu hat, mal meinetwegen 10 Minuten mit jemanden zu sprechen und ihn aussprechen zu lassen; und die Sorgen, die er vielleicht auch in seiner Umgebung hat, sich anzuhören."

An einer anderen Stelle verwies er darauf, daß er auch Unterschiede im Verhalten einzelner Pflegender erlebt habe.

„So kann man nicht von ‚die' oder ‚das' Pflegepersonal sprechen. Man muß differenzieren. Einfach, wie jemand seinen Beruf sieht und eventuell, was für Anlagen er hat. Manchmal hab ich mir ehrlich aber schon gesagt: diejenige oder derjenige hätte besser Straßenfeger, Putzhilfe oder was weiß ich werden sollen als Pfleger. Bloß ne, da hab ich nur so mit dem Kopf geschüttelt. Daß man eben keinen Kontakt bekam zu dem Pflegepersonal. Ich hab wieder anders herum auch wieder Schwestern kennengelernt, da konnte man auch mal ins Schwesternzimmer kommen, wenn einen der Schuh drückte."

III. Bearbeitungskomplex

Herr J. erkannte vor allem in den organisatorischen Rahmenbedingungen, die sich seiner Meinung nach im Krankenhaus in einer strengen Hierarchie bemerkbar machten, eine wesentliche Ursache dafür, wie er das Verhalten von Pflegenden erlebt hatte. Pflegende führten seiner Meinung nach nur Routinetätigkeiten oder Anordnungen des Arztes aus, ohne auf seine Individualität einzugehen. Aus diesem Handeln entstanden bei ihm Gefühle der Hilflosigkeit, des Ausgeliefertseins oder des Alleingelassenseins. Da er aufgrund seiner Erfahrungen, die er während seiner früheren Berufstätigkeit im Krankenhaus sammelte, genaue Vorstellungen von dem entwickelte, wie Pflegende sich gegenüber Patienten verhalten, hinterließen diese Gefühle bei ihm persönlich nicht so tiefe „Verletzungen". Vielmehr wurde er durch seine Erlebnisse darin bestärkt, sich aktiv für seine Belange einzusetzen. Jedoch wies er auch darauf hin, daß er zu Zeiten seiner Krankenhausaufenthalte eine Vertrauensperson, die seine persönlichen Interessen gegenüber dem Personal hätte vertreten können, vermißt habe. Inwiefern er glaubte, daß Pflegende diese Funktion hätten übernehmen können, blieb uns auch nach der Besprechung dieses Interviews noch undeutlich.

4.2.7   Beschreibende Darstellung von Interview 7

I. Bearbeitungskomplex

Im Rahmen des siebten Interviews konnten wir mit Frau K. ein 70minütiges Gespräch führen. Frau K. war 38 Jahre alt und seit zwei Jahren aufgrund einer chronischen Erkrankung in ärztlicher Behandlung. Vor eineinhalb Jahren mußte sie sich für vier Wochen einer Krankenhausbehandlung unterziehen. In dieser Zeit konnte sie ihre wesentlichen Erfahrungen mit Pflegenden sammeln. Frau K. war zur Zeit des Interviews in einer guten gesundheitlichen Verfassung und konnte ihren Beruf ausüben. Seit einem halben Jahr besuchte Frau K. die regelmäßigen Treffen einer Selbsthilfegruppe, um dort „Neues" über die Krankheit, die sie für unerforscht hielt, zu erfahren und sich mit anderen Mitgliedern über ihre Erfahrungen mit Ärzten auszutauschen. Zu Beginn des Gespräches verdeutlichte Frau K., warum sie sich bereit erklärt hatte, an unserer Untersuchung aktiv teilzunehmen. Sie sagte:

„Das muß ich ganz ehrlich sagen, da habe ich ganz miese Sachen erlebt, auch mit anderen Patienten, da könnte ich ein Buch von schreiben. Also wirklich, und darum habe ich mich auch dazu bereit erklärt, was ich da gesehen habe, die alten Leute wurden, ich würde sagen veräppelt, das war schon extrem."

Frau K. hielt sich für eine selbstbewußte Frau, die sich im Gegensatz zu anderen Menschen nicht scheue, ihre Meinung zu sagen. Sie ließe sich nur ungern etwas abnehmen und versuche zunächst, alleine mit den Situationen fertig zu werden. Von Vorteil sei, daß es ihr recht gut gelinge, sich den verschiedenen Situationen und Menschen anzupassen. Frau K. erläuterte uns gegenüber, daß ihres Erachtens die Gesellschaft ein gewisses Bild von kranken Menschen habe und daß sie sich in dieses Bild nicht einfügen wolle und daher sehr aktiv sei.

„Ich meine, heutzutage ist es ja oft so, daß ein Kranker schon gar kein Mensch mehr ist in der Gesellschaft, die wir jetzt bei uns haben. Und von daher würde ich sagen, ein Kranker ist eben eine halbe Portion irgendwo. Der kann sich eben nicht wehren, der ist den Leuten ausgeliefert."

Sie glaubte, daß sie sich in den Phasen, in denen sie aufgrund ihrer Erkrankung größere Einschränkungen hinzunehmen habe, nicht so erfolgreich wehren könne. In diesen Zeiten würden in ihr dann auch Gefühle wie beispielsweise die des sich Ausgeliefertfühlens auftreten.

Frau K. zeichnete, geprägt durch einen vierwöchigen Krankenhaushaufenthalt, ein recht negatives Bild von der Pflege und den Pflegenden. In dieser Zeit war sie nach eigenen Angaben in hohem Maße von den Leistungen der Pflegenden abhängig, da sie sich nicht richtig bewegen konnte. Trotzdem suchte sie stets nach Möglichkeiten, sich selbst zu versorgen, was primär damit zusammenhing, daß sie im Laufe der vier Wochen ein solch negatives Bild von den Pflegenden bekommen hatte, daß sie deren Hilfe auch nicht in Anspruch nehmen wollte.

„Ja, ich habe ja oft nicht gesehen, was die da machten, insofern, ich habe da nur einen negativen Eindruck von bekommen, denn das wenige, was ich gesehen habe, war nicht so besonders. Das bißchen, was ich gesehen habe, sagen wir mal, das war nicht besonders."

So nahm die Beschreibung ihres Bildes von Pflege einen ganz besonderen Stellenwert im Interview ein, und uns schien, daß dieses Bild recht eng mit unserem Thema zusammenhing. Aus diesem Grunde sollen hier die verschiedenen Facetten aufgezeigt werden. So glaubte Frau K., daß Pflegende lediglich dazu bereit seien, nur vorher festgelegte Aufgaben in einem bestimmten Zeitrahmen zu erfüllen. Sie sagte:

„Also für meine Meinung ist das Pflegepersonal, so wie ich das sehe, sind das welche, die die Betten machen, die Medikamente verabreichen, die einem das Essen hinknallen, ja nach Möglichkeit so schnell wie möglich wieder abräumen, damit sie – ich kannte den ganzen Turn inzwischen – da nichts gestört wurde und sonst, ich kann nicht sagen, daß das ein Pflegepersonal war, das waren irgendwelche Leute, die da, was weiß ich, gemacht haben."

Die Erfüllung ihrer Aufgaben würden sich nur auf die notwendigsten Dinge beschränken.

„Die sind nur da, wenn Sie sie wirklich benötigen, im Notfall, sonst ist da kein Mensch. Die machen Ihnen das Bett, das ist die höchste Dienstleistung, die die Ihnen da geben können, sonst passiert da nichts, glauben Sie es mir. Sonst passiert da nichts, darüber steht nichts mehr. Das Bett für Sie zu machen, das ist das höchste, was die Ihnen geben können. Und mehr nicht."

Neben dem Beschreiben der Aufgaben versuchte sie uns aber auch die Persönlichkeiten und fachlichen Qualifikationen von Pflegenden näher zu erläutern.

„Ja, jeder, der ins Krankenhaus geht, fühlt sich ja auch irgendwo von Ärzten erst mal schön abhängig, und dann kommt das Pflegepersonal, die meinen vielleicht, daß sie Ärzte zweiten Grades wären, also so in der Art. Die laufen auch manchmal rum wie der liebe Gott und haben wirklich stellenweise fachlich gesehen null Ahnung. Die wissen nicht beim Patienten, was der hat, inwiefern der Pflege gebraucht oder was er nötig hat. Die gucken und fragen am Tag: ‚Haben Sie Stuhlgang gehabt?', ja gut, und: ‚Die Tabletten müssen Sie auch noch nehmen' und machen einigen halt eben, wenn die ins Bett gemacht haben, das weg, und ansonsten bin ich der Meinung, das ist stellenweise ganz schlimm. Also ich fand es sehr schlimm. Obwohl ich hart im Nehmen bin und selbst von der Krankheit her – haben alle gesagt, sehr hart im Nehmen. Mich hat nicht schnell etwas gestört, aber ich fand es einfach unverschämt."

Auch im Umgang mit den Patienten würden einige Pflegende eine Haltung an den Tag legen, die ihr mißfiele.

„Ich habe das Gefühl, die kommen sich so vor, als ob das Wärterinnen wären oder so etwas. Als wenn die die Leute erziehen müßten. Ich denke mal, wenn das ein älterer Mensch ist, da muß ich Respekt vor haben und die haben einfach keinen Respekt, vor keinem Kranken, irgendwie keinen Respekt. Für die sind das Kranke und ein Kranker ist so ein minderbemittelter Mensch und so das Gefühl habe ich da. Ja, die gehen da einfach mit um, wie, ja, weiß ich nicht. Nicht irgendwie so ein bißchen einfühlsam, die sind einfach krank, gut, die müssen ihre Tabletten kriegen, die kriegt jetzt heute abend eine Spritze und diese und damit ist es gut. Das ist, ja, ich glaube, die sehen auch jeden gleich."

Nur an zwei Stellen hob Frau K. einmal hervor, daß sie auch durchaus einige gute Erfahrungen mit Pflegenden gemacht habe. In dem einen Fall berichtete sie von einer Krankenpflegeschülerin, die sich durch eine nette und freundliche Umgangsweise mit den Patienten auszeichnete, und versuchte im folgenden Gesprächsteil, Unterschiede zu anderen Pflegenden aufzuzeigen.

> „Das war eine, die war freundlich, die lachte, die hörte auch mal zu, und die anderen waren, wenn man denen mal etwas erzählen wollte oder so, die hatten da überhaupt keinen Bock drauf, überhaupt nicht, überhaupt keine Lust drauf. Denen ging das wahrscheinlich da rein und da wieder raus."

Weiter berichtete sie von einer Schwester, die nach ihrem Urlaub die Betreuung einer ältere Frau übernahm und als „einzige Schwester auf die Idee kam, diese Frau aus dem Bett zu holen und am Nachmittag in einen Stuhl zu setzen". Da Frau K. den Eindruck hatte, daß die anderen Schwestern einfach nur keine Lust dazu gehabt hatten, empfand sie die Pflege dieser Krankenschwester als sehr positiv.

Wie dieses sehr negativ geprägte Bild von Pflege und den Pflegenden deutlich machen kann, fand sich Frau K. von Beginn an gut im Thema zurecht, obgleich sie im Vorfeld nur wenige Informationen zum Thema erhalten hatte und erst im Laufe des Gespräches von der Ausrichtung und unserer speziellen Fragestellung hörte.

II. Bearbeitungskomplex
Bei unseren anfänglichen Beschreibungen hatten wir Frau K. als eine selbstbewußte und tatkräftige Frau beschrieben. Bedingt jedoch durch die Krankheit fühlte sie sich im Krankenhaus nicht in der Lage, diese Persönlichkeitszüge zu leben und erlebte sich selbst verändert.

> „Ich bin wirklich nicht frech oder was gewesen, ich bin da also so lieb und sanft gewesen, wie noch nie in meinem Leben, durch die Krankheit eben. Total ermattet, man kann nichts."

So sah sie, daß sie sich in dieser Phase der Krankheit nicht gegen das wehren konnte, was sie dort erlebte und täglich betrachten mußte.

> „Also ich habe zurückgesteckt, ja weil ich einfach keine Lust hatte, ich war viel zu abgeschlagen, um mich in irgendwelche Sachen da einzulassen. Ich bin also, man ist so kaputt und so krank, daß es mit im Prinzip – ich war nur müde, ich habe auch sehr viel geschlafen – ich habe auch keinen Bock gehabt irgendwie, und ich hatte auch keine Lust, mich mit denen anzulegen oder was. Ich meine, sonst würde ich das machen, wenn ich also normal da gewesen wäre."

Die Unfähigkeit, sich zu wehren, Gefühle des Ausgeliefertseins und der Ohnmacht riefen in ihr Wut und Zorn hervor. Um sich jedoch in der Zeit zu beruhigen, hielt sie sich folgende Tatsache vor Augen.

> „Ich habe also nur immer gefragt, wann komme ich hier raus, und ich habe auch nichts mehr dazu gesagt, weil ich wußte, also ich bin ja kein Pflegefall, und ich muß das nicht auf ewig erdulden, also ich war einfach nur froh, irgendwann kommst du nach Hause, und dann hat das nun wirklich ein Ende."

So zog sich Frau K. von den Pflegenden zurück, was sich nicht nur auf der Handlungsebene äußerte, indem sie beispielsweise die Pflegenden um nichts mehr bat, sondern auch in ihrem seelischen Befinden.

„Nein, ich hätte keinen mehr an mich rangelassen. Ich habe das immer abgeblockt, daß kein Personal so groß an mich ran kam, weil ich keine Lust mehr hatte auf diese Dinge."

Frau K. bewertete ihre Strategie des Rückzuges als die richtige Konsequenz und hoffte so, sich erfolgreich vor möglichen Schädigungen und Verletzungen zu schützen, auch wenn sie bemerkte, daß die Zeit im Krankenhaus für sie somit „kein Zuckerschlek-ken" gewesen sei. Zweifel kamen ihr vor allem, wenn sie sich vorstellte, daß sie vielleicht noch einmal ins Krankenhaus müsse und auf Hilfestellungen von Pflegenden angewiesen sei.

„Ich habe nur gesagt, ich hoffe mal, daß ich nicht eines Tages so elendig bin und nur auf die angewiesen bin, also dann glaube ich, ist es schon sehr schlecht."

Aus diesen Überlegungen heraus hoffte Frau K., daß sie in Zukunft das Krankenhaus meiden und auf alternative Behandlungsformen zurückgreifen kann.

„Also ich stelle mir eins vor, daß ein Mensch, der eine so negative Erfahrung gemacht hat im Krankenhaus, der irgendwann mal wieder krank wird, wo der Arzt sagt, es ist besser, Sie gehen ins Krankenhaus, daß der dann sagt: ‚Nein', und das finde ich eine Art Schädigung auch. Daß der sagt: ‚Nein' und so lange wie möglich versucht, zu Hause zu bleiben. Ich persönlich würde heute auch versuchen, jedes Ding irgendwo ambulant oder in einer Tagesklinik machen zu lassen, bevor ich mich ins Krankenhaus legen würde, ganz ehrlich."

Das Sich-Zurückziehen als „richtige Antwort" auf das Verhalten der Pflegenden betrachtete Frau K. zur Zeit des Interviews mit sehr gemischten Gefühlen und äußerte, daß sie noch heute Wut empfinde und sich wundern und zugleich ein wenig ärgern würde, daß sie damals alles so erduldet habe.

„Wenn ich mir so überlege, daß ich da so vier Wochen so stille gehalten habe, so still wirklich, keine Widerworte gegeben habe, da kann ich mich noch heute über mich selbst ärgern. Weil normalerweise, diesem einen Pfleger zum Beispiel, den hätte ich so auf die Füße treten müssen. Der hätte es richtig mal verdient, weil sonst sind da ja immer ältere Damen, die nicht mehr ganz so fit im Kopf sind, und ich bin ja ziemlich fit im Kopf, und dem mal so richtig Krabitz geben. Das würde ich gerne machen, aber man trifft sich ja immer zweimal im Leben."

Die Beschreibungen dessen, was sie als Schädigung oder auch Verletzung empfand, bezogen sich im hohen Maße auf das allgemeine Verhalten von Pflegenden, das hier nun noch einmal näher betrachtet werden soll. So empfand Frau K., daß sie von Pflegenden abhängig gewesen sei, die sich in die „Maschinerie Krankenhaus" gut eingefügt hätten. Sie sagte:

„Auch von dem Personal in einer gewissen Abhängigkeit zu sein, gerade auch wenn die dann abends wieder kamen, und ich kann es nicht beschreiben, diese Frechheiten manchmal, diese Kleinigkeiten, und gerade wenn man krank ist, und es gibt dann auch manchmal Momente, wo man eben halt ein bißchen empfindlicher ist, und wenn man da schon länger liegt, was die von einem erwarten im Prinzip, die sagen also regelrecht, hier ist kein Hotel. So etwas kriegt man dann zu hören, also hier ist kein Hotel. Man kommt sich vor wie in einer Maschinerie, das muß ich wirklich sagen, und ich bin an und für sich auch eine, die vieles selber macht und sagt o.k, die sind halt eben überfordert, aber das ist manchmal so, daß das wirklich auf den Patienten losgeht. Wenn die überfordert sind und halt eben auch nicht gut drauf sind, dann geht das schon auf die Patienten."

Was Frau K. hier mit den Worten „auf den Patienten losgeht" andeutete, konnte sie an späterer Stelle konkretisieren.

„Ja, da sind dann auch solche, die sind ja rabiater, die haben ja manchmal einen Ton am Leibe, da fällt Ihnen nichts mehr ein. (...) Wenn einer so gestreßt ist, dann würde ich das keinem übelnehmen. Wenn aber, es gibt so Feinheiten, wo man einfach das Gespür für hat, meint der das persönlich, ist der einfach nur bösartig, ist der einfach nur überreizt oder was. Wenn ich das Gefühl habe, da ist einer, der will, der geht einfach so gradezu auf die Kranken los, kann ich mal so sagen, dann habe ich auch kein Verständnis mehr dafür."

Die Rückzugstendenzen, die Frau K. während des Krankenhausaufenthaltes zeigte, wurden auch durch ganz konkrete Situationen ausgelöst. Mehrmals im Gespräch kam Frau K. auf einen Krankenpfleger zurück, der ihrer Ansicht nach ältere Menschen immer wieder „verarschen" würde.

„Total ironisch, und der hat sich also so, hat sich den Tag auf deren Kosten verschönert, wollen wir es mal so sagen. Das war wahrscheinlich der Ausgleich zu dem Streß, den er so hatte."

Weitere Erklärungen des Verhaltens und der Reaktion der Mitpatientinnen gegenüber diesem Krankenpfleger wurden von ihr folgendermaßen beschrieben:

„Ich habe nur gesehen, daß diese Menschen dann, diese anderen Kranken unterwürfig wurden so ein bißchen, wenn der dann da war. Das habe ich dann also bemerkt. Wenn der raus war, dann wurde die Luft abgelassen, aber wenn der da war und die etwas von dem wollten, dann wurde ‚Bitte Bitte' gemacht, so in der Art. Und ich glaube, daß der das ausgenutzt hat, und das ist – eben Spaß gemacht hat halt eben."

Frau K. erzählte, daß sie gesehen habe, daß eben dieser Krankenpfleger sich öfter über ältere Leute lustig machte; wie allerdings der Pfleger mit ihr umgegangen ist, beschrieb sie nicht. Daß das Verhalten jedoch einen recht starken Eindruck bei ihr hinterlassen hat, sollen folgende Zitate verdeutlichen.

„Also wenn es mir mal wirklich schlecht gehen würde, ich würde den wegjagen. Wenn ich es genau nehme, so wie ich bin, ich würde den wegjagen. Und würde irgendwie versuchen, mir das zu verbitten, daß der noch einmal an mein Bett tritt. Wahrscheinlich, wenn ich darauf angewiesen wäre, ja, da würde ich es mir verbitten, daß der mich anfaßt. Ja, ganz ehrlich."

„Also an den werde ich mich wahrscheinlich noch in hundert Jahren erinnern können. Den fand ich total daneben, und ich habe auch immer gesagt, wenn ich den mal irgendwann wieder in die Finger bekomme, da hätte ich wohl Spaß daran, mal so richtig fit."

Frau K. betonte, daß sie den Eindruck hatte, daß sich die Pflegenden nur selten um sie persönlich kümmerten. Im folgenden soll hier eine Situation wiedergegeben werden, in der Pflegende jedoch durch ihr Handeln die Rückzugstendenzen verstärken konnten.

> „(...) Die haben sich überhaupt nicht um mich gekümmert, in keinster Weise. Die haben, das Einzigste, worum die sich gekümmert haben, indem sie morgens gekommen sind, mein Bett machen wollten, und ich total matt, ich habe auch Rheuma, ich konnte mich nicht bewegen, daß heißt, du kommst ja gar nicht aus dem Bett raus und mich aus dem Bett geschmissen haben und ich am ersten Morgen gesagt habe ‚Versuchen Sie das morgen noch einmal, dann gibt es Theater. Versuchen Sie nicht noch einmal, mich aus dem Bett zu schmeißen.‘ Und dann war es gut, und ich konnte liegen bleiben, nur bei einigen Schwestern war es dann auch schon, daß die dann auch schon einen dummen Spruch darüber machten, wenn, daß ich morgens überhaupt liegengeblieben bin, und diese Unverfrorenheit, daß ich nicht aufgestanden bin, damit sie mein Bett machen konnten. Da habe ich mir hin und wieder schon einen dummen Spruch anhören müssen. Und dann habe ich mir die Bettdecke über den Kopf gezogen und gar nichts mehr gesagt.“

An dieser Stelle möchten wir die situative Ebene verlassen und Frau K.’s persönliche Bewertung der Pflegenden betrachten. So betonte sie mehrmals, daß sie wohl bemerkt habe, daß nur sehr wenig Personal für die Betreuung der Patienten zur Verfügung gestanden habe und die Pflegenden aufgrunddessen oft den Eindruck der Überforderung bei ihr hinterlassen hätten. Sie machte aber auch deutlich, daß dieser Erklärungsversuch nicht für all die Verhaltensweisen von Pflegenden, die sie erlebt hatte, ausreichend war.

> „Nein, die sind überlastet, überfordert mit dem Ganzen, ich glaube auch, die Ärzte verlangen denen auch eine ganze Menge ab. Überfordert, und ich glaube auch, daß es eine Menge gibt, die ihren Beruf verfehlt haben. Ja, das glaube ich einfach. Die erkenne ich einfach, das ist doch ein Gefühl, meiner Meinung nach. Ich sehe, ob da einer mit Liebe und Herz dabei ist oder ob das nur einer macht, weil er am Ersten des Monats sein Gehalt auf das Konto bekommt. Das merkt man, das spürt man.“

Neben der ihrer Meinung nach fehlenden Eignung zum Beruf hob sie an einer anderen Stelle noch einmal den Zusammenhang zwischen der fehlenden Zeit und der nicht vorhandenen Lust zu Arbeit hervor.

> „Ja, keine Zeit und keine Lust, beides. Ich meine, wenn die keine Lust dazu hatten in dem Moment, die waren immer schon wieder auf dem Sprung. Das Gefühl hatte ich immer. Die waren immer auf dem Sprung ins nächste Zimmer. Und die waren auch immer so schnell drin und wieder raus.“

Im folgenden versuchte Frau K., auch die Lustlosigkeit und das Desinteresse an der Arbeit zu begründen.

> „Ich weiß nicht, dieser Job, dadurch stumpft man auch tüchtig ab. Ich meine, wenn man da jeden Tag, ich sage mal, den Leuten den Hintern abwischen muß oder da die Spritze gibt und das ganze Elend da sieht oder auch nicht sieht, ich meine, daß die sehr abstumpfen. Die stumpfen auch im Prinzip der Krankheit und des Krankseins gegenüber ab, was nicht unbedingt nur mit dem einzelnen Menschen zu tun hat. Einfach nur dieses Abstumpfen gegen das ganze Elend, gegen die Krankheit und gegen

den ganzen Schitt da. Ich glaube, das ist es. Und daß die im Prinzip auch das hassen, daß es so ist und daß sie so einen Job machen. Dieses ganze Elend, was die da sehen. Da haben die einfach überhaupt keinen Bock drauf, die meisten."

An dieser Stelle soll auch noch einmal hervorgehoben werden, daß Frau K. dem Verhalten, das sie selbst als „auf die Kranken losgehen" bezeichnete, kein Verständnis entgegenbrachte, dieses Verhalten auch nicht mit zeitlichen Aspekten erklärte und gänzlich ablehnte.

III. Bearbeitungskomplex
Während dieses Gespräches wurde uns teilweise sehr drastisch vor Augen geführt, wie Frau K. Pflegende erlebte und deren Verhalten bewertete. Daß Frau K. nicht nur viele negative Erfahrungen sammeln konnte, sondern auch sich selbst als verändert im Krankenhaus und diese zeitweilige Veränderung ihrer Persönlichkeit als nachhaltig negativ erlebte, legt für uns die Vermutung nahe, daß die pflegerische Betreuung hier erhebliche Mängel aufgewiesen haben könnte. Dabei ist nicht nur festzustellen, daß Frau K. nach eigenen Schilderungen keine Orientierung an ihrer Person erfahren hat, sondern auch, daß viele der Begebenheiten in der Form geschildert wurden, daß ein aggressives Verhalten von Pflegenden angenommen werden kann. So möchten wir hier noch einmal einige Begriffe bzw. Redewendungen herausstellen, die in unmittelbarer Abhängigkeit von den jeweils erzählten Situationen standen: „alte Leute verarschen", „einen Ton am Leibe", „bösartig", „auf Kranke losgehen", „überreizt", „dumme Sprüche". Gerade diese Verhaltensweisen stießen bei Frau K. auf Unverständnis, und wir konnten ihre Gefühle, wie Wut und Zorn, die durch die Situationen hervorgerufen wurden, noch während des Interviews sehr deutlich spüren. Bisweilen gingen diese Gefühle sogar so weit, daß von Frau K. „Rachegedanken" geäußert wurden. Auf uns machte dieses Interview einen besonders starken Eindruck, da wir erahnten, wie ohnmächtig sich Frau K. in den genannten Situationen gefühlt haben mußte. Sie konnte sich nach eigenen Angaben aufgrund des Krankheitsverlaufes nicht immer aktiv gegen Verhaltensweisen von Pflegenden wehren und wurde so oft zu einer Beobachterin, die nicht in der Lage war, in das Geschehen einzugreifen bzw. Dinge so zu verändern, daß diese angenehmer für sie wurden. Dadurch, daß sie unvorbereitet und plötzlich der Situation im Krankenhaus ausgesetzt war und ihr Selbstbewußtsein schon allein durch die Krankheit abnahm, fühlte sie eine starke Hilflosigkeit, die sie sonst im Leben wahrscheinlich wesentlich besser bewältigen kann. Erschreckenderweise konnten die Pflegenden Frau K. nicht in ihren Bewältigungsprozessen unterstützen, sondern leiteten zum Teil sogar die deutlichen Rückzugstendenzen ein.

4.2.8   Beschreibende Darstellung von Interview 8

I. Bearbeitungskomplex
In unserem achten Interview sprachen wir mit einem 55 Jahre alten Mann, der aufgrund seiner chronischen Erkrankung und der damit verbundenen Gehbehinderung seit circa neun Jahren auf den Rollstuhl angewiesen war. Die gesundheitlichen Einschränkungen hinderten ihn auch daran, einen Beruf auszuüben. Bei der Gestaltung seines Tagesablaufes war er täglich auf Pflege angewiesen. Diese Pflege wurde zum überwiegenden

Teil von seiner Frau und darüber hinaus von einem Zivildienstleistenden, der ihm zweimal täglich und bei Bedarf zur Verfügung stand, gewährleistet.

Eine Besonderheit an dem über 60 Minuten andauernden Gespräch war, daß seine Frau während der gesamten Zeit anwesend war. Nicht nur durch diesen Umstand wurde uns deutlich, wie eng die Beziehung zu seiner Frau war, die ihm 24 Stunden zur Seite stand. Herr L. machte auf uns während des gesamten Gespräches einen sehr ruhigen, ausgeglichenen und zufriedenen Eindruck. Er selbst charakterisierte sich ähnlich.

„(. . .); ich bin ein ganz ruhiger Mensch, und ich rede nicht immer soviel wie heute. [Lachen] Na klar, ich bin, ich muß das erst mal alles so gucken, sehen und bin auch so im Krankenhaus zurückhaltend. Ich stelle auch keine großen Ansprüche."

Herr L. drückte zur Zeit des Interviews seine Zufriedenheit mit seiner Situation auch damit aus, daß er häufiger darauf hinwies, daß er am liebsten in seiner häuslichen Umgebung sei. Aufgrund dessen ließe er auch Therapien, die normalerweise stationär im Krankenhaus durchgeführt würden, ambulant machen.

„Aber der [der Arzt] sagt natürlich, wenn ich will, kann ich auch ins Krankenhaus, aber ich bin ja lieber zu Hause."

Seine häusliche Versorgung wurde von ihm als so gut bewertet, daß er auch vor einer Verschlechterung seines Gesundheitszustandes keine Angst hatte. Auf die Frage nach seinen Gefühlen bei verstärkter Pflegeabhängigkeit antwortete er:

„Ja, ein ganz gutes Gefühl, weil ich eine Frau habe. Die würde das alles machen. Aber ich weiß nicht, da denke ich im Moment gar nicht dran."

Trotz der starken, vor allem körperlichen Auswirkungen seiner Krankheit ist diese nicht zum Mittelpunkt seines Lebens geworden. So berichtete er uns, daß er nach mehrjähriger Mitgliedschaft die Selbsthilfegruppe verlassen habe, weil hier immer nur über die Krankheit gesprochen würde. Er selber wollte sein Leben so gestalten, wie er es auch getan hätte, wenn er nicht erkrankt wäre. Deshalb engagierte er sich in mehreren Vereinen, in denen seiner Krankheit nach seinem Empfinden keinerlei Bedeutung beigemessen werde.

Aufgrund seiner Erkrankung befand sich Herr L. in den letzten Jahren jedoch häufiger in stationärer Behandlung. Auch schon vor der Diagnose seiner chronischen Erkrankung konnte er aufgrund mehrerer größerer Operationen verschiedene Erfahrungen in Krankenhäusern sammeln. Bei der Gesamtbeurteilung der Qualität verschiedener Krankenhäuser maß er der Pflege nicht zuletzt aufgrund seiner starken Pflegeabhängigkeit eine große Bedeutung bei.

„(. . .) und als erstes denkt man dann daran, wie wirst du behandelt vom Pflegepersonal. Wie sind die zu dir, freundlich oder nicht so freundlich oder – das ist dann, denn wenn man in eine fremde Klinik hereinkommt und das Pflegepersonal ist also super, die einem helfen und tun und machen, dann ist ja schon die vier Wochen, die man da macht, die Reha-Maßnahme, die ist ja schon zu 90 Prozent gut gelaufen."

Den Schwerpunkt der pflegerischen Tätigkeiten erkannte Herr L. in der Unterstützung bei den Verrichtungen des täglichen Lebens, die er nicht selber ausführen konnte. Aufgrund einer Vielzahl von Erfahrungen mit Pflegenden prägte sich bei ihm die Vorstellung, daß in der Regel Pflegende in „Hetze und Eile" arbeiten und oft die Wünsche der Patienten vernachlässigen, die über die Ausführung der Routinetätigkeiten hinausgehen. So sagte er:

> „(…) dann hörte man also immer, wie die draußen gelaufen sind. Die machten wirklich vieles im Laufschritt. Da war also nicht viel Zeit, und mal mit einer Schwester zu reden und so, also das ging gar nicht."

Und gerade zwischenmenschliche Kontakte zum Pflegepersonal wünschte sich Herr L. mehrmals.

> „Wenn man da mal jemanden gehabt hätte, der wirklich mal zu einem gekommen wäre und beim Waschen sich mal mit einem unterhalten hätte, aber das ging ja nicht, das lief ja alles wie am Fließband, da warteten immer fünf andere drauf, die auch noch gewaschen werden mußten."

Besonders positive Erinnerungen hatte er an einen Krankenpfleger, der seine persönlichen Bedürfnisse erkannte, ohne daß er ihn darauf aufmerksam machen mußte.

> „Hier zum Beispiel bei der Gallenoperation war hier ein Pfleger, der G., das war auch im Sommer, der kam an nach drei Tagen und sagte, der kam auf einmal mit einem Müllsack an und sagte ‚So, jetzt gehen wir duschen'. Ja, sage ich, das ist prima. Da hat er das abgemessen vom Müllsack, dann dadrauf mit Hansaplast, fertig und dann auf den Duschstuhl drauf, und dann hat der mich da abgeduscht. Das war herrlich!"

Herr L. nähert sich unserem Thema, indem er uns eine Vielzahl von erlebten Situationen schilderte, die ihm ganz offensichtlich mißfallen haben. Seine Schilderungen waren handlungsbezogen. Welche Gefühle er in den Situationen gehabt hatte, beschrieb er nur indirekt. Viele der als negativ erlebten Situationen bezogen sich auf Pflegende in einer Klinik, die er aufsuchen mußte, als er aufgrund seiner Erkrankung im hohen Maße pflegeabhängig war.

> „Als das angefangen hat mit [Name der Erkrankung], da lag ich ungefähr vier Wochen praktisch auf dem Rücken und konnte mich gar nicht bewegen. Und da wurde ich dann eben halt gefüttert, gewaschen, rasiert, gekämmt und alles, was dazu gehört."

II. Bearbeitungskomplex
Herr L. sagte uns, daß ihm einige Verhaltensweisen von Pflegenden mißfallen haben und häufiger Wünsche, die er an das Pflegepersonal richtete, nicht erfüllt wurden. Innerhalb der Situationsbeschreibungen deutete er häufiger an, daß er sich des öfteren „unterversorgt" gefühlt habe. Er sagte:

> „Da mußte man schon sehen, daß man da alleine zurecht kam."

oder:

> „Daß man da – man hat da auch immer das Gefühl, das geht alles schnell schnell, und wenn man dann noch irgendwie eine Bitte hat, daß man – von mir aus die Zehen-

nägel schneiden, dann – das ist jetzt nur ein Beispiel – man wagt da gar nicht zu fragen."

Besonders in den Krankenhäusern, in denen er die Pflegenden allgemein als „lustlos" einstufte, stellte er seine Wünsche an das Pflegepersonal, die ohnehin sehr bescheiden waren, noch weiter zurück. In diesem Zusammenhang sagt er einmal, daß er sich „blöd" gefühlt habe.

„Ja blöd. Man sieht ja auch sofort – und wenn man zum Beispiel ins Krankenhaus kommt – bei den ersten Sachen sofort, wie das ist. Und wenn man sieht, daß da die Leute so lustlos sind, dann – also so geht es mir – dann versuche ich die so wenig wie möglich zu stören. Das machen andere Patienten dann auch, weil die genau dir sagen, das bringt sowieso nichts, ob du da nun schellst, dann kannst du es besser alleine machen. Oder es gibt zum Beispiel Mitpatienten, die einem dann helfen, anstatt eben eine Schwester oder ein Pfleger. Das gibt also, das geht immer, man weiß dann die, ach, die kommt dann sowieso, es dauert sowieso ewig, oder dann läßt du es halt sein, und dann kommt eben ein Mitpatient."

Deutlicher drückte er seine Gefühlslage bei der Schilderung einer Situationen aus, in der Pflegende mit ihm in einem Ton sprachen, den er sich nicht erklären konnte.

„Also wenn ich das dann höre, dann geht mir die Hutschnur hoch. Die sollen doch auch – gut, wenn man sich nicht bewegen kann, dann ist man doch noch fit in der Platte, so sollen die doch auch mit einem reden. Ich glaube, in der Neurologie sind sowieso viele mit Schlaganfall und so, das hat sich da so eingebürgert in der Neurologie, daß die dann manchmal so mit einem reden, als wenn man ein kleines Kind wäre."

Eine Situation, in der er um die Unterstützung des Pflegepersonals beim Baden „kämpfen" mußte, war Herrn L. besonders gut in Erinnerung geblieben. In einer Zeit, als er schon länger auf den Rollstuhl angewiesen war, kam er auf eine Krankenstation, auf der er bei früheren Aufenthalten am Wochenende immer Hilfe beim Baden bekommen hatte.

„(. . .) und dann in der Zeit hat sich das so verschlechtert, dann bin ich da einfach hin, bin ins Badezimmer mit dem Rollstuhl – als ich dann so einigermaßen wieder konnte – bin ich dann mit dem Rollstuhl ins Badezimmer und habe mich soweit ausgezogen, wie ich es eben alleine machen konnte, und hab dann geschellt. Dann kam eine Schwester und fragte: ‚Herr L., was machen Sie denn hier?' Und da habe ich gesagt: ‚Ich möchte gerne baden'. Ja, und so habe ich die dazu gekriegt, daß die mit mir dann gebadet hat. Daß man die einfach unter Druck gesetzt hat, hat sich da eben einfach so hingestellt. Anders ging es nicht."

Daß Herr L. ein sehr starkes Bedürfnis nach einem Vollbad am Wochenende gehabt haben muß, drückte er noch zusätzlich mit den Worten aus:

„(. . .), sonst hätte man da vierzehn Tage, drei Wochen eh warten können, und die Waschgelegenheit im [Name des Krankenhauses], die war ja nun auch, die hatten da so ein kleines Waschbecken, und wenn man da mit dem Rollstuhl vorsteht, das bringt nicht viel."

Diese Eigeninitiative von Herrn L. hatte noch weitere Auswirkungen für ihn, die von ihm in der folgenden Interviewpassage näher beschrieben wurden.

„(...), die waren derbe sauer auf mich. Die waren derbe sauer auf mich."

„Und wie äußerte sich das?"

„Ja, ich meine das Pflegepersonal im [Name des Krankenhauses], die sind durch die Stationen sowieso nur im Laufschritt, aber das Essen wurde dann einfach fertig gemacht, beim Abendbrot, als ich dann wieder – als erstes konnte ich meine rechte Hand wieder bewegen oder meinen rechten Arm – da wurde das Essen einfach so fertig gemacht – klatsch, klatsch, klatsch – bißchen Magarine drauf, die Wurst da drauf, und fertig war die Laube, ne? Und dann sieh mal zu, daß du dir das halbieren kannst, oder du mußtest eben so eine große Scheibe haben. Die haben sich nicht mehr viel Mühe gegeben."

Auch wenn er nach einen Klingelruf den Pflegenden seine Bedürfnisse offen mitteilte, hatte er häufiger das Gefühl, daß man seinen Wünschen nicht die notwendige Bedeutung beimaß.

„(...), wenn man da also Schmerzen hatte, dann geschellt hat, und dann kam da eine Schwester, und dann hab ich gesagt, ich habe Schmerzen, dann hatte ich immer das Gefühl, die kommt gar nicht wieder, das dauerte 'ne halbe Stunde, bis sich da was getan hatte. Es war also schlimm. Auch so andere Sachen, wenn man da irgendwie auf Toilette mußte oder so."

Im Zusammenhang mit einem Toilettengang verwies er auf eine Situation, in der es aufgrund einer Verhaltensweise einer Schwester beinahe zu einer körperlichen Schädigung gekommen wäre.

„(...) oder einmal mit einer Krankenschwester, die war zwar schon ein bißchen älter, aber ich habe ihr gesagt, daß würde sie wohl nicht schaffen, weil ich einfach zu schwer bin. Und sie hat gemeint, also es ginge auch. Sie ist schon jahrelang Krankenschwester. Und das Ende vom Lied war – da hatte ich natürlich derbe Glück gehabt – die hat natürlich vergessen, den Toilettensitz hoch zu machen, also die Abdeckplatte, ich bin da drauf geknallt mit dem Po, das ganze Ding ist in tausend Fetzen zersplittert, da habe ich also Glück gehabt. Daß ich da nicht irgendwie mir wer weiß was? Weil sie eben der Meinung war, sie ist schon 'zig Jahre Krankenschwester, die könnte das so. Also konnte sie mich aus dem Rollstuhl heraus nicht halten, und dann knallte ich runter und mein Po da drauf und dann. Das war es dann gewesen, ne?"

Daß er mit seinen individuellen Bedürfnissen – gerade als Rollstuhlfahrer – bei vielen Pflegenden auf Unverständnis stieß, verdeutlicht er nochmals im folgenden Gesprächsausschnitt:

„(...) die sagte mir: ,So das ist eingeteilt in rot, schwarz und gelb, die Betten. Und dann hat man auch den Schrank, und dann hat man auch den Handtuchhalter'. Und ich lag nun in dem roten Bett, aber der rote Schrank war natürlich da, wo ich als Rollstuhlfahrer gar nicht hinkam. Und einer stand draußen und dann habe ich versucht, der klarzumachen, daß das auch normal gehen müßte, wenn ich da also dann den blauen Schrank, also das hat die dann – bis nachher die Stationsschwester dann

kam: ‚Klar, selbstverständlich geht das'. Und gerade als Rollstuhlfahrer, dann, das ist
ja ganz was anderes, dann erwarte ich, daß ich doch ein bißchen mehr Unterstützung
bekomme, (...) oder ich brauche mal Sachen. Meine Frau hat mir zum Beispiel die
Sachen gebracht – jetzt als Beispiel – die Unterwäsche – weil sie ja nun auch im
Streß war und jeden Tag hierher kommen mußte – hat mir die Unterwäsche oben in
den Schrank hingetan, und ich kam da oben nicht bei. Wenn man die dann gefragt
hat: ‚Hier, können Sie mir mal die Unterwäsche da oben rausholen?', dann war das
dann immer so ein Blick, als wenn sie sagen wollten: ‚Ach schon wieder' – ne, so
ungefähr."

Während Herr L. in den vorangegangenen Beispielen häufig von „den Pflegenden"
sprach, ist ihm eine Krankenschwester besonders in Erinnerung geblieben, die täglich zu
den Mahlzeiten die Medikamente verteilte und dabei „ungehalten" gegenüber den Patienten auftrat, die sich zu den „festgeschriebenen" Zeiten nicht auf ihrem Zimmer befanden.

„Dann war die also fuchsteufelswild über so eine Kleinigkeit, und also und vor allen
Dingen die Raucherecke, die war ja nun mal direkt auf der Station, da hätte man sich
gar nicht so drüber aufregen brauchen, weil die Leute doch alle da waren. Dann hat
die einen Heidenaufstand gemacht, nur weil man nicht auf dem Zimmer geblieben ist
und auf die Tabletten gewartet hat. Ja, dann hat die rumgeschrien und hat gemeint,
wir sollten gefälligst – obwohl, wir haben uns da nie was draus gemacht, weil wir
haben uns gesagt, die kann uns doch mal."

Als „schlimm" empfand Herr L. besonders eine Situation, in der er von der oben
beschriebenen Krankenschwester im Park vor gleichzeitig anwesenden Besuchern „run-
tergeputzt" wurde. Herr L. beschrieb diese Schwester mit folgenden Worten:

„Ja, also das war so eine ganz Kiebige. Die war also wirklich noch so vom alten
Schlag. Schwester E. Oh Gott!"

Bei dieser Krankenschwester erkannte er also eher persönliche Defizite als Ursache
für ihr Verhalten. Bei anderen Verhaltensweisen, die von ihm „negativ" erlebt wurden,
sah er die Ursachen vor allem in der zeitlichen Beanspruchung der Pflegenden, aber auch
in einer allgemeinen Atmosphäre innerhalb des Stationsteams, die er mit „Lustlosigkeit"
umschrieb. Warum er glaubte, daß ihm des öfteren einige Hilfestellungen von den Pflegenden verwehrt wurden, beschrieb er im folgendem Zitat:

„Ja, ab und zu. Ich weiß es ja nicht. Aber so Zehennägel schneiden, das hat dann ja
meine Frau gemacht. Aber ich kann mir vorstellen, wenn man die fragen würde, ich
meine alles das, was beim Pflegepersonal länger dauert, da sind die nicht gut für zu
haben, das habe ich also festgestellt. Weil das alles, es muß schnell gehen. Da sind ja
noch die Schwestern, die werden morgens so eingeteilt: ‚Du machst das, du wäscht
den und den', und dann muß das auch. Um sechs Uhr fangen die an, und ich weiß
nicht, so um acht Uhr gibt es Frühstück, dann muß das alles so in der Zeit fertig sein.
Wenn man dann noch mit Wünschen ankommt, ich weiß nicht, die planen das irgendwie so wie am Fließband: ‚und der kann den Arm nicht bewegen, das kann der alleine machen oder gar nicht bewegen, und da muß dann zehn Minuten länger', und
so habe ich das Gefühl, als wenn das so morgens eingeteilt wird, daß man dann –.
Und wenn man dann noch kommt mit irgendwelchen Sonderwünschen, dann wird es

natürlich schlecht, dann kommen die mit ihrer Zeit nicht hin, dann werden sie beim Frückstückaustragen beziehungsweise beim Frühstückzubereiten wieder knapp mit der Zeit. Der ganze Tag, das ist für die ja auch Streß, und wenn dann jemand kommt und (...)"

Die Lustlosigkeit der Pflegenden, die er besonders auf einer Station glaubte feststellen zu können, beschrieb er mit folgenden Worten:

„Ich habe da ja vier Wochen lang alleine auf einem Dreibettzimmer gelegen, und trotzdem war das Pflegepersonal doch irgendwie lustlos. Man meinte immer, die sitzen da in der Teeküche oder im Schwesternzimmer und rauchen und haben keine Lust, da zu Patienten hinzugehen. Wenn man da schon mal – ich sag – geschellt hat, dann dauerte es doch wohl eine ganze Zeit, bis die mal kamen. Wenn man sagte, ich habe Schmerzen, dann hat es noch länger gedauert. Also da hatte man echt das Gefühl, daß die sich im Krankenzimmer nicht noch gereckt haben oder so gerade ein Nickerchen gemacht haben. War also wirklich doll."

An einer anderen Stelle machte er deutlich, daß er teilweise den Eindruck gewinnen konnte, daß sich Pflegende im Grunde gar nicht für seine Person interessierten, sondern nur ihre Arbeitsaufgaben durchführten.

„Also wenigstens beim Waschen mal so ein bißchen – und dann nicht diese komische Babysprache, sondern ganz normal mit einem reden: ‚Na, wie geht es denn?' und ‚Wie haben Sie heute nacht geschlafen?', aber das interessiert die alle gar nicht mehr. Das ist einfach nur ein ruck zuck, man kommt sich vor wie – rechts, links, auf dem Rücken wird man da gedreht und dann weg."

III. Bearbeitungskomplex

Herr L. legte in diesem Gespräch eindeutig den Schwerpunkt darauf, daß Pflegende während seiner Krankenhausaufenthalte häufig seinen Wünschen nach Hilfestellungen nicht nachgekommen sind. Es handelte sich hierbei vor allem um pflegerische Tätigkeiten, auf die er als Rollstuhlfahrer zwingend angewiesen war. Beispielhaft berichtete er über „als negativ erlebte" Hilfestellungen beim Toilettengang, Baden, Essenreichen oder anderen Aktivitäten des täglichen Lebens. Da auch die Pflegenden auf ihn häufig einen gestreßten oder lustlosen Eindruck machten, versuchte er lieber alleine, mit Hilfe seiner Frau oder anderer Patienten zurechtzukommen, als das Pflegepersonal ständig zu bitten. Deshalb fühlte er sich im Krankenhaus von den Pflegenden mit seinen Problemen ziemlich allein gelassen. Gewünscht hätte sich Herr L. besonders, daß Pflegende den zwischenmenschlichen Kontakt besser zu ihm gepflegt hätten.

4.2.9   Beschreibende Darstellung von Interview 9

I. Bearbeitungskomplex

Im Rahmen des neunten Interviews konnten wir mit Herr. M., einem 41jährigen Mann, ein Gespräch von circa 50 Minuten führen. Herr M. war vor 20 Jahren an einer chronischen Krankheit erkrankt und litt auch zum Zeitpunkt des Interviews noch unter erheblichen gesundheitlichen Einschränkungen, aufgrund derer er auf die Betreuung durch Zivildienstleistende, die vor allem Fahrdienste und Haushaltstätigkeiten übernahmen, angewiesen war. Herr M. zeigte sich uns gegenüber sehr aufgeschlossen und nahm nach eigenen Aussagen sehr gern an dieser Befragung teil. Trotz der ausgeprägten Gehbehinderungen und sprachlichen Einschränkungen machte er auf uns einen sehr lebhaften, redegewandten, interessierten und engagierten Eindruck. So setzte sich Herr M. seit vielen Jahren auch politisch für die Belange von behinderten Menschen ein und zeigte viel Initiative bei der Mitarbeit in der Selbsthilfegruppe. Im Verlauf des Gespräches verdeutlichte er uns, wie er sich in seiner Krankheit begriff und mit dieser lebte. Er sagte:

> „Ich sage immer so, außer [Name der Erkrankung] bin ich eigentlich gesund. Ich hakke mir alle Anforderungen in kleine Teile, die ich erledigen kann. So nach dem Motto, ich muß keine tausend Meter laufen, aber ich kann ja einen kleinen Schritt machen. Und zu den anderen in der Gruppe sage ich immer: ‚Verdammte Scheiße, ihr könnt das und das auch, setzt euch gerade hin, steht dazu, und dann muß alles andere geregelt werden, ihr könnt das auch.‘"

Er schilderte uns, daß er einen langen Lernprozeß durchgemacht habe, um so „stark" zu werden, wie er sich heute mit der Behinderung fühle.

> „Ich hatte früher auch diese Unzufriedenheit, aber dann habe ich mir selber geholfen, und das könnte eigentlich auch jeder, aber mich erfüllt das schon so ein bißchen mit Stolz. Ich mache viel Selbsttherapie, ich pflege mich selbst."

Herr M. war nach eigenen Angaben noch nie von Pflegenden abhängig und konnte sich stets mit den Hilfsdiensten der Zivildienstleistenden selbst versorgen. Auch während der häufigen Krankenhausaufenthalte benötigte er nur geringe Hilfestellungen von Pflegenden und hatte deshalb „nie viel zu tun mit Pflegenden". Ihre Aufgaben charakterisierte er folgendermaßen:

> „Hört sich vielleicht doof an, wenn ich sage, die versorgen Patienten. Das habe ich zwar nicht auf mich selbst bezogen erlebt, aber bei andern. Ja, Ganzkörperwaschungen bei Patienten, vor vielen Jahren bei einem Patienten sogar die Stuhlversorgung und das alles. Und sonst, Kaffee und Tee bringen, manchmal persönliche Gespräche, Einreibungen, ja und was so im medizinischen Bereich läuft. Einreibungen, das Bringen zu Untersuchungen in der Klinik, ja und alles, was ich bzw. die Patienten so benötigen, muß das Personal auf Anforderung machen."

Darüber hinaus müßten Pflegende natürlich auch noch andere Dinge erfüllen bzw. beachten.

> „Nett, das ist der Beruf. Ja, man muß – es gehört einfach zum Berufsbild dazu, daß man eben nicht nur im medizinischen Bereich arbeitet, sondern man muß ja auch psychologische Einflußnahme und so etwas machen."

Er betonte im Verlauf des Gespräches, daß es niemals zu Konflikten zwischen Pflegenden und ihm gekommen sei, und erzählte daraufhin auch nur wenige Dinge, die mit der Pflege im Krankenhaus in Verbindung standen.

II. Bearbeitungskomplex

Herr M. berichtete uns, daß er sich durch Handlungen oder das Verhalten von Pflegenden niemals geschädigt oder verletzt gefühlt und keine negativen Erfahrungen gemacht habe. Auf die Frage, ob er sich denn vorstellen könne, daß ein Patient ein Verhalten von Pflegenden erlebt, das er als schädigend oder verletzend einordnen könne, sagte er:

> „So ein Schwerstpflegebedürftiger, der im Bett liegt und so umgedreht werden muß und beim Waschen, da kann ich mir vorstellen, daß das passieren kann, daß diese Person aus dem Bett rutscht, hinfällt oder so. Das kann schon mal passieren. Aber sonst, nicht."

Wohl aber kam Herr M. einige Mal darauf zurück, daß es zwischen Pflegenden und Patienten zu Spannungen kommen könne. Seiner Ansicht nach habe es immer mit dem Verhalten von Patienten zu tun, ob Konflikte zwischen ihnen und den Pflegenden auftreten würden, und er glaubte, daß es in der Regel nur von der Zufriedenheit bzw. Unzufriedenheit des jeweiligen Patienten abhänge, ob solche Konflikte auftauchen. Für sich persönlich stellte er fest, daß es immer Menschen gebe, mit denen er schlechter zurechtkommen würde als mit anderen. In diesen Fällen würde er sich eben zurücknehmen und damit möglichen Konflikten aus dem Wege gehen. Auch bei einem Verhalten von Pflegenden, das durchaus auch einmal gereizt sein könne, habe er entweder versucht, mit der jeweiligen Schwester zu sprechen, oder aber zu warten, bis „sie wieder ein wenig ruhiger wirken" würde.

So war Herr M. sehr zufrieden mit den Leistungen der Pflegenden und glaubte, daß diese lediglich manchmal zu wenig Zeit für beispielsweise persönliche Gespräche hätten. In diesem Zusammenhang berichtete er von einer Klinik, in der er außergewöhnlich gute Erfahrungen mit Pflegenden gemacht hatte.

> „Wie da die Menschen untereinander umgehen, mit den Patienten umgehen, zu wissen, daß da nicht ein hierarchisches System herrscht. Die waren einfach lieb. Das zeichnete sie aus. In erster Linie lieb und menschlich, so dieses voll angenommen werden mit seinem ganzen Leid."

III. Bearbeitungskomplex

Herr M. verdeutlichte uns, daß er keine negativen Erfahrungen mit Pflegenden gemacht habe. Seine recht bescheidenen Ansprüche an die Pflege und sein Engagement, sich stets selbst zu pflegen, ließ uns zu dem Schluß kommen, daß er bisher nur wenig Kontakt mit Pflegenden hatte. Dies scheint zunächst ein wenig verwunderlich zu sein, denn Herr M. berichtete uns auch von erheblichen gesundheitlichen Beeinträchtigungen, und wir überlegten, wie er gewisse Tätigkeiten allein durchführen konnte. Man muß jedoch bedenken, daß er auch in der häuslichen Umgebung stets alleine zurechtkam und keiner professionellen Pflege bedurfte. Die Schilderungen aus der Klinik, in der er die Pflege als außergewöhnlich gut erachtete, ließen uns vermuten, daß er sehr wohl Unterschiede in der pflegerischen Betreuung wahrgenommen hat, jedoch keinen Anlaß sah, diese zu verdeutlichen. Zum einen mag dies auch daran gelegen haben, daß Herr M. ein sehr positiv eingestellter Mensch war und deshalb nur ungern über negative Erfahrungen berichtet, und zum anderen, daß er der Pflege in seiner Situation wenig Bedeutung beimaß, denn er wollte und erwartete keinerlei pflegerische Unterstützung. In Herrn M.

durften wir einen Menschen kennenlernen, der seine Selbständigkeit und Fähigkeit, das Leben alleine in die Hand zu nehmen, trotz erheblicher gesundheitlicher Einschränkungen erlernt und entwickelt hat.

4.2.10 Beschreibende Darstellung von Interview 10

I. Bearbeitungskomplex

Mit Frau N., die seit ungefähr 14 Jahren an einer chronischen Erkrankung litt und aufgrunddessen etwa 3 Jahre bei der Fortbewegung auf einen Rollstuhl angewiesen war, führten wir ein 45 Minuten dauerndes Gespräch. Der 35jährigen Frau war vor unserem Gespräch nicht bekannt, mit welcher genauen Fragestellung wir uns befassen wollten. Auf unsere Frage, ob wir von dem Gespräch einen Tonbandmitschnitt machen dürften, wies sie uns darauf hin, daß sie seit geraumer Zeit unter Sprachstörungen leide, und deshalb auch gar nicht sicher sei, ob sie uns weiterhelfen könne. Hierauf führten wir auch ihre anfängliche Nervosität zurück, die sich aber im Gesprächsverlauf schnell legte, weil sie bemerkte, daß ihre Ausführungen bei uns auf großes Interesse stießen.

Aufgrund ihrer chronischen Erkrankung war Frau N. zum Zeitpunkt unseres Gespräches täglich auf Pflege angewiesen. Sie berichtete:

„Ich habe – es ist so, ich habe hier eine Badewanne im Badezimmer und keine Dusche, und ich kriege halt eben das rechte Bein nicht von selber angehoben – und da war es halt eben so, daß ich jetzt – seit letztes Jahr im Februar – bekomme ich halt, habe ich halt die Haushaltshilfe. Seitdem bin ich auch alleine, vorher war ich auch noch mit Kindern, mit zwei Kindern und meinem Mann, und die sind ausgezogen, und seitdem habe ich halt jeden Tag eine Haushaltshilfe, die kommt und mir in die Badewanne hilft, beim Einsteigen. Und zu Weihnachten hatte ich wieder einen Schub. Und seitdem geht es mir wieder schlechter, und seitdem hilft die mir auch beim Anziehen und macht nebenbei noch den Haushalt."

Trotz der schwerwiegenden Auswirkungen der chronischen Erkrankung auf ihr tägliches Leben machte Frau N. auf uns insgesamt einen sehr ausgeglichenen, zufriedenen, freundlichen und aufgeschlossenen Eindruck. Frau N. berichtete uns, daß sie durch die verschiedenen Angebote der Selbsthilfegruppe, in denen sie vor allem Informationen über ihre Krankheit erhielt, aber auch praktische Hilfestellungen bei persönlichen Problemen bekam, gelernt habe, mit ihrer Lebenssituation fertig zu werden. Wir erkannten, daß sie besonders viel Energie darauf verwandte, sich ihre Selbständigkeit zu erhalten, was auch folgende Interviewpassage verdeutlicht:

„Diese Einstellung habe ich halt eben selber, diesen Anspruch stelle ich selber an mich, daß ich erst mal so lange alleine versuche, bis es überhaupt nicht mehr geht."

Aufgrund dieser Einstellung versuchte Frau N. auch während ihrer einmal im Jahr notwendigen Krankenhausaufenthalte, die Unterstützung von Pflegenden möglichst wenig in Anspruch zu nehmen.

„Also ich habe erst mal – in erster Linie versucht, alleine zurechtzukommen. Und nur wenn es halt eben überhaupt nicht ging, habe ich dann geklingelt."

Darüber hinaus beschrieb Frau N. sich selbst als bescheiden und nachsichtig, was auch ein Grund dafür sein mag, daß sie möglichst wenig Hilfestellungen von anderen Menschen inanspruchnehmen wollte. Da sie sich aufgrund ihrer Einstellung nie von Pflegenden abhängig gefühlt hatte, setzte sie sich auch nicht intensiv mit ihren Ansprüchen an Pflegende auseinander. Die Hauptaufgabe der Pflegenden im Krankenhaus bestand ihrer Meinung nach darin, Menschen zu helfen, die nicht alleine zurecht kommen.

„Und daß ich dann in dem Moment, wo ich merke, es geht überhaupt nicht, daß ich dann halt eben klingel, und die Schwester kommt und, na gut, dann muß die mir halt helfen."

Diese von ihr benötigten Hilfestellungen von Pflegenden hat sie während ihrer häufigen Krankenhausaufenthalte nach eigenen Aussagen auch immer bekommen. Insgesamt erlebte sie diese Hilfestellungen auch als gut, wies jedoch auch auf die von ihr erlebten qualitativen Unterschiede hin. Positiver erlebte sie Pflegende, die sich bei der Durchführung der Pflege mehr Zeit nahmen.

„In dem Moment, wo man merkt, daß eine Schwester sich Zeit nimmt oder so, doch, glaube ich eigentlich schon, daß man sich dort ein bißchen aufgehobener fühlt. Und das mag es in anderen Krankenhäusern so ab und zu auch einmal geben, nur das ist halt eben äußerst selten, daß man das so gar nicht wahrnimmt."

Mehrfach beschrieb sie die Qualität der Hilfestellungen, die Pflegende vor allem Mitpatientinnen gaben, als oberflächlich.

„(...), aber wenn ich das so bei anderen beobachtet habe, dann habe ich das eigentlich ja hauptsächlich gesehen. Das ist alles nur oberflächlich, was die machen. Entweder Haare abtrocknen oder den Körper abtrocknen und anziehen, das muß alles schnell gehen, alles schnell, schnell, schnell, und dann wird das halt eben nur oberflächlich gemacht, wo ich dann immer denke, ja also, die Haare von der Frau, die hätte sie ja auch richtig trocken fönen können, anstatt halt eben so mal durch die Haare und daß die so oberflächlich trocken waren oder was."

Positiv fielen ihr Pflegende auf, die beispielsweise durch das Erzählen eines Witzes oder auch einfach durch ihre persönliche Art eine fröhliche und lockere Atmosphäre verbreiteten.

„Und wenn es dann eben so eine sympathische Schwester ist, daß die [Mitpatienten] dann sagen: ‚Oh, toll, wenn die Schwester kommt, dann ist hier wieder, dann ist hier wieder Freude im Zimmer' oder so."

Obwohl Frau N. uns deutlich auf Unterschiede in der Qualität der pflegerischen Versorgung hinwies, machte sie an einer anderen Stelle noch einmal deutlich, daß sie hieraus keinerlei eigene Ansprüche oder Erwartungen an Pflegende ableitete.

„Ja, irgendwo ist das ja auch so eine Sache, na gut, man ist irgendwie auf Hilfe angewiesen, und das bißchen, was man kriegt, da ist man da froh drüber, also so ungefähr, denke ich mal."

Da Frau N. nur wenige Leistungen von Pflegenden in Anspruch nahm und deshalb auch nur selten mit Pflegenden in persönlichen Kontakt trat, schilderte sie uns auf unsere

Fragen nach schädigenden Verhaltensweisen von Pflegenden vornehmlich Situationen, in denen sie Verhaltensweisen von Pflegenden gegenüber Mitpatientinnen beobachtet hatte, die ihrer Meinung nach negative Folgen für diese hatten. Sie war der Meinung, daß diese von ihr erlebten Situationen im Rahmen unsere Fragestellung relevant seien,

> „weil die Patienten sprechen unter sich und sagen: ‚Naja, was die da jetzt vom Stapel gelassen hat, das war ja nun nicht, das war nicht berechtigt‘ oder was, oder ‚die spinnt wohl‘ oder sonst irgendetwas. Das sind halt eben Gespräche, die so stattfinden, nachdem die Schwester das Zimmer wieder verlassen hat.“

In mehreren Situationen beschrieb sie die Schädigungen, die Mitpatientinnen durch Verhaltensweisen von Pflegenden „erlitten“ haben, mit Gefühlen wie zum Beispiel „ungerecht behandelt worden zu sein“.

II. Bearbeitungskomplex

Da Frau N. schädigendes oder verletzendes Verhalten von Pflegenden nach eigenen Angaben nur bei Mitpatientinnen erlebt hatte, konnte sie uns auch keine negativen Folgen, die durch ein Verhalten ihr gegenüber hervorgerufen wurden, benennen. Jedoch lösten auch die Situationen, in denen sie schädigendes oder verletzendes Verhalten von Pflegenden an Mitpatientinnen erlebt hatte, einige Emotionen in ihr aus, die von ihr nicht immer positiv bewertet wurden. Sie berichtete:

> „Und das überlege ich mir dann erst immer. Also im ersten Moment tut mir die Patientin dann auch leid, daß die so von der Schwester behandelt worden ist, und das könnte ich mir eventuell auch eine ganze Woche angucken und dann irgendwann auch mal sagen: ‚Also hören Sie mal zu, irgendwie, ich glaube, der Patientin gefällt das nicht so, wie Sie mit der umgehen‘. (...), aber andererseits da habe ich auch Mitleid mit der Patientin oder mit dem Patienten, weil man ja denkt, jetzt muß die sich von der das gefallen lassen, daß die so mit der umgeht.“

Dadurch daß Frau N. sich in die Situation ihrer Mitpatientinnen hineinversetzte, nahmen auch die negativen Folgen, die durch das Handeln von Pflegenden bei Mitpatienten hervorgerufen wurden, in ihrem Erleben dieser Situationen einen gewissen Stellenwert ein.

> „Ja, irgendwo habe ich mich auch mal in die Situation der Patientin hineinversetzt. Wenn die so im Bett liegt und sich kaum bewegen kann, (...). Daß ich dann denke, also irgendwie hat sie der ja nun Unrecht getan, oder was.“

So beschrieb sie uns deutlich, welche Rückschlüsse sie für sich aus den von ihr erlebten Situationen gezogen hatte. Folge des Erlebten war nämlich, daß sie sich immer mehr von den Pflegenden zurückzog, die anderen Patientinnen ihrer Meinung nach einen Schaden zugefügt hatten.

> „Ja, das ist dann irgendwo eine Sache, wo man dann mit Abstand drangeht, weil ich eben halt auch weiß, wenn du der verkehrt kommst, dann ist die wieder mies drauf, oder was.“

Frau N., die ohnehin aufgrund ihrer bescheidenen und anspruchslosen Art wenig Kontakt zu Pflegenden suchte, machte uns deutlich, daß sie im alltäglichen Umgang mit den Pflegenden genau überlegte, mit wem sie über beispielsweise ganz „banale" Sachen wie „das Wetter" reden konnte. Ihre Bewertung, ob eine Krankenschwester sympathisch oder freundlich war, hing dabei im wesentlich davon ab, wie sich diese gegenüber anderen Patientinnen verhalten hatte.

> „(…), ja, wo ich gerade sagte, Sympathie. Wenn ich halt eben merke, und dann traue ich mich ja selber auch, ein bißchen mehr zu sagen, als wenn da jetzt so eine Schwester reinkommt, wo ich merke, die hat keine Zeit. Husch, Husch, und muß alles schnell gehen, und irgendwo ist die ein bißchen genervt oder was – ja, daß man dann selber auch verschiedene Anmerkungen einfach unterläßt. Und dann so etwas ja auch gar nicht zustandekommt. Daß dann gerade so eine Schwester, ja selbst wenn sie wollte, dann hätte man so nicht das Gefühl, die nimmt sich jetzt Zeit für dich oder so."

oder

> „(…), ich meine, wenn man so eine freundliche und sympathische Schwester hat, ja gut, dann ist man auch mal ganz locker und macht mal einen Scherz oder so, und bei der anderen ist man dann schon eher – ja – gebügelt würde ich da eigentlich nicht zu sagen, nein, daß man da eigentlich eher sich auf das konzentriert, was halt gerade dran ist."

Ihr unsympathische Krankenschwestern zeichneten sich durch Verhaltensweisen aus, die sie im allgemeinen als „oberflächlich" kennzeichnete. Beobachtet hatte Frau N. dieses Verhalten vor allem im Umgang der Pflegenden mit anderen Patientinnen. So beschrieb sie das Verhalten einer Krankenschwester, die von einer Mitpatientin häufiger wegen kleinerer Wünsche gerufen wurde, wie folgt:

> „Ne, ruppig eigentlich nicht, aber ich denke mal so, ja irgendwo ist das ja auch so eine Sache, wo ja auch die Schwester nicht einsieht, daß das wichtig ist, weswegen sie gerufen wurde, und daß sie aus dem Grunde sowieso schon einmal im vorhinein ja so ein bißchen oberflächlich dann auch: ,Ach, sehen Sie doch einmal zu, und so schlimm ist das doch gar nicht' und so, ne? Oder – als ich das letzte Mal in diesem Dreibettzimmer lag, da hatte die eine Frau einen Katheter, und die sagte, ja sie hätte ständig Bauchschmerzen, und da sagte dann die Schwester: ,Ja, dann passen Sie doch mal auf, hier – der Schlauch liegt ja auch nicht richtig, da müssen Sie auch mal ein bißchen mit drauf achten, daß der Schlauch richtig liegt, daß da nichts abgeknickt wird.'"

Auch in einem anderen Beispiel war der „Auslöser" für das Verhalten der Pflegenden häufiges „Klingeln".

> „Ja, was heißt zu häufig, aber, ja sie hat sich, sie war halt eben nicht in der Lage, sich im Bett hochzuziehen oder so, und dann hat sie geklingelt und hat gesagt: ,Ich möchte gerne höher.' Und dann sagt die Schwester: ,Ja, versuchen Sie doch mal alleine, reißen Sie sich doch mal zusammen, das muß doch auch alleine klappen.'"

> *„Und wie hat das so auf Sie gewirkt?"*

„Ja also, ich weiß nicht, auf mich – puh, wie hat das auf mich gewirkt? – ja, einerseits habe ich so auch gedacht: ‚Ja, die versucht es ja selber auch nicht‘, aber andererseits habe ich auch gedacht: ‚wieso muß die die so pampig anmachen?‘"

Pflegende, die bei allen Patientinnen unbeliebt waren, beschrieb sie mit folgenden
Worten:

„Ja, daß die halt eben im ersten Moment so ziemlich ruppig waren. So, weiß ich auch
nicht, irgendwie sagt man das so, daß die dann schnell einen Spitznamen kriegt, irgendwie so ‚Schwester Rabiata‘ oder so, also, daß die so von dem, was die sagt, und
so, daß die halt eben so vom Tonfall her, ja eigentlich eher einen ruppigen Eindruck
macht."

Wie aus den vorangegangenen Zitaten schon ersichtlich wurde, sah sie den wesentlichen Grund dafür, daß es zu Verhaltensweisen von Pflegenden kam, die sie als ruppig,
pampig oder oberflächlich beschrieb, in den persönlichen Eigenschaften der Pflegenden.
Zusätzlich erkannte sie aber auch andere Einflüsse, die ein derartiges Verhalten von Pflegenden begünstigten.

„Wenn die halt eben merken, es ist viel zu tun, und überall wird geklingelt, und die
kommen mit ihrer Arbeit nicht hinterher, dann ist das ja auch wieder etwas anderes,
als wenn so eine Schwester jetzt persönlich auf mich gereizt wirkt, daß ich meine,
ich habe jetzt, ich bin Schuld daran, daß die jetzt so gereizt ist. Aber das Problem
habe ich im Grunde genommen gar nicht, weil ich meine, ich selber bin eigentlich
immer ziemlich nachsichtig, und bevor ich einmal klingle, versuche ich zweimal,
irgendwelche Sachen selber zu machen. Und daß ich meine, daß ich den Schwestern
keinen Anlaß gebe, jetzt ruppig zu sein oder so. Daß das halt eben einfach nur von
der Situation ist, daß die viel zu tun haben."

III. Bearbeitungskomplex
Frau N. erlebte mehrere Situationen im Krankenhaus, in denen sie den Eindruck
hatte, daß Mitpatientinnen durch das Verhalten von Pflegenden geschädigt wurden. Das
Verhalten, das diese Schädigungen verursachte, beschrieb sie mit den Worten wie „oberflächlich", „pampig" oder „ruppig". Sie war der Meinung, daß mehrere Patientinnen sich
durch derartiges Verhalten ungerecht behandelt gefühlt haben oder deren Wunsch nach
Hilfestellungen einfach mißachtet wurde.

Das von ihr beobachtete Verhalten von Pflegenden löste aber auch in ihrem Erleben
einige Emotionen aus. Sie selber gebrauchte zur Beschreibung dieser Gefühle häufiger
das Wort „Mitleid". Unklar blieb uns auch nach der Besprechung dieses Interviews, inwieweit Frau N. aufgrund ihrer Erlebnisse den Kontakt zu den Pflegenden noch weiter
einschränkte, als sie dieses aufgrund ihres starken Bedürfnisses nach Selbständigkeit ohnehin tat.

Ursachen für als negativ erlebte Verhaltensweisen von Pflegenden sah Frau N. in erster Linie in den persönlichen Charaktereigenschaften der einzelnen Pflegenden. Andere
Gründe, wie zum Beispiel eine hohe Arbeitsbelastung oder das Verhalten der Patientinnen, erwähnte sie eher am Rande. Auffallend war, daß sie aus ihren Erlebnissen keine
konkreten Wunschvorstellungen an das Verhalten von Pflegenden ableitete. Vielmehr
war sie mit der Unterstützung, die sie trotz alledem von Pflegenden bekam, zufrieden.

4.2.11 Beschreibende Darstellung von Interview 11

I. Bearbeitungskomplex

Im Rahmen unseres elften Interviews konnten wir ein circa 70 minütiges Gespräch mit einem 33 Jahre alten Mann führen. Herr O. litt seit neun Jahren an einer chronischen Erkrankung, aufgrundderen er auch zum Zeitpunkt unseres Gespräches trotz Rehabilitationsmaßnahmen noch starke Bewegungs- und Sprachstörungen hatte. Daß seine Gesundheit nie wieder so hergestellt werden konnte, wie sie vor der Erkrankung war, erfüllte ihn während des Gespräches mit einer gewissen Traurigkeit. Mit dem Beginn dieser Krankheit veränderte sich sein gesamtes Leben von einen auf den anderen Tag sehr umfassend. Während er vorher einem Studium bzw. auch Beruf nachgegangen war, wurde von dem Tag an, an dem die Erkrankung plötzlich auftrat, diese zum zentralen Gegenstand seines Lebens.

Im Verlauf des Gespräches berichtete er uns von der Phase, in der er aus einem längeren Koma aufwachte, und konnte so zeigen, wie einschneidend er die Veränderungen durch die Krankheit erlebte. Er sagte:

„Vom ersten Tag an, an dem ich aufwachte, aus meinem Koma. Und das ist im Dezember 1986 gewesen. Kurz vorher merkte ich wohl, daß ich – ich wußte wirklich nicht, wo ich war, was los war, das war das Schreckliche. Um mich herum war schwarz. Ich hörte nur Stimmen. Und ich merkte, daß ich mich nicht bewegen konnte. Ich nahm an, daß ich irgendwie festgebunden war. Ich spürte ja ganz normal das Bett, das spürte ich ja. Was mich festhielt.“

Langsam gelang ihm mehr und mehr der Rückgriff auf seine eigene Vergangenheit, und er konnte sich an seinen eigenen Namen oder daran, daß er früher einer Berufstätigkeit nachgegangen war, erinnern.

„Daß ich über die Stufe eines Babys hinausgekommen war, das fiel mir dann ein.“

Als er sich über seine Situation langsam immer mehr Klarheit verschafft hatte, begann er den „Kampf“ gegen seine Krankheit, der bis zu dem Zeitpunkt unseres Gespräches ungebrochen war.

„Ich wäre lieber heute wie morgen wieder gesund! Und den Traum hab ich nach wie vor! Den hatte ich früher schon.“

„Ja, aber ich sag mal: Sie wissen doch wie lange es dauern kann, auch nur einen kleinen Schritt weiterzugehen?“

„Ja, das ist viel Ärger und viel Enttäuschung.“

Trotz seines starken Willens, die Krankheit zu überwinden, erlebte Herr O. wiederholt „Rückschläge“ im Genesungsprozeß. So war er auch noch zum Zeitpunkt des Interviews bei der Erfüllung seiner Grundbedürfnisse auf die Unterstützung anderer Menschen angewiesen.

„Aber hmm. Ich meine selber von meiner eigenen Leistung. Die spielt mir einen Streich, daß ich irgendwie sage: ‚Das möcht ich! Das kann ich! Das kann ich!‘ Aber das läuft alles nur in den Gedanken ab. Körperlich pack ich das, ein paar Meter frei zu laufen. Und weiter nur in Begleitung. Wenn ich über normale Straßen laufe, muß immer so einer in meiner Nähe sein. Und wenn ich nicht aufpasse, sacke ich nach spätestens 10, 15 Meter zusammen – ungewollt – und komm so in 45 Grad da wieder an. Also damit, daß ich nicht umfalle. In einem geschlossenen Raum kann ich meist selbst laufen."

Aus der Enttäuschung heraus, daß seine Gesundung nicht in der gewünschten Schnelligkeit voranschritt, beschrieb er sich zeitweise als aggressiv gegenüber seinen Mitmenschen, aber auch gegenüber Pflegenden, die ihn im Krankenhaus pflegten.

Während der letzten neun Jahre befand Herr O. sich mehrfach über längere Zeiträume in stationärer Behandlung. Besonders zu Beginn seiner Erkrankung war er im hohen Maße pflegeabhängig. Von der Pflege und den Pflegenden, die ihn in dieser Zeit betreuten, zeichnete er ein sehr positives Bild. Er war mit der Pflege, so wie er sie erlebt hatte, durchgehend gut zufrieden. Deshalb äußerte er auch während des gesamten Gespräches keinerlei Wünsche an Pflegende. Unsere Fragen nach schädigenden oder verletzenden Verhalten von Pflegenden verneinte er vehement und stellte die von ihm positiv erlebten Verhaltensweisen von Pflegenden in den Mittelpunkt der Betrachtungen. Obwohl Herr O. uns keine Hinweise zu unserer Fragestellung geben konnte, möchten wir auch an dieser Stelle einige Passagen aus dem Gespräch wiedergeben, die verdeutlichen können, wie „dankbar" Herr O. den Pflegenden war.

II. Bearbeitungskomplex

Daß es bei Herrn O. zu keinen Schädigungen gekommen ist, führte er in erster Linie auf die Geduld und das Verständnis, das ihm Pflegende gegenüber zum Ausdruck brachten, zurück. So sagte er:

„Also auf mich wurde ständig achtgegeben. Auch, wenn ich irgendetwas hatte, und wenn ich nur Wasser haben wollte, trinken wollte oder was wissen wollte – Sachen, die ich 10, 15, 20 mal schon gefragt hatte – und drei, vier Sekunden vorher schon einmal gefragt hatte. Ich meine, die wurden immer beantwortet. Ich hab die Frage gestellt, gestellt, gestellt und gestellt. Das hat mich auch irgendwo im nachhinein – Ich hab es nicht gemerkt. Hinterher hab ich das wohl gemerkt. ‚Oh Gott, die Frage hat ich ja schon mal gestellt.'"

Auch in den Zeiten, als Herr O. aufgrund seiner Erkrankung noch nicht in der Lage war, sich mit Worten verständlich zu machen, erlebte er die Pflegenden immer als bemüht, mit ihm zu kommunizieren.

„Ob die das verstanden haben, ja, die haben sich garantiert die Mühe gegeben, das zu verstehen. Zwischen der Unterscheidung der Tonlage A und der Tonlage B konnte man wirklich nicht unterscheiden, was ich wollte. Die konnten eben nur abwarten, wo ich eben zurückziehe und versuchen, mir verschiedene Stücke anzubieten. Hin und wieder zeigten sie mir eine Flasche Wasser, Nuckelflasche oder sonst, was sie geben wollten. Entweder zeigten sie mir Handtuch oder zeigten mir meinen Katheter oder meinen Topf, daß ich auf Toilette mußte, also das, diese Worte, die hatte ich früher nicht. Es gab nur Schreien oder na ja. Und nach einer Zeit kam meine Stimme wieder. Und daß mein Gedächtnis und meine Stimme wiederkam, das war auch gut! Das war nicht gut, das war ziemlich aggressiv. Das war nicht fein. Ich griff die Leute an, ohne daß ich denen was wollte."

Obwohl er sich von seiner Art her als „nicht einfacher Mensch" einstufte, erlebte er die Reaktionen auf seine aggressiven Verhaltensweisen immer als angemessen.

„Die sind ruhig geblieben! Die sind ruhig geblieben. Oder hinterher haben sie mir dann. Es gab ein paar Schwestern oder Pfleger, also J., also Herr J. – drei Pfleger gab es – na ist egal – die sagten: ‚Was möchtest Du?' ‚Laß mich!' Also ganz kurz abwarten, daß ich mich wieder beruhige. Und so spielte sich das hinterher auch ein. Nicht, daß die ungeduldig wurden. Da hielten sich die Schwestern und alles zurück, bis ich mich wieder selber beruhigt hatte. War von mir auch ganz gut, denn aus meiner Hektik, aus meinem Schreien konnten die wirklich nicht beurteilen, was ich wollte."

Herr O. hatte nie das Gefühl, daß er von den Pflegenden „überversorgt" wurde. Seiner Meinung nach waren die Pflegenden immer bemüht, ihn möglichst viele Tätigkeiten selber ausführen zu lassen, was er sehr begrüßte.

„So hielten sich auch immer die Schwestern zurück. Erst wenn ich wirklich nicht mehr konnte, wenn ich nicht schnell genug fertig wurde – na ja, bei mir dauert das eben unheimlich lange. Jede Tätigkeit."

Die Geduld, die er an Pflegenden feststellte, beschrieb er in folgender Interviewpassage besonders deutlich und berichtete von einer Situation, in der er den Pflegenden beim Einsortieren von Antithrombosestrümpfen behilflich sein wollte.

„Im [Name des Krankenhauses] hab ich das mal gefragt, um zu sehen, was ich kann, das nervte mich, daß ich nur noch rumliegen konnte und mit meinem Rollie rumfahren konnte. Und ich war heilfroh, heilfroh, als ich dann hin und wieder Strümpfe einpacken durfte. Das durfte ich zwar nicht, das durfte ich zwar nicht. Das waren die Aufgaben von den Schwestern und vom Krankenhauspersonal. Das durfte ich nicht. Aber, wenn die Strümpfe gewaschen worden waren. Ich hatte dann versucht die Strümpfe, als die wiederkamen, unten aus der Wäscherei. Da hab ich mal gefragt, ob ich die denn mal sortieren dürfte. Da haben die Schwestern gesagt: ‚Ja. Dürfen schon. Aber, daß Du das hinkriegen wirst?' Ne, das war erst einmal ein kleiner Schock. Aber sie hatten recht! Sie hatten sehr recht, ne? (...) Und die zeigten mir das jedesmal; ich meine, ich war jedesmal dabei, jedesmal, nicht aber öfters. Nur zum Zuschauen. Ich meine, ich hab meistens die mehr gefragt und genervt und die so mehr von der Arbeit aufgehalten. Als wenn die alleine gewesen wären, hätten die das vielleicht in zwei drei Minuten gehabt, und so dauerte das mindestens eine halbe Stunde. (...) Die blieben ruhig! Die sagten hin und wieder: ‚Ne, wir haben gleich.' Und dann wußte ich auch, daß Essenszeit war und die in zehn Minuten fertig werden mußten, um das Essen auszuteilen. Oder ich hatte hin und wieder mal die Essenswagen schon gehört, daß die da waren, oder gesehen. Und daß ich wußte: ‚Die hatten keine Zeit mehr.'"

„Sie hatten nie das Gefühl, daß Sie denen lästig wurden, oder?"

„Erst später, wenn ich in meinem Gedächtnis mich wieder einsortiert hatte. Dann sagten die hin und wieder: ‚Du, wir haben heute keine Zeit. Wir müssen auch ein bißchen arbeiten.' Erst dann, als die genau wußten – daß die sich sicher waren, daß ich das verstehen würde und auch akzeptieren würde. Denn ich hatte ja vorher ein paarmal gesagt: ‚Sagt mir das, wenn ich Fehler mache, oder ich Euch nerve, sagt mir das.' Und das hab ich wieder mal gesagt. Es war auch letztlich eine Bitte, um die Leute einfach nicht zu nerven. Denn ich bin ja nur zu Gast im Krankenhaus."

„Ja nun, das Krankenhaus ist ja auch für Sie da."

„Ja, das ist aber kein Grund, daß ich jetzt irgendwo jetzt sage: ‚Hier ich bin jetzt krank, und ich bin jetzt König.'"

Daß Pflegende nicht immer ausreichend Zeit für notwendige Gespräche hatten, deutete er während des Gespräches nur selten an.

„(...) also in bestimmten Situationen merkt man ja auch: ‚Was ist denn jetzt gut?' Und daß man sagt: ‚Ja, o.k., wir unterhalten uns jetzt gleich gemeinsam', oder man hat Schichtende oder Dienstende – oder, daß sich zufällig mal freie Minuten -Sekunden! Minuten nie – das waren allerhöchstens Sekunden [Lachen] wenn die bei mir – oder zu anderen Patienten hingingen, wenn sich dann zufällig die Wege kreuzten."

III. Bearbeitungskomplex

Während des gesamten Gespräches konnten wir den Eindruck gewinnen, daß Herr O. sich zu keinem Zeitpunkt seiner häufigen Krankenhausaufenthalte durch das Verhalten von Pflegenden geschädigt oder verletzt gefühlt hatte. Vielmehr machte er uns deutlich, daß er sich jederzeit gut von den Pflegenden „versorgt" gefühlt habe. Er hob besonders die Geduld hervor, die Pflegende ihm gegenüber zeigten, obwohl er aufgrund seiner Unzufriedenheit mit seinem Heilungsprozeß des öfteren ziemlich aggressiv gegenüber ihnen auftrat. Dabei hatte er volles Verständnis dafür, daß Pflegende sich aufgrund des Zeitmangels nicht so intensiv mit ihm beschäftigen konnten, weil er erkannte, wieviel Zeit der Pflegenden seine intensive Pflege ohnehin inanspruchnahm. Aus seinem gesamten Erleben von Pflege resultierte eine gewisse Dankbarkeit den Menschen gegenüber, die ihn während seiner Erkrankung gepflegt haben. Er wies uns darauf hin, daß er der Meinung sei, daß es ihm ohne die Unterstützung der Pflegenden nicht so gut gehen würde.

4.2.12   Beschreibende Darstellung von Interview 12

I. Bearbeitungskomplex

Im Rahmen des zwölften Interviews konnten wir mit einer 65jährigen Frau ein Gespräch von 50 Minuten führen. Frau P. hatte sich schon zu einem frühen Zeitpunkt unserer Untersuchung zu einem Interview bereit erklärt, doch mußte sie den Termin aus persönlichen Gründen wiederholt absagen. Das Gespräch wurde auf Wunsch von Frau P. in einer Gaststätte am frühen Morgen geführt und nicht durch ein Tonbandgerät aufgenommen, da Frau P. sehr viel Skepsis gegenüber einer solchen Aufnahme hatte. So können wir im Rahmen dieser Beschreibung nur auf die Gesprächsmitschriften zurückgreifen, in denen wir nur einige wörtliche Äußerungen von ihr festhalten konnten.

Frau P. litt seit 10 Jahren an einer chronischen Erkrankung und mußte sich aufgrunddessen mehrmals in verschiedenen Krankenhäusern behandeln lassen. Zum Zeitpunkt des Interviews machte sie auf uns einen vitalen Eindruck und hatte nach eigenen Angaben keinerlei körperliche Beeinträchtigungen.

Frau P., die seit vielen Jahren eine Selbsthilfegruppe leitete und die Anliegen der Gruppe auch auf überregionaler Ebene vertrat, machte auf uns einen engagierten und selbstbewußten Eindruck. Sie selbst sah ihre Arbeit in der Selbsthilfegruppe als einen wesentlichen und zeitausfüllenden Bestandteil ihres täglichen Lebens an und wollte das Gespräch mit uns zu einem gewissen Teil auch dazu nutzen, uns über die Arbeitsweise dieser Selbsthilfegruppen zu informieren. Sie sagte, daß sie es gewohnt sei, Verantwortung zu übernehmen und zu tragen, und daß sie allen Mitgliedern der Selbsthilfegruppe die Unterstützung zuteil werden ließe, die sie persönlich benötigen würden. Neben der politisch-organisatorischen Arbeit sah sie einen Schwerpunkt ihrer Arbeit in der persönlichen Beratung und der Bereitschaft, den Menschen in der Gruppe seelischen Beistand zu geben. So ist auch verständlich, daß Frau P. im Laufe des Gespräches viele Begebenheiten von anderen Patienten erzählte und uns so viele Hinweise und Eindrücke zum Thema geben konnte.

Frau P. betonte, daß sie, im Gegensatz zu anderen, gelernt habe, sich durchzusetzen und eigene Bedürfnisse zu äußern. So bezeichnete sie sich selbst wiederholt als „schwierige Patientin", denn sie würde auch im Krankenhaus, wann immer ihr es nötig erscheine, „die Ellenbogen für die eigenen Belange" einsetzen. Ihrer Ansicht nach hätten die Pflegenden dies auch mit der Zeit akzeptiert und besonders die fachliche Betreuung habe sich so deutlich verbessert.

Als wir Frau P. fragten, was sie denn für ein Bild von der Pflege und den Pflegenden habe, gab sie zunächst einmal zu bedenken, daß sie schon älter sei und glücklicherweise in jungen Jahren Pflegende erlebt habe, die „nicht nur sehr viel netter und ausgeglichener auf sie gewirkt, sondern das Dienen als einen Hauptbestandteil ihrer Arbeit angesehen" hätten. Diese für sie menschliche und durch Wärme gekennzeichnete Umgangsweise mit den Patienten sei jedoch in den letzten Jahren nicht mehr zu finden. Heutzutage habe sie den Eindruck, daß Pflegende in „feste Pläne eingebunden" seien, nur „wenig Zeit mit dem Patienten verbringen könnten" und immer ein wenig „gehetzt" wirken würden. Auch beklagte sie eine für sie deutlich gewordene fachliche „Minderqualifikation", die sie nicht nur an der Umgangsweise mit ihrer speziellen Erkrankung festmachte, sondern auch in anderen Bereichen wie beispielsweise in der sogenannten Grundpflege. Auch stellte sie fest, daß Pflegende aufgrund „mangelnder Kenntnisse in dem Bereich Psychologie" nicht in der Lage seien, mit Patienten zu reden und diese zu verstehen. Frau P. glaubte darüber hinaus, daß Pflegende heutzutage „nur noch auf der Linie der Ärzte schwimmen" und sich den Anordnungen unterordnen würden. Wenn das Klima zwischen Ärzten und Pflegenden schlecht sei, würde sich dies auch negativ auf die Behandlung der Patienten auswirken.

An einer Stelle berichtete uns Frau P. von einer Krankenschwester, die ihr bei den Krankenhausaufenthalten der letzten Jahre positiv in Erinnerung geblieben war. Diese Krankenschwester war ihrer Meinung nach aus „Berufung zu ihrem Beruf gekommen" und habe sich in einer sehr persönlichen Art und Weise um Patienten gekümmert. So sei sie beispielsweise kurz vor Dienstbeendigung noch einmal in die Patientenzimmer hereingekommen und habe geschaut, ob es den Patienten wirklich gut gehe.

Frau P. war trotz einiger vorausgehender Telefonate, die stets im Zusammenhang mit der Terminierung des Interviews standen, über die Ausrichtung des Gespräches nicht vor dem Gespräch informiert. Trotzdem fand sie sich sehr schnell mit dem Thema zurecht und berichtete uns von einigen Dingen, die sie selbst erlebt hatte, sowie von den vielfältigen Erfahrungen, die sie durch Krankenhausbesuche und persönliche Gespräche mit anderen Patienten gemacht hatte.

II. Bearbeitungskomplex

Auf die Frage hin, was sie als schädigend oder auch verletzend am Verhalten von Pflegenden erlebt habe, sagte Frau P., daß sie zu stark und selbstbewußt sei und Pflegende sie deshalb nicht schädigen könnten. Auch sei sie immer „Privatpatientin" gewesen, und auf diesen Stationen habe „der Chefarzt in aller Regel eine gute Kontrolle über das Personal".

Im Laufe des Gespräches erzählte sie jedoch von Begebenheiten, in denen sie sich recht unwohl und nicht gut behandelt gefühlt hatte. Mehrmals kam sie dabei auf eine Begebenheit zurück, in der eine Schwester sie „zu hart angefaßt" habe und dies Schmerzen verursachte, die ihrer Meinung nach nicht notwendig gewesen waren.

Sie selbst hatte den Eindruck, daß Pflegende oft versucht hätten, sie „abzuwimmeln", und ihr dabei das Gefühl vermittelten, „nur eine Nummer" zu sein. So hatte sie manchmal den Gedanken, „ man sollte besser nichts sagen und froh sein, daß einem geholfen wird", den sie aber „glücklicherweise schnell verdrängen" konnte. Sie sagte, daß sie sich stets offen gegen die Verhaltensweisen, die sie ablehnte, zur Wehr setzte und so kein Schaden entstand. Daß jedoch andere Patienten „erheblich mehr unter Verhaltensweisen von Pflegenden leiden", verdeutlichte sie an einigen Beispielen.

Die Art und Weise, wie sich Frau P. gegen das Verhalten von Pflegenden gewehrt hat, schilderte sie uns anhand einer Begebenheit, in der sie nach eigenen Angaben eine „aggressive Schwester" erlebt hatte, die sich durch einen „rauhen Umgangston" auszeichnete. Die Aggressionen der „sehr herrschenden und burschikosen Schwester" hätten sich für sie außerdem an einer „Unnahbarkeit" und „Kälte" ihr gegenüber geäußert. So suchte Frau P. schon zu einem frühen Zeitpunkt ihres Krankenhausaufenthaltes das Gespräch mit einem Stationsarzt und beschwerte sich über diese Krankenschwester. Daraufhin habe sie die Krankenschwester zwar noch „schief angeguckt", aber das Verhalten sei im „großen und ganzen" besser geworden.

An einer anderen Stelle des Gespräches berichtete Frau P. von einer Frau, die sie über einige Jahre im Zusammenhang mit der Arbeit in der Patientenselbsthilfegruppe betreute. Diese Frau sei während eines Krankenhausaufenthaltes von einer Stationsschwester auf dem Flur „zurechtgewiesen" worden, da sie eine Zigarette in der sogenannten Raucherecke geraucht hatte. Später habe die Frau dann berichtet, daß man sie „links liegen lassen würde" und sie „hängen lassen würde, weil sie da eben eine Zigarette geraucht habe". Dies habe sich in der Form geäußert, daß die Pflegenden nicht immer auf den Klingelruf reagierten und auch nicht das Bett bezogen hätten, als die Frau, naß geschwitzt, darum bat.

Im folgenden sagte Frau P., daß sie häufig von solchen Situationen gehört habe, und erklärte uns, welche Aspekte wir uns im Zusammenhang mit dem Thema anschauen müßten:

„wenn die kurz angebunden sind die Schwestern",

„wenn der Umgang sich nicht durch Wärme und Menschlichkeit auszeichnet",

„selbst wenn die keine Zeit haben, könnten die das oft anders und freundlicher verpacken",

„Patienten fühlen sich oft so abhängig, da sie Angst haben, die könnten einem die Hilfsbereitschaft verweigern".

Die Ursachen für die von ihr geschilderten Verhaltensweisen der Pflegenden sah Frau P. in folgenden Punkten. Zum einen habe sie festgestellt, daß die Pflegenden zeitlich sehr überbeansprucht seien, jedoch fehlten ihnen häufig genug auch die „fachliche und menschliche Qualifikation", um mit Patienten richtig umzugehen. Die von ihr als aggressiv bewerteten Umgangsformen führte sie auf das „schlechte Stationsklima" und den Umstand, daß einige Pflegende „Konflikte aus dem familiären Bereich mit in ihre Arbeit tragen", zurück. Generell gab Frau P. zu bedenken, daß ihrer Meinung nach „nicht alle Schwestern ihren Beruf aus einer gewissen Berufung heraus" ausüben und so auch nicht die „notwendige Menschlichkeit" ausstrahlen können.

III. Bearbeitungskomplex

Wir konnten mit Frau P. ein sehr anregendes und zugleich tiefgehendes Gespräch führen, das hier leider nur in sehr groben Zügen wiedergegeben werden kann. Dadurch daß wir das Gespräch nicht aufzeichneten und auf Gesprächsnotizen zurückgreifen mußten, sind sicherlich viele wertvolle Beschreibungen verlorengegangen. Bei der Auswertung dieses Gespräches haben wir uns bewußt nur auf die Schilderungen konzentriert, die wir anhand unserer Gesprächsnotizen genauer erfaßt haben. Andere Schilderungen von Begebenheiten mußten wir im Rahmen der Auswertung vernachlässigen, da wir uns nicht mehr sicher waren, ob wir sie in dem nötigen Kontext wiedergeben konnten.

Wir durften Frau P. als eine sehr engagierte und tatkräftige Frau kennenlernen, die auch im Krankenhaus versuchte sich durchzusetzen. Auch wenn sie einige Verhaltensweisen von Pflegenden schilderte, die bei ihr Unwohlsein hervorriefen, fühlte sie sich niemals hilflos oder abhängig von Pflegenden, da sie sich nach eigenen Angaben immer rechtzeitig an Ärzte oder Stationsschwestern gewandt hatte, um so den Verhaltensweisen, die sie ablehnte, vorzubeugen. An einigen Beispielen zeigte sie auf, daß nicht alle Patienten diese für sie erfolgreiche „Strategie" nutzen konnten und deshalb auch einigen „rauhen" und „ungerechten" Verhaltensweisen ausgesetzt waren. In dem Gespräch ging es sehr häufig um aggressive Verhaltensweisen von Pflegenden, obwohl wir Begriffe wie „Aggression" oder auch „Gereiztheit" selbst nicht mehr genannt hatten. Diese Art des Umgangs mit dem Thema erstaunte uns und legte für uns die Vermutung nahe, daß für Frau P. das Thema „Aggressionen von Pflegenden" nichts Ungewöhnliches war. Auch versetzten wir uns während der Auswertung dieses Gespräches noch einmal in die Gesprächssituation. Das Gespräch hatte ja am frühen Morgen in einer öffentlichen Gaststätte stattgefunden, und Frau P. schien damals keine Hemmungen zu haben, über diese Thema zu reden, während beispielsweise am Nachbartisch andere Menschen saßen, die sehr wohl einige Gesprächsteile hören konnten.

4.3   Ergebnisse der schriftlichen Befragung

4.3.1   Beschreibende Darstellung Selbstbericht 1

I. Bearbeitungskomplex
Anfang Januar 1995 sandte uns eine 47jährige Frau einen fünf Seiten umfassenden
Selbstbericht als Beantwortungsschreiben der schriftlichen Untersuchung zu. Die Verfasserin, die nach eigenen Angaben seit acht Jahren an einer chronischen Erkrankung litt,
hat sich aufgrunddessen mehreren Krankenhausaufenthalten unterziehen müssen. Ihr
letzter Krankenhausaufenthalt lag zum Zeitpunkt der Befragung zwei Jahre zurück. Die
Verfasserin gab an, daß sie trotz ihrer Erkrankung am Erwerbsleben teilnehmen könne.
Sie nahm mit uns vor der Teilnahme an der Befragung telefonischen Kontakt auf und
versuchte zu erklären, daß sie zwar gerne bereit sei, an der schriftlichen Befragung teilzunehmen, es jedoch als vorteilhafter ansehe, wenn wir mit ihr ein Interview führen würden. Nachdem wir ihr erklärt hatten, warum wir die schriftliche Befragung als so wichtig
einstufen und zudem Interviews mit anderen Patienten durchführen würden, zeigte sie
Verständnis und versprach, uns einen Bericht zuzusenden.
    Ihren Bericht gliederte die Frau in acht Punkte, in denen sie verschiedene Situationen
näher beschrieb. Daß ihr das Schreiben nicht leicht gefallen ist, kann eine Textpassage
zeigen, die sie am Anfang formulierte:

> „Als ich die jeweiligen Situationen schildern wollte, fielen mir die Einzelheiten nicht
> mehr ein. Ich glaube, ich wollte es gar nicht im Gedächtnis behalten, weil es mir so
> gar nicht gefiel und ich mich schlecht behandelt fühlte. Ich war nie länger als 14
> Tage im Krankenhaus, brauchte nur kurze Zeit wirkliche Pflege und war immer heil-
> froh, wieder nach Hause zu dürfen, obgleich die erste Zeit daheim auch nicht einfach
> war.“

II. Bearbeitungskomplex
Die Verfasserin deutete in den ersten Sätzen an, daß sie mit den Begriffen „geschädigt“ bzw. „verletzt“ vor allem körperliche Schädigungen assoziierte.

> „Ich habe vergleichsweise geringe Schädigungen durch das Pflegepersonal erlitten.
> Bei mir wurde kein Medikament oder Infusionslösung vertauscht. Aber dennoch gab
> es einiges, was ich erwähnenswert halte im Rahmen dieses Themas.“

Im folgenden beschrieb sie anhand verschiedener Situationen, daß sie sich selbst
während pflegerischer Handlungen „ausgeliefert“, „nicht ernst genommen“, „wie ein
Stück Schlachtvieh“ oder auch „wie vor Schreck gelähmt“ gefühlt hat. Hier sollen nun
einige der von ihr erlebten Situationen durch die Wiedergabe von Textpassagen näher
beschrieben werden.
    Die erste Situation, die sie mit kurzen Sätzen erläuterte, handelte von einer Opera-
tionsvorbereitung, in deren Rahmen eine Krankenschwester die Rasur übernahm. Da die
Verfasserin jeder der von ihr beschriebenen Situationen eine Art Überschrift gab, sollen
diese auch in den Zitaten mit aufgeführt werden. Sie schrieb:

> *„Rabiates Rasieren vor der 2. Unterleibsoperation mit leichten Schnittverletzungen:*
> Nachdem mich die Schwester mehrmals geschnitten hatte, beschwerte sie sich, daß

immer sie das Rasieren übernehmen müsse. Dann kam noch eine Reihe blöder Sprüche, an die ich mich im einzelnen nicht mehr erinnern kann, die aber die für die Schwester und Patientin schwierige Situation nur noch schlimmer machten. Ich habe mich der Schwester ausgeliefert gefühlt, war total verkrampft und habe gehofft, daß nicht noch mehr passiert. Genau das habe ich auch gesagt und diese Prozedur auch überlebt. Mit der rasierenden Schwester hatte ich während des gesamten Krankenhausaufenthaltes kein gutes Verhältnis mehr."

An einer anderen Situation verdeutlichte sie ihr Gefühl, von Pflegenden nicht ernst genommen zu werden:

„Verrutschte Infusionsnadeln,
da schlecht plaziert und fixiert, dadurch Flüssigkeit ins Gewebe mit Schwellungen und Schmerzen, etc. Zunächst kaum Reaktionen auf meine Hinweise; ich fühlte mich nicht ernst genommen. Nach mehrmaligem Reklamieren wurde dann alles abgebaut ohne Ersatz und ich aufgefordert, dem Arzt nichts zu sagen."

Ganz ähnliche Gefühle wurden auch in folgender Situation beschrieben:

„Rabiates Setzen der Anti-Thrombosespritzen
Ich schillerte nach kurzer Zeit in allen Farben. Es gab starke Schwellungen und dann Verhärtungen an den Einstichstellen. Niemand ging auf meine Fragen ein. Ich fühlte mich der Willkür der Spritzenden ausgeliefert und hoffte auf die Entlassung."

Anhand einer anderen Situation beschrieb die Verfasserin kurz, wie sie die pflegerische Versorgung in Bezug auf ihren Blasenkatheter erlebte. Sie schrieb:

„Durch Unachtsamkeit der Schwester beim Hantieren am Bett wurde der *Dauerkatheter herausgerissen* und fiel auf den Fußboden. Zunächst schob sie die Schuld auf mich, dann schob sie das Röhrchen wieder zurück. Ich war vor Schreck wie gelähmt. Am nächsten Tag hatte ich eine Wahnsinns-Blasenentzündung mit viel Blutbeimengungen im Urin, die nur schwer therapierbar und sehr schmerzhaft war."

In einer anderen Schilderung erläuterte sie, wie sie die Vorbereitungsphase einer Operation im Operationsvorraum erlebte:

„Rumgeschubse in der OP-Vorbereitung
Stöße an die geöffneten Beine, Ellenbogen, ganz rohe Sprache, Kommentare etc. Ich kam mir vor wie ein Stück Schlachtvieh, fand auch schlimm, daß dort ausschließlich Männer waren. Ich habe darauf hingewiesen, daß ich noch hellwach bin, erst im OP meine Narkose bekomme und daher jetzt noch alles sehe, höre, fühle. Daraufhin wurde ich allein gelassen, bis ich dann in den OP gerollt wurde."

Sie hatte den Eindruck, daß Pflegende nicht immer auf ihre Wünsche eingingen, und zeigte dies an folgendem Beispiel:

„Pflasterrückstände wurden nicht entfernt,
als alle Pflaster (Bauchschnitt) wegen Pflasterallergie entfernt werden mußten. Meine Bitten wurden regelmäßig vergessen, bis ich mir dann im Schwesternzimmer Waschbenzin und Watte geben ließ und mir alles selber abmachte. Man hat mich nicht ernst genommen. Das bißchen Jucken, Rötungen und später die Schuppungen

waren nur kleine Fische. Mir selbst war es wichtig: Ich bin zur Tat, sprich ins Schwesternzimmer geschritten, nachdem ich wieder konnte."

Diesen Schilderungen schlossen sich noch einige Stichpunkte an, die hier ebenfalls
wiedergegeben werden sollen. In ihnen wollte die Verfasserin noch auf andere Situationen verweisen, die sie jedoch nicht näher beschrieb, und beendete ihren Selbstbericht mit
folgenden Anmerkungen:

> *„Nun zu weiteren Situationen:*
> – rabiates Vorgehen der Schwester bei der Erstmobilisation nach der OP (keine
>   Rücksicht auf Schmerzen, Kreislaufschwäche, Unsicherheit und Angst),
>
> – rabiates Waschen
>
> – Störungen während der Toilettenbenutzung (Mißachtung der Intimssphäre)
>
> – beim Klingeln wegen Stuhlgang oder voller Blase so späte Reaktionen, bis das
>   Bett beschmutzt war – Demütigung für den Patienten
>
> Man fühlt sich ausgeliefert und machtlos und hat Angst, daß frau schlechter behan-
> delt wird, wenn sie sich wehrt."

III. Bearbeitungskomplex

In diesem Selbstbericht wurden eine Vielzahl von Situationen, in denen sich die Verfasserin selbst ausgeliefert, schlecht behandelt und hilflos gefühlt hat, kurz umrissen.
Diese Beschreibungen und besonders die Wortwahl lassen darauf schließen, daß Pflegende Verhaltensweisen zeigten, die von dieser Patientin als schädigend oder verletzend erlebt und aufgrunddessen auch abgelehnt wurden. Neben einigen Beschreibungen bzw.
Formulierungen, die vermuten lassen, daß die Verfasserin möglicherweise Verhaltensweisen von Pflegenden als aggressiv erlebt hat, beschrieb sie auch Verhaltensweisen, die
sie mit einer gewissen Unachtsamkeit von Pflegenden in Zusammenhang brachte, und
zeigte, daß diese Verhaltensweisen bei ihr ähnliche Gefühle auslösten. Auffallend an diesem Selbstbericht ist auch, daß die Verfasserin mit den Anregungsfragen körperliche
Schädigungen assoziierte, was auch erklären kann, daß sie meist die körperliche Folgen
zuerst beschrieb und daraufhin erst die seelischen Folgen.

Die Verfasserin schilderte uns Situationen, die durchaus als „Standardsituationen" im
Krankenhaus anzusehen sind. So deuten sie nicht darauf hin, daß sie in einem besonderen
Zusammenhang mit der Erkrankung der Verfasserin stehen und die pflegerischen Handlungen aufgrund der Erkrankung in einer besonderen Art und Weise hätten ausgeführt
werden müssen.

Obschon die Schilderungen in einer relativ knappen Form aufgeschrieben wurden,
machte die Verfasserin deutlich, daß sie unter Verhaltensweisen von Pflegenden in einem
nicht unerheblichen Maße gelitten hat. Die anfängliche Bemerkung, daß sie viele Einzel-
heiten auch nicht im Gedächtnis behalten wollte, legt die Vermutung nahe, daß hier tiefgreifende Erlebnisse wiedergegeben wurden.

4.3.2   Beschreibende Darstellung Selbstbericht 2

I. Bearbeitungskomplex
In der zweiten Rückmeldung, die wir im Rahmen der schriftlichen Befragung erhielten, sandte uns eine 24jährige Studentin einen zwei Seiten umfassenden, handschriftlich verfaßten Selbstbericht zu. Die Studentin berichtete innerhalb ihrer Darlegungen über Erfahrungen, die sie bei ihrem ersten Krankenhausaufenthalt, der ungefähr ein halbes Jahr zurücklag, gemacht hatte. Grund ihres Aufenthaltes in einer Klinik war eine Erkrankung, die zwar mit erheblichen Schmerzen verbunden war, jedoch von ihr selbst als ein, im Vergleich zu anderen Erkrankungen, „leichtes Leiden" gekennzeichnet wurde. Die Verfasserin schrieb, daß sie sich insbesondere zu Beginn ihres einwöchigen Aufenthaltes im Krankenhaus „nicht wohl" gefühlt habe. Innerhalb ihrer Eigendarstellung schilderte sie negative Erfahrungen mit Pflegenden in einem zusammenhängenden Bericht, in dem sie eine klare Beschreibung sowohl von einer erlebten Pflegesituation als auch von ihren persönlichen Gefühlen in und nach dieser Situation gab.

II. Bearbeitungskomplex
Die Verfasserin begann ihre Ausführungen mit einer eher allgemeinen Beschreibung ihres Erlebens des Krankenhausaufenthaltes. So schrieb sie, daß sie trotz verordneter Bettruhe mehrere Tätigkeiten selbständig ausführen mußte.

„So mußte ich mein Essen holen und das Tablett auch wieder in den Flur bringen, mich um Mineralwasser kümmern (auch für die anderen Patienten), mein Bett wurde morgens nicht gemacht ('Sie sind ja wohl in der Lage, das allein zu tun')."

Den Grund für diese Behandlung durch das Pflegepersonal erkannte sie darin, daß sie in ihrem Patientenzimmer die jüngste und wohl am „leichtesten" erkrankte Patientin war. Im folgenden schilderte sie, daß es zu Konflikten zwischen ihr und einer Krankenschwester kam.

„Gleich am ersten Tag, als es nachmittags Kaffee oder Tee gab, fragte ich die Schwester, ob ich noch eine Tasse bekommen könnte. Sie sah mich (meiner Meinung nach) sehr unfreundlich an und antwortete: ‚Kaffee und Tee stehen draußen auf dem Flur', lief dann aber doch raus und setzte die nachgefüllte Tasse ziemlich geräuschvoll auf meinen Nachtisch auf. Ich reagierte ziemlich zornig, indem ich antwortete, daß ich das nicht wußte, weil es mein erster Tag in dieser Klinik wäre, und man könnte ja, um unangenehmen Fragen aus dem Wege zu gehen, eine Art Hausordnung aufhängen, damit die Patientinnen und Patienten nicht mehr nerven. Daraufhin sagte die Schwester nichts mehr, wurde in den nächsten Tagen aber nicht freundlicher zu mir.

Warum ich so reagierte?

Ich fühlte mich in dieser Situation persönlich angegriffen. Ich hatte den Eindruck, daß ich nicht als krank angesehen wurde, weil ich ‚nur' eine [Name der Erkrankung] hatte und im Gegensatz zu den anderen Patienten quietschfidel war."

Weiter schrieb sie:

„Nach einigen Tagen, als es mir besser ging und das Verhalten der Schwester sich nicht änderte, hatte ich dann wirklich das Gefühl, nicht krank zu sein, und sagte auch nichts mehr. Das Verhalten der Schwester am ersten Tag war eher unfreundlich, so, als hätte die schlechte Laune und würde beim ersten Laut aus der Haut fahren – für mich gereizt. Das Verhalten in den nächsten Tagen führe ich eher auf meine Antwort zurück. Jedenfalls war mir der Krankenhausaufenthalt so zuwider, daß ich nach einer Woche auf eigenen Wunsch entlassen worden bin, obwohl ich nicht vollständig fit war."

Die Verfasserin versuchte die Reaktion der Krankenschwester zu erklären und notierte folgendes:

„Die Reaktion der Schwester war meiner Meinung nach ein anderer Ausdruck für: ‚Mach lieber Platz für richtig kranke Leute, wir haben ohnehin schon genug zu tun.' "

III. Bearbeitungskomplex

In diesem Selbstbericht schilderte die Verfasserin insbesondere das Verhältnis zu einer Krankenschwester. Trotz der Kürze des Berichtes kann unserer Meinung nach gut nachvollzogen werden, wie sich die Beziehung zu der beschriebenen Krankenschwester im Laufe der Woche entwickelte. So erlebte die Verfasserin das Verhalten der Krankenschwester zu Beginn ihres Krankenhausaufenthaltes als unfreundlich oder gereizt. Auch in den darauffolgenden Tagen registrierte sie das Verhalten der Krankenschwester als unfreundlich. Die Verfasserin legte in ihrem Bericht offen, daß sie annahm, daß das Verhalten der Krankenschwester eine Reaktion auf ihre eigenen Verhaltensweisen war. Ohne daß die Verfasserin es explizit aufgeschrieben hat, kann man wohl vorsichtigerweise annehmen, daß sie sich einerseits ungerecht behandelt und andererseits in ihrer Krankheit nicht ernstgenommen fühlte. Auch schien sie in gewisser Weise stark verunsichert zu sein, und fühlte wohl, daß sie sich den Vorstellungen der Krankenschwester von ihrer Rolle als Patientin nicht angepaßt hatte. Daß sie anfangs noch versuchte, sich gegen die vermeintliche „Ungerechtigkeit" zu wehren, sich dann aber zurückzog, sich im Krankenhaus deplaziert fühlte und aufgrunddessen das Krankenhaus so schnell wie möglich verließ, kann verdeutlichen, daß sie sich möglicherweise dem Verhalten der Krankenschwester ausgeliefert gefühlt haben könnte bzw. sich widerwillig ihren Verhaltensaufforderungen anpaßte.

Die Umschreibungen der Verhaltensweisen der Krankenschwester mit den Worten „unfreundlich, so als hätte sie schlechte Laune und würde beim ersten Laut aus der Haut fahren – für mich gereizt" läßt darauf schließen, daß die Verfasserin möglicherweise keine Gelegenheit sah, ihre Bedürfnisse und Wünsche dieser Krankenschwester gegenüber zu verdeutlichen, da diese durch ihr Verhalten Ablehnung signalisierte.

4.3.3   Beschreibende Darstellung Selbstbericht 3

I. Bearbeitungskomplex

Mitte Januar meldete sich bei uns telefonisch eine 39jährige Frau, um sich über die schriftliche Befragung genauer zu informieren. Im Verlauf des Telefongespräches erzählte sie einige Erlebnisse, die zum Thema gehörten, und fragte, ob sie diese Erlebnisse aufschreiben könne. Als wir dies bejahten, wies sie uns darauf hin, daß es ihr mehr Probleme bereiten würde, die Begebenheiten aufzuschreiben, als zu erzählen. In diesem Telefongespräch versuchten wir ihr zu verdeutlichen, daß es sehr wichtig sei, daß einige Patienten sich dazu bereit erklären, die Dinge aufzuschreiben. Daraufhin sagte sie uns, daß sie bereits versucht habe, ihre Erlebnisse aufzuschreiben, und doch würde ihr dies schwer fallen, da sie dabei immer wieder ins Nachdenken komme, und diese Gedanken wären „nicht immer leicht zu ertragen". Trotz einiger bleibender Bedenken sandte sie uns zwei Tage später einen 20seitigen handschriftlichen Selbstbericht zu und bat uns, innerhalb eines Telefongespräches später dazu Stellung zu nehmen. In diesem zweiten Telefongespräch fragte sie uns zunächst, ob wir ihr das Geschriebene überhaupt glaubten. Hiernach berichtete sie über ihr Erleben während des Verfassens des Textes. Sie sagte uns, daß „da so viel hochgekommen" sei und daß sie während des Schreibens mehrmals eine Pause gemacht habe. Am gleichen Abend habe sie auch noch einmal mit ihrem Freund über die Vorkommnisse geredet, und er hätte sie noch einmal ermuntert, diese aufzuschreiben, weil „sie zusammen ja schon so oft darüber geredet hätten und das ja nichts bringen würde". So habe es ihr trotz aller Schwierigkeiten „recht gut getan, die Dinge einmal aufzuschreiben". Nachdem wir ihr versichert hatten, daß uns ihr Bericht weiter helfen könne und wir ihren Schilderungen Glauben schenkten, fragte sie uns, ob wir nicht eine Klinik wüßten, in der „das Pflegepersonal anders wäre". Diese Frage hatte einen besonderen Grund, denn die Frau schilderte, daß sie in der nächsten Zeit wieder ins Krankenhaus gehen müsse und „davor sehr viel Angst habe", denn es könne ja sein, daß sie wieder „solchen Schwestern ausgeliefert wäre, und dagegen könne sie sich ja nicht wehren". In beiden Telefongesprächen erlebten wir die Frau als zurückhaltend, schüchtern und bisweilen sogar als ängstlich. An dieser Stelle möchten wir darauf hinweisen, daß die Frau angab, als Jugendliche an einem Schwesternhelferinnenkurs teilgenommen zu haben. Heute arbeitet sie jedoch als Angestellte und hat mit der Organisation Krankenhaus beruflich keine Verbindung mehr.

Der umfangreiche handschriftlich verfaßte Text, der als zusammenhängender Bericht angefertigt wurde, läßt sich in zwei Teile gliedern, wobei sich der gesamte Bericht auf die Erlebnisse ihres letzten Krankenhausaufenthaltes, der ein Jahr zurücklag, bezog.

Im ersten Teil beschrieb sie unter anderem die Aufnahmesituation, die routinemäßigen Voruntersuchungen und die Operationsvorbereitung durch die Pflegenden. Hier machte sie gute Erfahrungen mit Pflegenden und schilderte diese in ihrem Bericht folgendermaßen:

„Dann wurde ich rasiert. Dieses Rasieren fand sehr diskret im Badezimmer bei einer relativ netten, aber selbstsicheren jungen Schwester statt. Wir unterhielten uns dabei, und ich fühlte mich als Person angenommen. Sie erzählte, daß sie am heutigen Tag schon fünf Frauen rasiert hätte und worauf ich besonders achten müsse. Insgesamt rasierte sie sehr schnell und geschickt, als sie bemerkte, daß ich fror, sagte sie: ‚Dann muß ich aber schnell machen.' Dann kam noch ein Einlauf, was ich aber auch, bedingt durch die Art der Schwester, nicht als peinlich erlebt habe."

In dem zweiten Teil des Textes erzählte sie primär von Verhaltensweisen einer Krankenschwester, die sie als nachhaltig negativ empfunden hat.

II. Bearbeitungskomplex

Auf die Begriffe „geschädigt" oder „verletzt" ging die Verfasserin des Textes nicht ein. Sie beschrieb jedoch deutlich, wie sie verschiedene Situationen mit Pflegenden er-

lebte und welche Gefühle in ihr ausgelöst wurden. So erlebte sie sich als ungerecht behandelt und eingeschüchtert. Sie betonte mehrmals, daß sie glaubte, daß sie durch die
Verhaltensweisen besonders einer Krankenschwester unnötige Schmerzen hat erleiden
müssen, und vermutete bisweilen, daß diese Schmerzen ihr bewußt als Strafe zugefügt
worden waren. Daß diese Verhaltensweisen von Pflegenden in ihr aber auch Schuldgefühle wecken konnten, soll folgende Textstelle belegen.

„Ich fand es unrecht, daß mir die Schuld dran gegeben wurde und daß ich als empfindlich und wehleidig verschrien war, denn ich denke mal, eine Ohnmacht passiert
ohne jede Absicht. Trotzdem fühlte ich mich schuldbewußt und als Versager.“

So erlebte sie während ihres dreiwöchigen Krankenhausaufenthaltes verschiedene
Pflegende und teilte sie in Gruppen ein.

„Überhaupt ließ sich das Verhalten der Schwestern in Schichten unterteilen, die eine
Schicht war nett und freundlich zu den Patienten, die andere Schicht, zu der auch
Rabiata gehörte, behandelte die Patienten sehr verächtlich, so als wäre es eine Zumu-
tung, diese Patienten behandeln zu müssen, und als wäre alles andere wichtig und
das physische und besonders das psychische Wohlergehen des Patienten an letzter
Stelle.“

Die Krankenschwester, die sie in der Textpassage mit dem Wort „Rabiata“ umschrieb, nahm in ihren Erzählungen eine Schlüsselrolle ein. Der Name selbst stammte
jedoch nicht von ihr, sondern war von Mitpatientinnen geprägt worden. Die Verfasserin
schilderte:

„Was mir auffiel, war, daß alle Patientinnen sofort anfingen, sich über eine bestimmte Krankenschwester zu beklagen, die aufgrund ihrer Brutalität und ihres takt-
losen Verhaltens sehr gefürchtet war. Sie hatte deswegen den Spitznamen Schwester
Rabiata (Schwester U.) weg. Ich antwortete, daß ich das alles nicht glauben könnte.
Die anderen Patientinnen sagten, daß ich es aber noch merken würde.“

Daß auch sie zu einem späteren Zeitpunkt derartige Verhaltensweisen dieser Krankenschwester erlebte, schilderte sie in ihrem Selbstbericht eingehend. So sind es auch die
folgenden Erlebnisse, die sie zu der Meinung kommen lassen, daß ihr absichtlich
Schmerzen als Strafe zugefügt wurden. Die Schilderungen sollen hier im Zusammenhang
belassen werden, um so zu verdeutlichen, wie die Verfasserin die Mobilisation einen Tag
nach ihrer Operation erlebte.

„Gegen Morgen hörte ich dann einen Schrei auf dem Flur. Ich war noch immer nicht
ganz klar, was meine Gedanken und Gefühle anging. Schwester U. schrie, als sie das
Zimmer betrat: ‚Hier stinkt es ja wie die Beulenpest‘ und ‚Raus aus den Pupsbetten‘.
Dann sah sie mich an und rief: ‚Jetzt waschen wir die Unterwelt‘. Sie riß mir brutal
die Beine auseinander und drehte und wendete mich wie ein totes Stück Fleisch. Daß
ich mehrmals vor Schmerzen laut schrie, schien sie nicht zu stören. Vielmehr zwang
sie mich immer mehr in Bewegungen, die mir weh taten, was ich mit einem nicht zu
unterdrückenden Schreien beantwortete, was sie wohl sehr befriedigte. Ich war entsetzt, weil ich vorher ja relativ sanft gewaschen wurde und auch darauf geachtet wurde, daß mir keine Schmerzen zugefügt wurden. Dann wollte Rabiata, daß ich auf-
stehe, weil sie das Bett machen wollte. Jede Bewegung tat weh, und ich war mehr

auf die Schmerzen als auf die Situation konzentriert. Rabiata und ich vergaßen daher die Drainagen und den Katheter, welcher sich im Bett verhakt hatte und das Aufstehen unmöglich machte. Alles fand in großer Hektik statt. Inzwischen war auch die Oberschwester ins Zimmer gekommen, die auch sehr hektisch war. Schließlich hatte sich die Verhedderungen beider Schläuche gelöst. Durch den Druck hatte ich zusätzliche Schmerzen in der Blase und der Operationswunde, in der ja die Drainage lag. Rabiata schrie mich an. Durch den autoritären Ton eingeschüchtert, stand ich auf, dabei waren die Schmerzen so stark, daß ich den Atem anhielt. Schließlich waren die Schmerzen in dem Maße unaushaltbar, daß ich ohnmächtig wurde, mir wurde schwarz vor Augen, und ich fiel auf Rabiata, die mich packte und brutal auf das Bett zurückschmiß. Der Schmerz war so stark, daß ich aus der Ohnmacht erwachte und vor Schmerzen schrie. Nun standen alle um mein Bett herum. Die Oberschwester schallte mich und sagte, daß ich aufstehen müßte, denn später würde ich nicht mehr aufstehen können und wie ich überhaupt dazu kommen könne, den Atem anzuhalten, ich hätte eine dauerhafte Hirnschädigung zurückbehalten können, wenn Rabiata mich nicht aufs Bett geschmissen hätte und ich durch den Schmerz nicht mehr geatmet hätte, wäre das wahrscheinlich auch passiert. Bei diesen Worten mußte ich an all das denken, was ich im Rahmen meiner Ausbildung als Schwesternhelferin bezüglich der Mobilisation gelernt hatte. Zum Beispiel, daß man den Patienten auf eventuelle Schmerzen und Schwindelgefühle vorbereitet, ihn zum richtigen Atmen anleitet und erst einmal auf der Bettkante sitzen läßt, damit der Kreislauf Gelegenheit hat, sich an die Situation zu gewöhnen. Diese Vorschriften hatte ich bei der Mobilisation stets beachtet und fragte mich, warum sie bei mir nicht beachtet wurden. Das hat mich dann wütend gemacht, und ich schrie die Oberschwester an, daß in dieser Hektik ja wohl keine Mobilisation durchführbar sei. Rabiata meinte daraufhin: Ich sollte mich schämen, denn eine andere Patientin von 80 Jahren hätte einen Tag nach der Operation bereits geduscht (was aufgrund meiner Verbände und Schläuche gar nicht möglich war). Dann wollte sie mich wieder zum Aufstehen zwingen, worauf ich sagte, daß ich mich von ihr in keinster Weise mehr behandeln und anfassen lassen würde. Worauf sie dann meinte, auf meine Ohnmacht anspielend: ‚Hier ist das Zimmer der gefallenen Mädchen, hier gehe ich raus'. Schlimm fand ich auch, daß meine durch die Schmerzen bedingte Ohnmacht als mein Versagen und meine Schuld angesehen wurde."

In den weiteren Ausführungen schilderte die Verfasserin dann, daß sich ihr Verhältnis zu der als „Schwester Rabiata" bezeichneten Krankenschwester mit zunehmender Dauer ihres Krankenhausaufenthaltes verschlechterte. Die Verfasserin berichtete:

„Zwischen Rabiata und mir begann nun ein subtiler Kampf. Als ich aus dem Zimmer gegangen war (drei Tage nach der Operation), warf sie den Blumenstrauß, den ich von meinem Freund nach der Operation bekommen hatte, weg. Sie entfernte Zeitschriften, die ich gerade las. Sie kritisierte, daß ich die Thrombosestrümpfe nicht richtig angezogen hätte, sie meinte, daß ich mich zuwenig bewegen würde (obwohl ich sehr oft in der Cafeteria und bei der Beschäftigungstherapeutin war). Über all dies machte ich mir Notizen mit genauen Zeitangaben. Ich bemerkte auch, daß die Lernschwestern vor Rabiata Angst hatten. Vor Angst waren sie teilweise nicht in der Lage, die Infusionsständer aus dem Zimmer zu entfernen, und vergaßen des öfteren

Gegenstände im Zimmer. Opfer ihrer Aggression waren hauptsächlich ausländische Schwesternschülerinnen. Besonders bei einer merkte ich, daß ihr regelmäßig der Angstschweiß ausbrach, als Rabiata in ihrer Nähe war."

Die Verfasserin des Textes schrieb an einer Stelle, daß man die Verhaltensweisen dieser Krankenschwestern nicht mit Gereiztheit entschuldigen könne. Vielmehr schloß sie sich der Meinung anderer Patientinnen an, und beurteilte diese Schwester wie folgt:

„Diese Frau hat eine Klatsche. Ich finde es schlimm, daß derart psychopathisches Personal auf Patienten losgelassen wird und schwere psychische und physische Schäden anrichtet."

Daß die Verfasserin jedoch nicht nur mit dieser beschriebenen Krankenschwester Konflikte erlebte, sondern auch mit anderen Pflegenden dieser Station kein persönliches Verhältnis aufbauen konnte, erläuterte sie mit folgenden Sätzen, in denen sie Pflegende beschrieb, die in der gleichen Arbeitsschicht der oben beschriebenen Krankenschwester arbeiteten:

„Sie zeigten deutliche Zeichen der Verachtung mir gegenüber, das sowohl mit meinem Zusammenbrechen nach der Operation und mit meiner Verweigerung, mich quälen zu lassen, zusammenhing. Ich war für diese Station einfach keine gute Patientin."

Ihren Selbstbericht schloß die junge Frau mit den Worten:

„Schmerzen als Strafe, wozu?"

und drückte so noch einmal ihr Unverständnis gegenüber den erlebten Verhaltensweisen der Pflegenden ihr gegenüber aus.

III. Bearbeitungskomplex

In ihrem Selbstbericht erzählte eine junge Frau, wie sie unter dem Verhalten besonders einer Krankenschwester gelitten hat. Wir möchten an dieser Stelle darauf hinweisen, daß sie einige Bestandteile der geschilderten Vorkommnisse auch während der Telefongespräche erzählte und keine inhaltlichen Abweichungen auftraten. In dem zweiten Telefongespräch bekräftigte sie sogar noch ihre Schilderungen, daß sie glaubte, daß die ihr zugefügten Schmerzen eine gewisse Befriedigung für die Krankenschwester gewesen sei, mit den Worten: „Die hat den Beruf doch nur ergriffen, um an den Patienten ihren Sadismus auszulassen."

Für uns besteht kein Zweifel, daß die Frau eine Situation schilderte, in der sie annahm, daß eine Pflegende ihr gegenüber bewußt aggressiv auftrat. Dies können unserer Meinung nach einige Textpassagen deutlich belegen. Ein wenig erschreckt mußten wir auch feststellen, daß diese Erlebnisse alle anderen positiven Erlebnisse, die die Frau während anderer Krankenhausaufenthalte mit Pflegenden sammeln konnte und im ersten Teil ihres Selbstberichtes auch schilderte, überschatteten, und die Frau uns gegenüber starke Ängste äußerte, bei ihrem nächsten Krankenhausaufenthalt solchen oder ähnlichen Verhaltensweisen von Pflegenden erneut ausgesetzt sein zu müssen.

Diese persönliche Darstellung und auch die damit verbundenen Telefongespräche regten uns zu einigen lebhaften Diskussionen an. Uns wurde hier eine Dimension von als schädigend oder verletzend erlebtem Verhalten gezeigt, die auf Verhaltensweisen von Pflegenden hindeuten, die unter Umständen nicht nur im Zusammenhang mit qualitativen Defiziten der pflegerischen Dienstleistung, sondern auch mit straf- bzw. zivilrechtlichen Folgen diskutiert werden könnten. Daß sich die Verfasserin schon während ihres Krankenhausaufenthaltes Notizen zu den Vorfällen gemacht hat, veranlaßte uns zu der Vermutung, daß auch sie sich überlegt haben könnte, im Anschluß an die Krankenhausbehandlung rechtliche Schritte gegen diese Krankenschwester einzuleiten, obwohl sie uns zu keinem Zeitpunkt auf derartige Intentionen hingewiesen hat.

4.3.4 Beschreibende Darstellung Selbstbericht 4

I. Bearbeitungskomplex
Den vierten Selbstbericht bekamen wir von einer 37jährigen Frau zugesandt, die seit zwei Jahren als Hausfrau tätig war. Aufgrund ihrer chronischen Erkrankung befand sie sich 14 mal in stationärer Behandlung. Bevor sie uns ihren fünf Seiten umfassenden Selbstbericht zuschickte, trat sie mit uns telefonisch in Kontakt, um zu fragen, ob wir ihren Bericht noch gebrauchen könnten, da sie unser Schreiben nun schon eine längere Zeit vorliegen habe. In ihren Ausführungen zum Thema stellte sie ihre Gedanken „schlaglichtartig" dar, wobei sie den Versuch unternahm, möglichst direkt auf unsere Anregungsfragen zu antworten.

II. Bearbeitungskomplex
Auf unsere erste Anregungsfrage antwortete sie kurz, daß sie sich durch Handlungen von Pflegenden „noch nicht geschädigt gefühlt habe". Unsere zweite Anregungsfrage, ob ihr gegenüber Pflegende schon einmal gereizt aufgetreten seien, beantwortete sie mit folgenden Sätzen:

„Ein gewisser Frust, der bei einigen Pflegekräften vorliegt, wird m. E. am Patienten ausgelassen. Durch einige Aufenthalte in diversen Kliniken der BRD konnte und mußte ich mit Entsetzen feststellen, daß die Opfer vom Pflegepersonal meist Patienten sind, die hilflos, unerfahren, unversiert und kein Durchsetzungsvermögen besitzen. Meist liegt auch eine Überforderung beim Personal vor, egal ob fachlich oder menschlich."

Auf unsere dritte Anregungsfrage nach Verhaltensweisen von Pflegenden, die in keinem Zusammenhang mit einer gewissen Gereiztheit stünden, antwortete sie detaillierter. Zunächst schilderte sie eine Situation, in der sie postoperativ einen starken Eiterausfluß aus dem Operationsgebiet feststellte.

„Sofort habe ich eine Schwester informiert. Die Frau war zu keiner Handlung fähig. Ein Arzt war zur Zeit nicht anwesend. Es begann die Nacht. Ich fühlte mich nicht wohl, konnte kaum schlafen und hatte eine totale Unruhe in mir."

Sie beschrieb, daß sie in dieser Nacht circa 200 ml eitrigen Ausfluß hatte. Als dann am Morgen das Pflegepersonal zum Bettenmachen ins Zimmer kam, erlebte die Verfasserin diese Situation folgendermaßen:

„Das anwesende Pflegepersonal war so entsetzt und zeigte keine medizinische Reaktion. Meine Gedanken waren klar – ich verfaule innerlich. Da das Personal regungslos dastand und derzeit kein Arzt anwesend war, schleppte ich mich unter die Dusche und ließ mir das Wasser laufen und versuchte, die Fassung zu bewahren. Das Pflege-personal entschuldigte sich nicht bei mir direkt, sondern zeigte totale Freundlich-keit."

Ihre Gefühle in dieser oder in ähnlichen von ihr erlebten Situationen beschrieb sie wie folgt:

„In dieser Situation fühlte ich mich nicht nur alleine, sondern ich war auch alleine. Wenn zum Beispiel das Pflegepersonal in meinem Falle den Mut gehabt hätte und dem Arzt direkt mitgeteilt hätte, hier stimmt was nicht, dann wären mir bestimmt viele Schmerzen erspart geblieben. Dieses Beispiel ist sehr hart, und ich möchte diese Situation auch nicht verallgemeinern. Gefühlt habe ich mich nur noch als ‚et-was' oder als ein ‚Objekt' oder ‚Nummer'. Ich wurde nur betrachtet, beobachtet, be-gutachtet und mit einer – für meine Begriffe – Kälte versorgt. Es kam weder mal ein nettes Wort noch ein Lächeln. In meiner Situation, in der ich mich ja ohne eigenes Verschulden befand, sehnte ich mich nach einer netten Geste oder wie auch immer."

Auf die Frage nach eigenen Reaktionen antwortete sie:

„Ich war deprimiert und fassungslos über die ‚Kälte'. Ich machte mir selber Mut, indem ich mir einredete: ‚Hoffentlich kommt ihr nicht einmal in solche Situationen, liegt in diesen Betten und seid auf fremde Hilfe angewiesen.' Ich glaube, viele Pfle-gekräfte würden sich erschrecken, wenn sie sich einmal selber sehen würden bei der täglichen stationären Arbeit. Auch ein eigener Klinikaufenthalt wäre nicht schlecht, um mal dieses Gefühl zu haben. Gleiches und noch viel Intensiveres gilt für Ärzte. Gleichzeitig möchte ich aber auch sagen, daß es auch sehr nette und hilfsbereite Schwestern und Pfleger gibt, die leider in zu geringer Anzahl vorhanden sind."

Ihren Selbstbericht beendete die Verfasserin mit folgenden Worten:

„Es sollte nie vergessen werden, es geht hier um Menschen und nicht um irgendet-was. Die Würde des Menschen ist unantastbar! Und so sollte es auch bleiben."

III. Bearbeitungskomplex
Wir glauben, daß die Verfasserin besonders mit ihren letzten Bemerkungen zum Aus-druck bringen wollte, daß sie das Verhalten einiger Pflegender in verschiedenen Situatio-nen als unangemessen erlebt hatte.

Uns fiel bei diesem Selbstbericht zunächst einmal auf, daß die Verfasserin ihre Aus-führungen mit der Aussage begann, daß sie sich durch das Verhalten von Pflegenden noch nicht geschädigt gefühlt habe, und durch ihre abschließenden allgemeinen Bemer-kungen darauf aufmerksam machte, daß das im Grundgesetz verbürgte Grundrecht ‚Schutz der Menschenwürde' auch in Zukunft gelten solle. Dieser Appell könnte darauf hindeuten, daß sie Verhaltensweisen erleben mußte, die mit diesem Grundrecht nicht zu vereinbaren sind. Daß der Umgang mit den Pflegenden von ihr nicht immer als würde-voll erlebt wurde, können die Feststellungen, daß sich Pflegende ihr gegenüber „kalt" verhielten, daß sie sich als „Nummer" oder „Objekt" fühlte oder aber sich selbst als de-primiert und fassungslos erlebte, veranschaulichen. Neben diesem psychischen Befinden schilderte die Verfasserin auch, daß sie die fachliche Kompetenz der Pflegenden als nicht immer ausreichend beurteilte und dies durchaus als nachteilig erlebte.

Interessant fanden wir darüber hinaus den Hinweis, daß Pflegende sich erschrecken würden, wenn sie selbst einmal als Patienten in einem Krankenhaus liegen. Wir glauben, daß die Verfasserin hier andeuten wollte, daß sie den Eindruck gewinnen konnte, daß viele Pflegende die Bedeutung, die ihr Verhalten auf das Erleben der Krankenhausrealität bei Patienten hat, nicht erkennen. Würde diese Bedeutung erkannt, so würden Pflegende sich gegenüber den Patienten möglicherweise anders verhalten.

4.3.5 Beschreibende Darstellung Selbstbericht 5

I. Bearbeitungskomplex
In dem fünften Selbstbericht beschrieb uns eine 31jährige Frau, die heute aufgrund ihrer chronischen Erkrankung in einer Behindertenwerkstatt tätig ist, anschaulich, wie sie das allgemeine Verhalten von Pflegenden erlebt hatte. Sie griff dabei auf ihre vielfältigen Erfahrungen aus sechs verschiedenen Krankenhausaufenthalten zurück, wobei ihr letzter Aufenthalt schon über zwei Jahre zurücklag. Wie sie Pflegende erlebt hat, schilderte sie uns in einem zusammenhängenden Bericht, der aufgrund seiner Kürze und Prägnanz im folgenden vollständig wiedergegeben werden soll.

II. Bearbeitungskomplex
Die Frau schrieb folgendes für uns auf:

„Ich bin [Name der Erkrankung] und sollte einen geregelten Tagesablauf haben. Doch zu dieser Zeit wußte ich das nicht, da man einen schlechten Arzt hatte.

Die Schwestern waren desinteressiert an ihrer Arbeit und an uns. Ihnen war alles egal. Am Anfang wurde gesagt, daß man bei einem Anfall auf einen Knopf zu drücken hat und aufpassen sollte. Die Schwestern wollten dann sofort kommen, doch wenn so etwas vorgefallen war, kam ganz selten eine Schwester. Sie meinten immer: ‚Ach, ist doch nicht so schlimm, erzählt mal, wie ist es abgelaufen?‘

Wir waren oft im Aufenthaltsraum und immer lange, bis in die Nacht hinein, Kaffee wurde viel getrunken, und das alles ist sehr schlecht für unsere Krankheit. Wir sind auch so oft und lange nach draußen gegangen, wie wir wollten. Wir haben nie etwas gehört oder fragen brauchen, wir sind halt einfach gegangen. Wenn man nicht einem ‚Kollegen‘ sagte, wo man ist, wußte keiner Bescheid. Den Schwestern war es egal.

In der Beschäftigungstherapie hatte man eigentlich immer zu sein, doch wenn wir keine Lust hatten, blieben wir einfach weg. Man lag oft im Bett in dieser Zeit. Morgens war es auch egal, wann man aufstand, obwohl eine Vorschrift da war, allein schon wegen des Frühstücks. Es waren auch nie alle bei der Morgenbesprechung.

Der Fernseher lief ständig. Man konnte alles sehen und so lange, wie man wollte.

Ich war ca. 1,5 Jahre mit ‚Unterbrechungen‘ dort, doch die Einstellung auf die Tabletten wurde nicht besser. Anfall, Anfall und immer mehr Anfälle.“

III. Bearbeitungskomplex
Die Verfasserin machte innerhalb ihrer Ausführungen deutlich, daß sie das Verhalten von Pflegenden eindeutig als „desinteressiert" an ihrer Arbeit und demnach auch an ihrer Person erlebt hat. Leider gab sie keine Hinweise darauf, warum sie derartige Verhaltensweisen als schädigend erlebt hat bzw. diese mit den Begriffen „als schädigend erlebt" bzw. „als verletzend erlebt" assoziierte.

In ihrem Bericht veranschaulichte die Verfasserin aber, daß sie sich durch das „desinteressierte" Verhalten der Pflegenden ihr gegenüber nicht gefördert fühlte und so die notwendige fachliche und menschliche Unterstützung im Umgang mit der Erkrankung vermißte.

Die Verfasserin beschrieb in ihrem Selbstbericht nicht, wie sie sich selbst in diesen erlebten Situationen gefühlt hat, jedoch könnte vorsichtig vermutet werden, daß Gefühle der Unsicherheit und des mit der Krankheit Alleingelassenwerdens in ihr geweckt wurden.

4.3.6   Beschreibende Darstellung Selbstbericht 6

I. Bearbeitungskomplex
Die Verfasserin dieses Selbstberichtes war eine 37jährige Frau, die neben ihrem Beruf ein Studium absolvierte. Nach ihren Angaben erkrankte sie vor drei Jahren an einer chronischen Erkrankung, aufgrund derer sie sich zwei längeren Krankenhausaufenthalten unterziehen mußte. Der Selbstbericht erreichte uns Ende Januar 1995, nachdem die Verfasserin kurz vorher telefonisch mit uns Kontakt aufgenommen hatte und sich erkundigte, ob sie die Beantwortung der Fragen auch stichpunktartig durchführen könne, denn dies würde ihr leichter fallen. Sie äußerte Zweifel, ob wir mit diesen Stichpunkten überhaupt etwas anfangen könnten, aber es fiele ihr eben schwer, sich anders auszudrücken. Nachdem wir betonten, daß es ihr überlassen sei, in welchem Stil sie auf unsere Anregungsfragen antworten würde, verfaßte sie ein kurzes handschriftliches Antwortschreiben, das wir hier in seiner gesamten Länge wiedergeben wollen.

II. Bearbeitungskomplex
Folgendes schrieb die Frau für uns auf:

> „Zunächst muß ich sagen, daß ich für mich den Ausdruck ‚geschädigt' nicht verwenden würde, denn ich habe durch das Verhalten der Pflegekräfte mir gegenüber keine bleibenden Nachteile oder Schäden erhalten.
>
> Trotzdem gab es Verhaltensweisen seitens des Pflegepersonals*, daß mir die ohnehin nicht leichte Angelegenheit im Krankenhaus nur noch mehr erschwert hat:
>
> – kein Wort über die Krankheit (Krebs)
>
> – so gut wie keine Zeit zum Gespräch
>
> – manche Schwestern waren kurz angebunden, ließen sich auf keine Fragen ein
>
> – Aktionen wie Haare waschen, Füße waschen (sie waren nach zwei Wochen mit einer dicken Hornschicht besehen und ich konnte mich nicht selbst zu den Füßen hin begeben) ‚seien nicht Sache der Schwestern' oder ‚Keine Zeit jetzt, später ...',

solche Aussagen für jemanden, der 16 Tage stramm im Bett liegen muß, sind schon ziemlich abwertend.

---

* Es gab auch angenehme Begegnungen mit Schwestern, die jedoch wegen Zeitmangel im Routine-streß eher untergingen.

III. Bearbeitungskomplex

Die Verfasserin lehnte den Begriff „geschädigt" für sich persönlich ab, da sie mit diesem Begriff bleibende Nachteile bzw. Schäden assoziierte. Vorsichtig umschrieb sie das, was sie jedoch mit dem Begriff „geschädigt" und wahrscheinlich eher mit dem Begriff „verletzt" verband, und führte im folgenden Verhaltensweisen von Pflegenden auf, die ihr die Zeit im Krankenhaus „erschwert" hätten. Interessant erschien uns auch die Einfügung, daß es Pflegende gab, mit denen sie angenehme Begegnungen hatte. Diese Aussage schwächte sie jedoch noch im gleichen Satz wieder ab, indem sie betonte, daß diese Begegnungen aufgrund des Zeitmangeln im Routinestreß untergingen.

Trotz der kurzen Ausführungen spiegelt dieser Bericht sehr deutlich wider, welche Verhaltensweisen als negativ bewertet wurden. Die Gefühle, die diese Verhaltensweisen in ihr hervorrufen konnten, beschrieb sie nur an einer Stelle, doch wiegt der Begriff „abwertend" unserer Meinung nach schwer, denn in gewisser Weise könnte er nicht nur auf ein tiefgehendes Gefühl hindeuten, sondern auch ein Hinweis darauf sein, daß die Verfasserin dem Handeln der Pflegenden eine gewisse, bewußt ihr gegenüber gezeigte Gleichgültigkeit unterstellte.

Aus dem Text könnte man darüberhinaus aber auch Emotionen annehmen, die die Verfasserin möglicherweise während der erlebten Situationen gehabt haben könnte. So erscheint es möglich, daß die Verfasserin besonders auf der kommunikativen Ebene Zuwendung von seiten der Pflegenden vermißte. Auch kann angenommen werden, daß die Verfasserin sich zeitweise ungerecht behandelt fühlte und ein nicht Ernstnehmen und Mißachten ihrer Bedürfnisse erlebte.

Hinweisen möchten wir auch noch einmal auf die Formulierung „kurz angebunden", die für uns die Vermutung nahelegt, daß hier Verhaltensweisen von Pflegenden möglicherweise als aggressiv erlebt wurden.

4.3.7   Beschreibende Darstellung Selbstbericht 7

I. Bearbeitungskomplex

Anfang Februar 1995 schrieb uns eine 32jährige berufstätige Frau, die aufgrund ihrer chronischen Erkrankung achtmal einer stationären Krankenhausbehandlung bedurfte. Der letzte Aufenthalt lag jedoch schon über ein Jahr zurück. Bevor die Verfasserin ihren schriftlichen Bericht anfertigte, trat sie mit uns telefonisch in Kontakt. Dabei wies sie darauf hin, daß es ihr nicht leicht falle, ihre Erinnerungen schriftlich zu verfassen. Auch in der schriftlichen Darlegung ihres Erlebens beschrieb sie diesen Umstand noch einmal anschaulich:

„Es ist nicht einfach, einen Teil meiner Geschichte so komplex wie möglich aufzuschreiben. Beim Schreiben werden Erinnerungen wach, die nicht leicht zu handhaben
sind. Das ist auch der Grund, warum ich erst so spät antworte."

Innerhalb des Telefongespräches sagte sie ferner, daß sie es für sinnvoller halte, uns
in einem persönlichen Gespräch ihre Erfahrungen mitzuteilen, da wir ihr so näher erklären könnten, was uns wirklich interessiere. Nachdem wir ihr unsere Fragestellung der
Untersuchung noch einmal erläutert hatten, äußerte sie den Wunsch, von uns eine Rückmeldung zu bekommen, um so zu wissen, ob wir ihren Selbstbericht verwenden konnten.
In ihrem vier Seiten umfassenden handschriftlichen Bericht wies sie dann darauf hin, daß
sie seit ihrem 19. Lebensjahr unter einer sehr schweren Erkrankung leide, aufgrund derer
sie sich einer Vielzahl von operativen Eingriffen in verschiedenen Krankenhäusern unterziehen mußte.

Die Verfasserin gliederte ihren zusammenhängend geschriebenen Bericht in Anlehnung an die zeitlichen Phasen ihres Krankheitsverlaufes und schilderte auf diese Weise
auch Situationen, die schon einige Jahre zurücklagen.

II. Bearbeitungskomplex

Der Verfasserin erschien es nicht sinnvoll, im Zusammenhang mit den in diesem Bericht beschriebenen persönlichen Erlebnissen von „Schädigungen" oder „Verletzungen"
zu reden, da sie mit diesen Ausdrücken offenbar absichtlich herbeigeführte Nachteile assoziierte. Diese Absichtlichkeit wollte sie den Pflegenden nicht unterstellen, da ihr bewußt war, daß Pflegende in ihrer Arbeit einer hohen Belastung ausgesetzt sind. Trotz
dieser Bedenken, die sie gegenüber der Verwendung der Begriffe „geschädigt" bzw.
„verletzt" hatte, beschrieb sie an einigen Stellen im Selbstbericht, daß sie sich „entsetzt"
und „unsicher" gefühlt habe. Darüber hinaus deutete sie mit wenigen Worten an, daß sie
einige Handlungen von Pflegenden, die diese und ähnliche Gefühle auslösen konnten, als
nicht unbewußt vollzogen erlebte.

Zunächst beschrieb die Verfasserin in ihrem Selbstbericht eine Situation, die sie nach
ihrer ersten Operation erlebt hatte und die somit schon einige Jahre zurücklag.

„Es war ein eingreifendes Erlebnis für mich. Ich wachte mit starken Schmerzen auf,
hatte sehr unter den Narkosenachwirkungen zu leiden, bekam anschließend eine Bla-
senlähmung, ja, und hatte genügend mit mir selbst zu tun. Das Pflegepersonal ‚ver-
sorgte' mich. Einige waren sehr aufmerksam, andere wieder wirkten immer sehr gehetzt. Meine Wunde heilte nicht, ich hatte ein extremes Hämatom in der Wunde.
Eine Schwester öffnete es mit den Worten ‚Na, mit dem Bikini Tragen ist es ja wohl
jetzt vorbei'. Ich war entsetzt und verunsichert. Sie war davon überzeugt. Selbst als
sie mein Erschrecken erkannte, ging sie nicht auf mich ein. Damals fing ich selbst
an, im Krankenhaus zu arbeiten, und wußte, daß das Pflegepersonal unter einem hohem Druck steht. Aufgrund dessen wollte ich ihnen so wenig wie möglich zur Last
fallen. In den darauffolgenden Jahren mußte ich noch mehrmals ins Krankenhaus. Es
erfolgten mehrere [Name der Erkrankung]operationen."

Im folgenden berichtete sie, daß sie nach vier Operationen das Krankenhaus wechsel-
te, weil sie sich von einer anderen Klinik erhoffte,

„daß man dort als Mensch und nicht als Organ gesehen wird und vor allem auch behandelt wird. Damals bereitete ich mich mit meinen Freundinnen und Freunden auf den Aufenthalt in der Klinik vor. Das sah so aus, daß bei sämtlichen Untersuchungen und Gesprächen 2 Freundinnen dabei waren, ich Alternativen gesucht und Angebote seitens der Ärzte hinterfragt habe und alles in allem zu einer ‚nicht pflegeleichten‘ Patientin wurde. Es wurde nicht einfach, da ich mich nun teilweise mit Ärzten gestritten habe, von denen ich operiert/behandelt wurde. Mein Ruf ging mir voraus.“

In dieser Klinik erlebte sie aber auch Unterschiede im Verhalten der Pflegenden.

„Es war fast spannend, das Verhalten des Pflegepersonals mitzubekommen. Manchmal kam es mir so vor, als wenn sich die Belegschaft in zwei Lager aufteilte. Zu meinem Glück betreute mich eine Schwester, die mir Gutes tun wollte. Ihre sachliche mir zugewandte Art war sehr angenehm.

Es wurden zwei OP's vorgenommen. Davon ein Bauchschnitt, der mir sehr zu schaffen machte. Diese Schwester betreute mich kurz vorher und nachher. Leider ging sie am 2. OP-Folgetag in Urlaub, mit den Worten, daß sie mir viel Glück wünschen würde – ich würde es brauchen. So war es auch. Die Schwestern hielten sich nicht viel bei mir auf. Waren sehr reserviert, teils provokativ. Es ist schwer, von einem schädigendem Verhalten zu sprechen. Mir ist klar, daß es sich um Menschen handelt, die unter hoher Belastung stehen.“

III. Bearbeitungskomplex
Die Verfasserin brachte in ihrem Selbstbericht zum Ausdruck, daß sie während ihrer Krankenhausaufenthalte unter den Folgen ihrer Erkrankung zu leiden hatte. Sie erlebte dabei das Verhalten von Pflegenden in ihrer Situation als keineswegs immer hilfreich oder unterstützend. In einer Situation schien sie sich durch eine verbale Äußerung einer Pflegenden „psychisch" verletzt gefühlt zu haben. Aufgrund dieser Erfahrungen und des Wissens darum, daß Pflegende im Krankenhausalltag hohen beruflichen Anforderungen ausgesetzt sind, versuchte sie, den Pflegenden „nicht lästig zu fallen". Sie wies aber darauf hin, daß sie von einigen Pflegenden mehr „seelische" Unterstützung benötigt hätte. Wir konnten den Eindruck gewinnen, daß gerade diese, auf uns eher sensibel wirkende Patientin in den für sie ohnehin schwierigen Situationen mehr menschliche Zuwendung von Pflegenden, die sie nur im Verhalten einiger weniger erleben konnte, benötigt hätte.

Mit den Worten bzw. Sätzen „reserviert", „provokativ" oder „selbst als sie mein Erschrecken erkannte, ging sie nicht auf mich ein" deutete die Verfasserin an, daß sie hinter dem jeweiligen Verhalten der Pflegenden eine gewisse Absicht vermutete. Für uns legten diese Worte bzw. Sätze die Annahme nahe, daß hier möglicherweise Verhaltensweisen beschrieben wurden, denen sie ein gewisses Aggressionspotential unterstellte.

4.4   Zusammenfassung der Ergebnisse

Die in den Einzelfallstudien dargestellten Ergebnisse der beiden Befragungsformen zeigten einige Auffälligkeiten, Gemeinsamkeiten und Anregungen. Hier nun sollen einige Dimensionen des Erlebens herausgegriffen und inhaltlich zusammengefaßt werden. Bewußt wollen wir uns dabei auf einige wenige Aspekte konzentrieren, die uns persönlich als besonders diskussionswürdig erscheinen. So haben wir eine Auswahl getroffen, die sicherlich durch andere und darüberhinausgehende Interpretationen zu ergänzen ist.

4.4.1   Über das Verhalten der Pflegenden

Im Zusammenhang mit unserer Fragestellung berichteten uns die Patienten, welche Verhaltensweisen von Pflegenden sie als schädigend oder verletzend erlebten. Die Beschreibung des Verhaltens enthielt somit stets ihre persönliche Bewertung, die wir an späterer Stelle eingehender beleuchten wollen. Hier sollen die geschilderten Verhaltensweisen isoliert betrachtet werden, um zu zeigen, daß unterschiedliche Verhaltensweisen als schädigend oder verletzend eingeordnet wurden.

Die befragten Patienten berichteten uns, daß sie einige Verhaltensweisen von Pflegenden als unpersönlich, gleichgültig oder nachlässig erlebten. Dabei hatten sie den Eindruck, daß Pflegende ihr Handeln nicht auf den jeweiligen Patienten ausrichteten, sondern lediglich um die Erfüllung ihrer Aufgaben bemüht waren. Die Leistungserbringung der Pflegenden stellte sich für einige der befragten Patienten als unpersönlich und bisweilen als unmenschlich dar, denn sie bemerkten, daß die Pflegenden die Tätigkeiten auf eine gleichförmige und darüberhinaus manchmal in einer nachlässigen Art und Weise erledigten und daß auch die anderen Patienten diese Leistung in der gleichen Art und Weise erhielten. Der Mangel an persönlicher Anteilnahme und Interesse für den individuellen Patienten konnte so für einige Patienten in „routinemäßig" ausgeführten Handlungen der Pflegenden sichtbar werden. Die befragten Patienten erlebten zudem, daß Pflegende in Zeiten, in denen sie ihre Arbeit „routinemäßig" ausführten, nur wenig Bereitschaft signalisierten, mit dem Patienten in einen persönlichen Kontakt zu treten. Auch hatten sie oftmals den Eindruck, daß die Pflegenden nicht bereit waren, ihre jeweils „routinemäßig" durchgeführten Handlungen für den einzelnen Patienten kritisch zu reflektieren, um feststellen zu können, ob die Art der Leistung und deren Durchführung dem Patienten in seiner individuellen Situation gerecht wird.

Die als unpersönlich und gleichgültig erlebten Handlungen von Pflegenden, die wir im weiteren mit dem Begriff „Routinehandlungen" belegen wollen, beschrieben die befragten Patienten meist im Rahmen ihres Erlebens von pflegerischen Arbeiten wie dem morgendlichen Bettenmachen, dem Waschen, dem Verbinden von Wunden oder auch dem Verabreichen von Medikamenten. Diese pflegerischen Situationen erlebten die befragten Patienten häufig während ihrer Krankenhausaufenthalte, doch bleibt festzuhalten, daß sie lediglich die Art und Weise, also wie die Pflegenden diese Leistungen an ihnen erbrachten, als schädigend oder verletzend bewerteten.

Einige der befragten Patienten erlebten es als schädigend oder verletzend, daß ihre Bedürfnisse von den Pflegenden oftmals nicht erkannt bzw. ermittelt wurden, und schilderten, daß sie den Eindruck hatten, daß ihre persönlichen Anliegen und Bedürfnisse nicht im Mittelpunkt der pflegerischen Arbeit standen. Ferner hatten sie das Gefühl, daß bestimmte Bedürfnisse, die sie gegenüber den Pflegenden äußerten, von diesen nicht aufgegriffen wurden und bisweilen sogar die Erfüllung der Anliegen abgelehnt worden sei. So erlebten es einige der befragten Patienten als schädigend oder verletzend, daß zum einen die Pflegenden keine Bereitschaft zeigten, geäußerte Bedürfnisse in ihre Arbeit zu integrieren, und zum anderen, daß diese Bedürfnisse mitunter gar nicht erfüllt wurden. Sie schilderten, daß Anliegen wie beispielsweise das Waschen der Haare, das Schneiden der Fußnägel, das Bringen von Getränken oder auch das Einräumen des Patientenschrankes auf Ablehnung bei den Pflegenden stieß. Einige erlebten es als schädigend oder verletzend, wenn sie das Gefühl vermittelt bekamen, daß Pflegende regelmäßig ablehnend auf ihre Anliegen reagierten, die augenscheinlich über die von Pflegenden für die Patienten geplanten pflegerischen Leistungen hinausgingen. Einige Patienten schilderten auch, daß es bisweilen nicht möglich gewesen sei, eigene „Problemlösungsvorschläge" für die Bewältigung ihrer Probleme einzubringen, und Pflegende ihren Vorschlägen gegenüber Ablehnung signalisierten, ohne daß sie bemerkt hätte, daß die Pflegenden ihren Vorschlag „geprüft" hätten.

Die befragten Patienten erlebten es demnach als schädigend, wenn Pflegende es ablehnten, bestimmte von ihnen geforderte Leistungen zu erbringen und die individuellen Bedürfnisse in den Mittelpunkt der pflegerischen Tätigkeit zu stellen. Diesen Umstand möchten wir im weiteren Verlauf der Arbeit mit dem Begriff „Unterlassungshandlungen" kennzeichnen.

Auch erlebten und schilderten einige der befragten Patienten, daß ihr Bedürfnis nach menschlicher Wärme und Zuwendung und das Eingehen auf ihre persönliche Lebenssituation oftmals trotz deutlicher Hinweise nicht von den Pflegenden aufgegriffen wurde. So hatten sie den Eindruck, daß einige Pflegende sie auf eine betont „unpersönliche" und „kalte" Art und Weise behandelten. Sie bemerkten dabei, daß einige Pflegende nicht nur keine Bereitschaft, sondern auch Ablehnung signalisierten, sich ihnen auch auf der persönlichen Ebene zu nähern. Die Ablehnung der Pflegenden habe sich in der Wortwahl und dem Tonfall sowie an der Gestik und Mimik der Pflegenden und bisweilen auch darin gezeigt, daß Pflegende keinen Kontakt zu ihnen suchten und so ihre Anwesenheit nahezu ignorierten. In diesem Zusammenhang schilderten einige der befragten Patienten, daß die Pflegenden während ihrer Arbeit eine „stille" und „unheimliche" Atmosphäre verbreiteten. Einige berichteten auch, daß sie den Eindruck hatten, daß ihr seelisches Befinden nicht nur keine Beachtung fand, sondern daß Pflegende bewußt mit ihrem Verhalten gegenüber den Patienten ausdrückten, daß ihr Befinden als unwichtig einzuschätzen sei, oder gar Handlungen vollzogen, die darauf abzielten, daß sie sich psychisch belastet, wie beispielsweise schuldig, fühlen sollten.

Dem Leser werden sicherlich noch einige Schilderungen im Gedächtnis sein, in denen die Patienten Worte wie ruppig, hart, unfreundlich, frech oder auch aggressiv zur Beschreibung der Verhaltensweisen von Pflegenden benutzten. Aggressives Verhalten von Pflegenden erlebten einige der befragten Patienten vornehmlich dann, wenn sie Wünsche äußerten, die über die routinisierte Arbeit der Pflegenden hinausgingen, wenn sie sich nicht an bestimmte Regeln der Station, die ihnen meist jedoch gar nicht bekannt waren, hielten oder aber wenn sie in irgendeiner Form das Verhalten der Pflegenden kritisierten. Einige befragte Patienten hatten aber auch den Eindruck, daß aggressives Verhalten unvermittelt auftrat. Dieses „plötzliche" Auftreten von aggressivem Verhalten habe sich meist in einem „rauherem" Umgangston oder aber in dem Zurücknehmen der Kontaktbereitschaft der Pflegenden gegenüber ihnen geäußert. Die Patienten konnten nicht feststellen, warum die jeweils Pflegenden sich in diesen Situationen ihnen gegenüber in einer aggressiven Form verhielten. Mehrere der befragten Patienten berichteten darüber hinaus, daß einige Pflegende regelmäßig ein Verhalten ihnen gegenüber zeigten, das sie als aggressiv bewerteten. Diese Pflegenden seien regelmäßig „unfreundlich" und „reserviert" ihnen gegenüber aufgetreten. Ferner berichteten Patienten, daß sie bemerkt hätten, daß besonders alte und im hohen Maße pflegeabhängige Menschen mit diesen Verhaltensweisen einiger Pflegender konfrontiert waren.

Die als schädigend oder verletzend erlebten Verhaltensweisen der Pflegenden, die uns zu unserem Thema von den Patienten beschrieben wurden, lassen sich unserer Meinung nach grob in drei Dimensionen des Handelns unterteilen. Zum einen wurde von Verhalten berichtet, daß als „routinisiert" beschrieben wurde. Dabei wurde vornehmlich thematisiert, wie die pflegerische Leistung dem einzelnen Patienten angeboten wurde. Das als unpersönlich, gleichgültig und nachlässig erlebte Verhalten von einigen Pflegenden stieß auf die Ablehnung der Patienten. Ferner wurde uns von den befragten Patienten geschildert, daß sie den Eindruck hatten, daß Pflegende bestimmte Handlungen nicht vollzogen, die die befragten Patienten jedoch als notwendig erachteten. Dabei wurde berichtet, daß Pflegende einerseits ihre Bedürfnisse nicht erkannten und aus diesem Grunde auch nicht darauf eingehen konnten. Andererseits wurden Bedürfnisse der Patienten zwar erkannt, jedoch fand deren Erfüllung aus unterschiedlichen Gründen nicht statt. Die dritte Dimension des erlebten Verhaltens von Pflegenden bezog sich auf die Verhaltensweisen, die als aggressiv erkannt und beschrieben wurden. Hier ist jedoch auch festzustellen, daß die befragten Patienten zwar häufig Verhaltensweisen beschrieben, die durch Wortwahl, Tonfall, Mimik und Gestik als aggressiv qualifiziert wurden, doch mitunter nicht deutlich gesagt wurde, daß dieses Verhalten gegen sie persönlich gerichtet gewesen war.

4.4.2   Über die Schädigungen und Verletzungen

Uns ist bewußt, daß sich die Erlebnisse, die die befragten Patienten zur Fragestellung assoziierten, nur schwer von ihrer jeweiligen Lebenssituation und Persönlichkeit getrennt darstellen lassen. Auch die verschiedenen Formen der Schädigungen oder Verletzungen sind in ihrer Art im Gesamtkontext des jeweiligen Interviews bzw. der Selbstaufschreibung besser zu verstehen. Hier aber soll zusammengefaßt werden, welche Schädigungen oder Verletzungen, die mit den oben beschriebenen Verhaltensweisen der Pflegenden in Zusammenhang gebracht wurden, die befragten Patienten erlebten.

Viele der Befragten gaben deutlich zum Ausdruck, daß sie den Begriff „schädigend" im Zusammenhang mit ihren Erlebnissen als nicht angemessen empfanden, da sie unter einer „Schädigung" einen bleibenden bzw. dauerhaften und meist auch für andere sichtbaren Schaden verstanden. Andere formulierten diese Sichtweise nicht, assoziierten jedoch besonders körperliche Zustandsveränderungen wie Schmerzen mit der Fragestellung. Unter den Begriff „verletzend" konnten die Befragten regelmäßig mehr Erlebnisse einordnen, so daß in der Gesamtsicht unter unserer Fragestellung vornehmlich Erlebnisse berichtet wurden, in denen sich die Patienten als seelisch belastet fühlten.

So nahm innerhalb unserer Befragung die Dimension der im psychischen Bereich erlebten Schädigungen bzw. Verletzungen den größten Raum ein. Die befragten Patienten erlebten sich selbst während und nach pflegerischen Handlungen beispielsweise als

- in ihrer Person und individuellen Lebenslage nicht verstanden,
- nicht ernstgenommen,
- nicht angenommen,
- vernachlässigt,
- hilflos,
- alleingelassen oder verlassen,
- erniedrigt oder diskriminiert,
- ignoriert,
- Objekt oder als Nummer,
- bloßgestellt,
- dumm oder blöd hingestellt,
- ängstlich und als
- wehrlos, ohnmächtig oder ausgeliefert.

Darüber hinaus berichteten einige Patienten auch von negativen körperlichen Folgen, die ursächlich mit den Handlungen von Pflegenden in Verbindung gebracht wurden. Beispielsweise wurde davon berichtet, daß durch eine nicht sachgerechte oder zeitlich verzögerte Verabreichung von Medikamenten die Genesung beeinträchtigt wurde, daß durch mangelnde Sorgfalt Dekubiti auftraten und daß den Patienten beispielsweise durch die Art und Weise der Mobilisation oder auch Rasur unnötig starke Schmerzen zugefügt wurden.

Wir möchten an dieser Stelle betonen, daß wir den Eindruck hatten, daß besonders die seelischen Schädigungen oder Verletzungen mit mehr Betroffenheit von den Patienten geschildert wurden. Welchen Stellenwert die Schädigungen oder Verletzungen im Erleben der Patienten einnahmen, zeigt der von den Patienten beschriebene Umstand, daß sie die seelischen Schädigungen oder Verletzungen in aller Regel bei zunehmender Krankenhausaufenthaltsdauer intensiver erlebten. So entwickelten einige Patienten ein starkes Mißtrauen gegenüber den Pflegenden. Auch berichteten Patienten wiederholt, daß sie aufgrund dieser Erfahrungen vor weiteren Krankenhausaufenthalten Angst hätten, und dies nicht zuletzt deswegen, weil sie befürchteten, daß bei einer zunehmenden Pflegeabhängigkeit die beschriebenen seelischen Schädigungen und Verletzungen zunehmen.

4.4.3   Über Bewertungen und Reaktionen der Patienten

Die befragten Patienten berichteten uns innerhalb der Untersuchung auch von ihren eigenen Reaktionen in den geschilderten Situationen. Die Reaktionen bauten sich nicht zuletzt aufgrund ihrer Bewertung der Verhaltensweisen von Pflegenden auf, und aus diesem Grund sollen hier zunächst einige Bewertungen und im Anschluß daran geschilderte Reaktionen der Patienten aufgezeigt werden.

Zunächst möchten wir festhalten, daß die überwiegende Zahl der befragten Patienten versuchte, Verständnis für die Situation der Pflegenden aufzubringen, und bemüht war, sich in die Lage der Pflegenden hineinzuversetzen. Dies zeigte sich besonders in den

Interviews. Häufig hatten die befragten Patienten den Eindruck, daß Pflegende hohen Anforderungen gerecht werden und ihre Arbeit zumeist unter zeitlichem Druck bewältigen müssen. Daß sie dabei nicht immer in der Lage seien, den individuellen Bedürfnissen der Patienten gerecht zu werden und bestimmte Prioritäten in der täglichen Arbeit setzen müßten, wurde von einigen Patienten als wesentlicher Einfluß auf deren Handeln erkannt. Mehrere Patienten bemerkten, daß Pflegende sich ihrer Meinung nach nicht in ausreichendem Maße untereinander abstimmen und die Zusammenarbeit mit anderen Berufsgruppen, wie beispielsweise der der Ärzte oder Krankengymnasten, nicht immer geregelt sei. Einige Patienten schilderten, daß sie den Eindruck hatten, daß die Pflegenden einer Station „gleichförmig" handelten. Andere berichteten dahingegen, daß sie die Handlungen von Pflegenden als „Einzelhandlungen" erlebten und keinen Zusammenhang zwischen den Handlungen verschiedener Pflegenden sahen.

Im Zusammenhang mit unserer Fragestellung nahm der Aspekt, daß Pflegende eben häufig nicht genügend Zeit zur Erfüllung ihrer Aufgaben hätten, eine wichtige Stellung ein. Jedoch wurde diese Ursache für die Art und Weise des pflegerischen Handelns nur selten als die alleinige Ursache erkannt. So wurde mit dem Begriff „Überforderung" auch darauf hingewiesen, daß Pflegende möglicherweise im Gesamtkontext ihrer Arbeit überlastet sind. Neben den hohen fachlichen Anforderungen sprachen einige Patienten auch von den hohen menschlichen Anforderungen, die diese Tätigkeit an die Pflegenden stelle und denen nicht alle Pflegenden gewachsen seien. Wiederholt erzählten die befragten Patienten, daß sie den Eindruck hatten, daß einige Pflegende nicht für ihren Beruf geeignet waren und aufgrund vornehmlich persönlicher Defizite im Umgang mit Menschen und besonders mit kranken Menschen eine Haltung ihnen gegenüber zeigten, die sie ablehnten. Das „nicht geeignet sein" für diesen Beruf wurde vor allem denjenigen Pflegenden unterstellt, die sich den Patienten in einer als unmenschlich, kalt oder auch rauh erlebten Umgangsart zuwandten. So stellten die befragten Patienten fest, daß diesen Pflegenden regelmäßig Eigenschaften wie beispielsweise Hilfsbereitschaft, Geduld oder auch Kontaktfreudigkeit fehlten. Zwar äußerten einige Patienten, daß es möglich sein könne, daß beispielsweise private Umstände Einfluß auf das Verhalten der Pflegenden hatte, doch stießen diese Verhaltensweisen regelmäßig auf Unverständnis und Ablehnung. Für die meisten Patienten war es schwierig, die als kalt oder auch ruppig umschriebenen Verhaltensweisen der Pflegenden zu bewerten. Wenn in diesem Zusammenhang von als aggressiv erlebten Verhaltensweisen von Pflegenden berichtet wurde, nahm die Beschreibung der Persönlichkeitsmerkmale des jeweils Pflegenden einen großen Raum ein. Mehrmals wurde der Ausdruck „Schwester Rabiata" von Patienten in ihren Schilderungen verwandt, und wir hatten den Eindruck, daß bei Verwendung des Begriffes eine Summe bestimmter, als negativ bewerteter Persönlichkeitsmerkmale zusammengefaßt wurde. Uns erschien, daß diese Art Redewendung nahezu stereotyphaft verwandt wurde und meist auf eine ironische Art und Weise Pflegende beschrieb, die von Patienten als rauh, unsanft und unsensibel wahrgenommen wurden. Die Ursachen für Verhaltensweisen und Haltungen von Pflegenden, die mit diesem Begriff charakterisiert wurden, sahen diese Patienten in den persönlichen Eigenschaften der Pflegenden.

Wir fühlten uns bisweilen an die Redewendung „Schwieriger Patient" erinnert, in dem in ähnlicher Weise negative Persönlichkeitsmerkmale von Patienten gefaßt werden. Der Begriff „Schwester Rabiata" wurde aber auch dann von Patienten verwandt, wenn sie in der Bewertung der jeweiligen Verhaltensweisen der Pflegenden unsicher waren und sich davor scheuten, dem Handeln eine Absicht zu unterstellen.

Einige der befragten Patienten nahmen an, daß dem als negativ bewerteten Handeln Unachtsamkeit und Gedankenlosigkeit zugrunde lag, andere wiederum gaben zum Ausdruck, daß Pflegende keine Bereitschaft zur Reflexion ihrer Tätigkeit zeigten und so auch nicht die Bedürfnisse und deren Stellenwert für den jeweiligen Patienten erkannten oder aber auch in den beschrieben Situationen bewußt ablehnende Verhaltensweisen ihnen gegenüber zeigten. So konnte die Schnittstelle zwischen Unachtsamkeit und Gedankenlosigkeit und einem absichtlichen Mißachten beispielsweise der Bedürfnisse der Patienten nach emotionaler Nähe unscharfe Konturen annehmen. Die Bewertung der Verhaltensweisen fiel den Patienten regelmäßig schwer, auch wenn sie meist daran zweifelten, daß beispielsweise Gedankenlosigkeit als alleinige Erklärung für das jeweilige, als negativ erlebte Verhalten von Pflegenden gelten kann. In der Bewertung, ob ein Verhalten als unachtsam, gedankenlos oder absichtlich einzuordnen ist, konnten wir fließende Interpretationsübergänge erkennen.

Bei der Befragung war also festzustellen, daß nicht immer eine eindeutige Bewertung der Verhaltensweisen von Pflegenden durch die Patienten gegeben wurde. Die jeweilige Bewertung kann jedoch eine wichtige Schlüsselgröße zum Verstehen der Reaktionen der Patienten auf ein als schädigend oder verletzend erlebtes Verhalten von Pflegenden sein. Da die Komplexität der Bewertung nur bedingt erfaßt werden konnte, wollen wir an dieser Stelle typische Reaktionsmuster der Patienten aufzeigen, ohne jedoch zu klären, welcher Zusammenhang zwischen der Bewertung und der Reaktion bestand.

Die wohl am deutlichsten thematisierte Form der Reaktion auf die oben beschriebenen seelischen Schädigungen oder Verletzungen war das Sich-Zurückziehen der Patienten von den Pflegenden. Dieser „Rückzug" konnte verschiedene Formen annehmen. So berichteten die befragten Patienten, daß sie versuchten, die Pflegenden so wenig wie möglich zu beanspruchen, die Mithilfe von anderen Patienten oder auch Angehörigen soweit zu nutzen, daß sie auf die Hilfe der Pflegenden nicht angewiesen waren oder aber indem sie ihre Ansprüche an die pflegerischen Leistungen auf ein Maß reduzierten, das durch die tägliche Routine erfaßt werden konnte. Neben diesen Rückzugstendenzen auf der Handlungsebene beschrieben einige der befragten Patienten aber auch, daß sie sich psychisch von den Pflegenden abwandten, keine „tiefergehenden Gespräche" mit ihnen suchten oder gar betonten, daß sie die Pflegenden nicht mehr an sich „rankommen" ließen.

Andere Patienten schilderten, daß sie sich noch in der zugrundeliegenden Situation mit den jeweils Pflegenden verbal auseinandersetzten oder aber sich mit ihren Beschwerden zu einem späteren Zeitpunkt vornehmlich an Stationsschwestern oder Ärzte gewandt haben. Uns schien, daß die befragten Patienten sich dann an Ärzte wandten, wenn ihnen die Auseinandersetzung mit den Pflegenden als aussichtslos erschien, weil sie beispielsweise als ein durchaus geschlossenes Arbeitsteam wahrgenommen wurden, oder aber, wenn sie eine rasche Lösung eines Konfliktes anstrebten. Ein Gedanke, der in diesem Zusammenhang wiederholt geäußert wurde, war der, daß einige der befragten Patienten den Eindruck hatten, daß die Ärzte aufgrund ihrer Vorgesetztenfunktion die Konflikte im Sinne der Patienten lösen konnten. Daß diese Lösung eines Konfliktes sich zumeist negativ auf die Beziehung zu den Pflegenden auswirkte, wurde dabei in Kauf genommen. Dies geschah möglicherweise auch deshalb, weil die Beziehung zu den Pflegenden als so nachhaltig gestört angesehen wurde, daß diese weiteren negativen Auswirkungen nicht mehr als wichtig angesehen wurden.

Uns überraschte, daß die befragten Patienten über eigene Reaktionen berichteten, die ihre Situation in aller Regel nicht mehr bessern konnten. Meist wurden wahrgenommene Defizite in der pflegerischen Leistungserbringung hingenommen und nicht während der Zeit im Krankenhaus thematisiert. Einige der Befragten äußerten auch, daß sie die Befürchtung gehabt hätten, als „Meckerer" oder auch „schwieriger Patient" zu gelten, wenn sie ein höheres Maß an pflegerischer Betreuung für sich einfordern würden. In diesem Zusammenhang klang auch an, daß einige Patienten vermuteten, daß in einem solchen Falle die pflegerische Leistung eher abnehmen und Pflegende noch unfreundlicher reagieren könnten. Da sich die Patienten aber in aller Regel von Pflegenden abhängig fühlten, schienen sie diese Folgen nicht „unnötig" provozieren zu wollen.

Wir stellten jedoch auch fest, daß einige Patienten in dem Aufbauen einer emotionalen Distanz zu den Pflegenden eine Verbesserung ihrer Situation erkannten und sich so gegen schädigende und verletzende Verhaltensweisen von Pflegenden schützten.

4.5   Interpretation der Ergebnisse

Abschließend wollen wir dem Leser eigene Interpretationsansätze vorstellen, die wir im Anschluß an die Auswertung der Exploration erarbeiteten. Dabei werden wir uns auf Zusammenhänge konzentrieren, die unserer Meinung nach besonders deutlich hervortraten.

Zunächst faßten wir die Beschreibungen der Patienten zum Thema so zusammen, daß in einem weiteren Analyseschritt mögliche Problemkreise herauskristallisiert werden konnten. Die folgenden vier Punkte beschreiben, welche Zusammenhänge die befragten Patienten unter anderen beschrieben.

1. Die befragten Patienten schilderten, daß Pflegende Verhaltensweisen zeigten, die sie als schädigend oder verletzend erlebten.
2. Die Patienten erlebten, daß die Pflegenden ihre Reaktionen auf das als schädigend oder verletzend erlebte Verhalten nicht oder nur in nicht beabsichtigter Form zum Bestimmungsgrund ihrer weiteren Handlungen machten.
3. Die Patienten sahen in der Persönlichkeitsstruktur der jeweils Pflegenden und den organisatorischen Rahmenbedingungen, und hier wurde besonders häufig das sogenannte „Zeitproblem" genannt, wesentliche Bestimmungsgründe für das als schädigend oder verletzend erlebte Verhalten der Pflegenden. Diese Ursachen stellten sich für sie als unbeeinflußbar dar, zumal die Bedingungen für sie oftmals nicht transparent waren.
4. Die Gefühle der Patienten konnten sich mit zunehmender Handlungsdauer der Pflegenden verstärken, und dies vor allem, weil die Patienten bemerkten, daß sie das Verhalten der Pflegenden nicht beeinflussen konnten. Bisweilen bemerkten die Patienten sogar, daß sich das schädigende Verhalten durch ihre Reaktionen, wie beispielsweise das Zur-Wehr-Setzen, noch verstärkte. Wir erkannten, daß die Persönlichkeitsstruktur und momentane Lebenssituation der Patienten die beschriebenen Gefühle mitunter verstärkten. Oftmals fühlten sie sich gegenüber ihrer momentanen Lebenssituation hilflos und bemerkten, daß Pflegende sich nicht für die daraus resultierenden Pro-

bleme interessierten und aus diesem Grunde auch keine Hilfestellungen zur Bewältigung gaben.

Für uns kristallisierten sich vier Problemkreise heraus, von denen wir glauben, daß sie im Zusammenhang mit unserer Fragestellung einer tiefergehenden Betrachtung bedürfen. Wir möchten diese anhand einiger Beispiele, die uns von Patienten geschildert wurden, erläutern.

1. Störungen innerhalb der Interaktion von Patienten und Pflegenden

Dieser Problemkreis wurde unserer Ansicht nach von den befragten Patienten am umfassensten beleuchtet. Sie schilderten uns Verhaltensweisen von Pflegenden, die sie ablehnten, da sie zu einer wahrgenommenen Schädigung oder Verletzung ihrer Person führten. Das Aufbauen von Gefühlen wie des Sich-Hilflos-, Alleingelassen- oder Verlassenfühlens wurde demnach ursächlich mit dem Verhalten von Pflegenden zusammengebracht. Mit verschiedenen Verhaltensweisen reagierten die Patienten auf das als schädigend oder verletzend erlebte Verhalten der Pflegenden und versuchten mit ihren Verhaltensweisen die Pflegenden dahingehend zu beeinflussen, daß diese ihr Verhalten änderten. Jedoch schilderten uns die Patienten, daß sie den Eindruck hatten, daß ihre Reaktionen auf das als schädigend oder verletzend erlebte Verhalten von den Pflegenden entweder mißverstanden oder absichtlich falsch verstanden wurden. Dies soll an einem Beispiel verdeutlicht werden.

Einige Patienten erlebten als schädigend, daß Pflegende für sie relevante Pflegebedürfnisse nicht erkannten. Sie reagierten darauf, indem sie die Pflegenden verbal auf diese Bedürfnisse hinwiesen. Auf diese Hinweise reagierten einige Pflegende mit aggressiven Verhaltensweisen oder mit Unverständnis. Die Patienten konnten so den Eindruck gewinnen, daß ihre Signale, die sie dem Pflegenden sandten, falsch oder gar nicht verstanden wurden.

Ein weiteres Problem innerhalb der Interaktion bestand unserer Meinung nach darin, daß sich die von den Patienten wahrgenommenen Schädigungen verstärkten, wenn sich das Verhalten innerhalb des prozeßhaften Interaktionsgeschehens nicht änderte. Dieses soll an zwei Beispielen verdeutlicht werden.

Auf aggressives Verhalten von Pflegenden reagierten einige Patienten damit, daß sie sich zum Beispiel bei der Stationsschwester oder beim Stationsarzt beschwerten. Hatte diese Beschwerde keine Verhaltensänderung im Sinne der Unterlassung dieser Handlungen zur Folge, so beschrieben uns einige Patienten, daß das Verhältnis zu dem besagten Pflegenden noch schlechter wurde, wodurch sich die negativen Folgen, die durch das Handeln der Pflegenden bei den Patienten ausgelöst wurden, noch verstärkten. Einige Patienten, die das verletzende Verhalten von Pflegenden in einer mangelnden menschlichen Zuwendung erkannten, versuchten das Verhalten der Pflegenden dadurch zu verändern, daß sie ihre Wünsche und Forderungen an die Pflegenden zurücknahmen, um so das zwischenmenschliche Verhältnis zu den Pflegenden zu verbessern. Wurde auf diese Signale der Patienten nicht reagiert, so entstanden bei den Patienten mehrmals zusätzliche negative Empfindungen wie zum Beispiel das des Nicht-Verstanden-Werdens oder des Mißachtet-Werdens. Im Zusammenhang mit unserer Fragestellung erscheint es uns daher sinnvoll, sich eingehender mit den Problemen der Interaktion zwischen Pflegenden und Patienten auseinanderzusetzen.

2. Einflußfaktoren, die auf den Interaktionsprozeß wirken

Die befragten Patienten erkannten vornehmlich in den Persönlichkeitseigenschaften der Pflegenden und den organisatorischen Rahmenbedingungen der pflegerischen Arbeit die Ursachen für die von den Pflegenden im Interaktionsprozeß gezeigten Verhaltensweisen. Im Erleben der Patienten, und hier besonders in der Beurteilung und Bewertung der als schädigend oder verletzend bewerteten Verhaltensweisen, stellen sich diese Größen als mehr oder weniger für sie vorgegeben und damit nicht veränderbar dar. Es wurde von einigen Patienten ein direkter Bezug von diesen Einflußgrößen über das Verhalten der Pflegenden zum erlebten Schaden hergestellt. Die Gründe für das als schädigend erlebte Verhalten wurden hier von den Patienten also nicht innerhalb des Interaktionsprozesses mit den Pflegenden identifiziert, sondern lagen ihrer Meinung nach außerhalb dieses Prozesses. Durch diese Bewertung zogen einige Patienten den Schluß, daß sie das Verhalten, das sie auf diese Ursachen zurückführten, nur schwer beeinflussen konnten. Wenn Patienten zum Beispiel den Eindruck hatten, daß Pflegende sich ihnen gegenüber in einer Weise verhielten, die eine Hilfsbereitschaft nicht erkennen ließ, und dieses Verhalten ausschließlich auf Persönlichkeitsmerkmale der Pflegenden zurückführten, so sahen sie keine Möglichkeiten, eine Verhaltensänderung bei den Pflegenden zu bewirken. Auch wenn der Grund für das schädigende Verhalten in den organisatorischen Rahmenbedingungen, zum Beispiel in einem schlechten Arbeitsklima in der Gruppe der Pflegenden gesehen wurde, so sahen die befragten Patienten keine Möglichkeiten, das Verhalten der Pflegenden für sich positiv zu beeinflussen. Als Reaktion auf derartig erlebte Verhaltensweisen von Pflegenden sahen Patienten den Rückzug, der sich in einem vollkommenen Abbruch der Pflegebeziehung oder aber in dem Verlassen des Krankenhauses äußerte.

3. Verarbeitung der als schädigend oder verletzend erlebten Verhaltensweisen

Ein dritter uns in bezug auf unsere Fragestellung als wichtig erscheinender Problemkreis liegt in der Verarbeitung von schädigendem Verhalten durch die Patienten. Wir konnten vor allem während der Interviews erkennen, daß die Persönlichkeit und die individuelle Lebenssituation der befragten Patienten wesentliche Einflüsse auf das Erleben von Verhaltensweisen hat. Auf welche Art und Weise Patienten das wahrgenommene Verhalten von Pflegenden verarbeiten und bewerten, hängt unserer Einschätzung nach entscheidend von ihrer Persönlichkeit und Lebenssituation ab. Gleiche Verhaltensweisen von Pflegenden können von verschiedenen Patienten also unterschiedlich erlebt werden, und eine gleiche Bewertung von Verhaltensweisen kann bei Patienten eine unterschiedliche Reaktion hervorrufen. Wir möchten auch dieses Problem an einem Beispiel verdeutlichen.

Einige Patienten berichteten uns, daß Pflegende ihnen sogenannte „Extrawünsche", wie zum Beispiel das Haarewaschen, nicht erfüllten. Der Schaden, den sie aufgrund dieser doch anscheinend gleichen Verhaltensweise bei sich feststellten, variierte jedoch sehr stark. So beschrieben einige Patienten, daß sie sich aufgrund dessen „dreckig" oder körperlich „unwohl" gefühlt haben. Andere wiederum schilderten in diesem Zusammenhang, daß sie sich allein gelassen, hilflos, ja bisweilen erniedrigt gefühlt haben. Wir mußten also feststellen, daß scheinbar gleiche Reize von den Patienten unterschiedlich verarbeitet wurden. So könnte zum Beispiel bei einem Patienten, der sich aufgrund seiner Krankheit ohnehin schon hilflos fühlt, das Verhalten der Pflegenden dieses Gefühl verstärken. Ebenso wird jemand, der aufgrund seiner Persönlichkeit der Körperpflege einen höheren Stellenwert einräumt, das im Beispiel beschriebene Verhalten des Pflegenden anders bewerten als jemand, der hierauf einen niedrigeren Wert legt. Auch die Reaktionen, die Patienten auf einen wahrgenommenen Schaden äußern, können individuell recht unterschiedlich sein. Wenn sich Patienten zum Beispiel von Pflegenden bloßgestellt fühlen, können sie aufgrund ihrer Lebenssituation oder Persönlichkeit recht unterschiedlich reagieren. Jemand, der aufgrund seiner Persönlichkeit recht selbstbewußt ist, wird sich vielleicht eher gegen das Verhalten der Pflegenden zur Wehr setzen als jemand, der ein gestörtes Selbstwertgefühl hat oder der sich aufgrund seiner Krankheit in einer ohnehin geschwächten körperlichen Verfassung befindet.

4. Aggressives Verhalten von Pflegenden

Abschließend möchten wir bei unserer Analyse auf ein Problem hindeuten, das sich durch die gesamte Befragung zog. Einige der befragten Patienten berichteten uns von Verhaltensweisen der Pflegenden, die sie als aggressiv bewerteten. Daß die Patienten diese als aggressiv erlebten, qualifizierten sie unserer Meinung nach durch die Wortwahl, den Tonfall und durch ihrer Mimik und Gestik. Wir möchten an dieser Stelle auf unsere anfängliche Literaturanalyse verweisen, in der deutlich wurde, daß Pflegende sich selbst mitunter als aggressiv gegenüber den Patienten erlebten. Dies deckte sich auch mit den Erfahrungen, die wir selbst in einer vorangegangenen Studie mit Pflegenden sammeln konnten. In der von uns damals durchgeführten Studie berichteten Pflegende, daß sie sich selbst als aggressiv gegenüber den Patienten erlebten und beispielsweise folgende Verhaltensweisen gegenüber Patienten zeigten, die hier aus unserer damaligen Analyse zitiert werden sollen:

- ... dann werde ich von der Tonlage her sehr laut.
- ... dann höre ich schon gar nicht mehr hin.
- ... dann reagiere ich schon gar nicht mehr.
- ... dann sehe ich zu, daß ich aus dem Zimmer schnell heraus komme.
- ... dann stelle ich meine Ohren auf Durchzug.
- ... dann sage ich das zum Patienten ziemlich pampig.
- ... dann mache ich schon mal Abstriche.
- ... dann habe ich den Patienten warten lassen.
- ... dann werde ich ziemlich ruppig.
- ... dann habe ich in der Nacht das Zimmerlicht voll angemacht.
- ... dann ziehe ich das Pflaster nicht vorsichtig ab, sondern reiße einfach mal.
- ... dann habe ich den Patienten bei der Schulter genommen und geschüttelt.
- ... dann habe ich den Patienten ins Gesicht geschlagen.
- ... dann habe ich erst mal den Patienten mit 4711 abgesprüht.
- ... dann habe ich das Pflaster bis zum Abwinken verklebt.

Wir möchten an dieser Stelle darauf verzichten, die uns damals von den Pflegenden geschilderten Situationen mit den von den Patienten geschilderten Situationen zu vergleichen, da unserer Meinung nach hier Rückschlüsse und Zusammenhänge hergestellt würden, die uns in dieser Form nicht tragbar erscheinen. Wir glauben jedoch, daß dies weitere interessante Erkenntnisse fördern würde, und hoffen, daß wir oder auch andere zu einem späteren Zeitpunkt eine zusammenhängende Analyse durchführen. An dieser Stelle können also nur einige wenige Hinweise gegeben werden, die auf mögliche Interdependenzen beider Studien weisen.

Obwohl wir in den Untersuchungen von verschiedenen Fragestellungen ausgingen, stellten wir fest, daß sowohl die befragten Pflegenden als auch die befragten Patienten

von Situationen berichteten, die als durchaus alltäglich in der Krankenhausrealität zu begreifen sind. Beispielsweise handelte es sich um folgende Situationen:

- die Situation des morgendlichen Waschens der Patienten,
- die Situation, daß ein Patient klingelt und um Hilfestellungen verschiedenster Art
  bittet,
- die Situation des Verbandswechsels durch Pflegende,
- die Situation des Bettenmachens,
- die Situation des Essenreichens oder auch
- die Situation des Gespräches.

Patienten wie Pflegende wählten mitunter ähnliche Begriffe, um das Verhalten der
Pflegenden bzw. ihr Verhalten zu beschreiben. Hier möchten wir lediglich die Worte
„ruppig", „pampig" und oder auch Umschreibungen wie „die Patienten bewußt länger
warten lassen" oder „die Ohren auf Durchzug stellen" herausgreifen.

Auch möchten wir auf folgenden Umstand hinweisen, der uns bei dem Vergleich beider Studien auffiel, den wir jedoch keiner genaueren Analyse unterziehen konnten. Die
Pflegenden hatten uns oftmals darauf hingewiesen, daß ihr aggressives Verhalten eine
Reaktion auf das Verhalten der Patienten darstellte. Die befragten Patienten brachten das
aggressive Verhalten von Pflegenden nur bedingt mit ihrem eigenen Verhalten in Verbindung, nämlich zumeist nur dann, wenn sie sich aktiv gegen bestimmte Verhaltensweisen
von Pflegenden wehrten, indem sie sich beispielsweise beschwerten. Ansonsten fiel es
ihnen regelmäßig schwer, Ursachen für aggressives Verhalten zu benennen, und sie zogen zumeist die organisatorischen Bedingungen oder aber persönliche Defizite der Pflegenden als Erklärungsmuster hinzu.

Hinweisen möchten wir in diesem Zusammenhang nochmals auf die Begriffe
„schwieriger Patient" und „Schwester Rabiata", die auf ähnliche Weise verwandt wurden. Mit beiden Begriffen wurden Persönlichkeitsmerkmale und Verhaltensweisen beschrieben, die jeweils bei Patienten oder Pflegenden Gefühle wie Hilflosigkeit, Sich-Aus-
geliefertfühlen oder Wut und Zorn auslösten. Für uns wurde durch die Verwendung beider Begriffe deutlich, daß den Persönlichkeitsmerkmalen im Interaktionsprozeß zwischen
Pflegenden und Patienten ein hoher Stellenwert zukam und daß, ähnlich wie schon von
Schulz von Thun beschrieben, die Persönlichkeitseigenschaften der Beteiligten nicht als
interaktionsbedingt begriffen wurden. Pflegende wie auch Patienten erlebten diese Persönlichkeitseigenschaften also eher als durch sie nicht beeinflußbar.

Für uns wurde deutlich, daß im Zusammenhang mit unserem Thema häufig Kommu-
nikations- und Interaktionsprobleme von den Patienten angesprochen wurden. Vor diesem Hintergrund erschien es uns als recht verständlich, daß viele der befragten Patienten
sich eine durch Verstehen, gegenseitige Akzeptanz und menschliche Wärme geprägte Beziehung zu Pflegenden wünschten. Auch wenn es den Patienten nur bedingt möglich war,
die Defizite in der Kommunikation mit Pflegenden zu erkennen, gaben sie doch wichtige
Hinweise darauf, daß sie sich unverstanden fühlten. Das Gefühl des Nicht-Verstanden-
werdens stellte sich besonders dann als Problem dar, wenn die Patienten den Eindruck
hatten, daß sie an Pflegende Signale sandten und trotz vermeintlicher Deutlichkeit diese
nicht von den Pflegenden aufgegriffen wurden. Die Grenze zwischen einem Mißverstehen und einem absichtlichen Mißverstehen von Nachrichten der Patienten durch die Pflegenden nahm oft aus der Sicht der Patienten unscharfe Konturen an.

5. Kritische Würdigung und Ausblick

Abschließend wollen wir uns einigen kritischen Gedanken zur Untersuchung selbst und deren Ergebnissen widmen. Das wesentliche Ziel unserer Arbeit war es, einen Ausschnitt des Erlebens, der Gedanken, der Gefühle und der sich daraus ableitenden Verhaltensweisen von Patienten in pflegerischen Situationen inhaltlich zu erfassen und zu beschreiben. Uns war von Beginn der Untersuchung an bewußt, daß die Erfassung und Beschreibung individuellen Erlebens hohe Anforderungen an uns als Forscher stellt, da wir bei der Erfassung der Daten methodisch so vorgehen mußten, daß es den Befragten möglich sein würde, ihr persönliches Erleben in bezug auf unser Thema durch eine retrospektive Introspektion sich selbst zu vergegenwärtigen. Darüber hinaus mußten wir die Ergebnisse der Befragung auf eine Art und Weise aufbereiten, daß sie inhaltlich nicht verfälscht und dem Leser transparent werden. Während der Datenerhebungsphase und der Auswertungsphase traten Problem auf, die wir hier aufgreifen wollen. Durch sie wird verdeutlicht, daß im Forschungsprozeß Schwierigkeiten auftraten, mit denen wir lernen mußten umzugehen und die wir nur teilweise bewältigten.

Innerhalb der Auswertung des mündlichen Pretestes stellten wir fest, daß wir als Interviewer mit der Forschungsmethode des fokussierten Interviews gut zurecht kamen. Kritisch müssen wir aber festhalten, daß später bei der Auswertung der in der Hauptuntersuchung erhobenen Daten und dem damit verbundenen Anhören der Tonbandaufzeichnungen an mehreren Stellen zu erkennen war, daß unsere Fragetechnik und Gesprächsführung nicht immer den Anforderungen eines fokussierten Interviews entsprachen. So gelang es nicht in jedem Interview, den Befragten zu einer Introspektion zu bewegen, obwohl wir in den Gesprächen Ansätze des Interviewpartners erkennen konnten, auf die wir aber während des Gesprächsverlaufes nicht weiter eingegangen sind, sondern uns vornehmlich auf die Handlungsebene konzentriert haben. Kritisch müssen wir also festhalten, daß es bei einer besseren Schulung unserer Interviewtechnik den Patienten möglicherweise leichter gefallen wäre, durch eine retrospektive Introspektion Auskunft über als schädigend oder verletzend erlebte Verhaltensweisen von Pflegenden zu geben.

Die Daten, die wir durch unsere schriftliche Befragung erhalten konnten, erfüllten nicht nur unsere Erwartungen, sondern gingen teilweise weit darüber hinaus. Obwohl die Datenmenge, allein schon durch die Methode bedingt, nicht einen so großen Umfang wie bei der mündlichen Befragung einnehmen konnte, war die Qualität der erhobenen Daten wider Erwarten hoch. Es gelang uns, durch nur wenige Anregungsfragen die Befragten zu einer retrospektiven Introspektion zu bewegen, deren Ergebnisse sie uns auf vielfältigste und individuelle Art und Weise darlegten. Die schriftliche Befragung stellte also durchaus ein geeignetes Instrument dar, um Informationen über individuelles Erleben von Patienten zu erhalten. Auch unsere Vermutung, daß wir innerhalb der Selbstberichte vornehmlich Situationsbeschreibungen erhalten würden, die sich ausschließlich auf die Beschreibung der Handlungsebene von erlebten Situationen beschränken würden, bestätigten sich nicht. Es gelang den Probanden, uns zu vermitteln, was sie in den themenrelevanten Situationen gedacht und gefühlt hatten. Wie bereits beschrieben, lag hier das wesentliche Problem im Zugang zu den Patienten.

Abschließend können wir aber feststellen, daß es uns trotz einiger Probleme bei der methodischen Vorgehensweise gelungen ist, eine Fülle von Daten zusammenzutragen, in denen Patienten ihr Erleben von als schädigend oder verletzend beurteilten Verhaltensweisen von Pflegenden beschrieben.

Das zweite, wohl größere, Problem im Forschungsprozeß stellte die Aufbereitung der erhobenen Daten dar. Die uns von den Patienten beschriebenen Erlebnisse, Gefühle und Gedanken zu unserer Fragestellung erwiesen sich als so unterschiedlich und von den Vorerfahrungen, Motiven und Einstellungen der einzelnen Personen so abhängig, daß wir beschlossen, das Erleben von schädigenden oder verletzenden Verhaltensweisen für jede Person einzeln darzustellen, da nur so die Individualität des Erlebens von einzelnen Personen in ihrer Komplexität erfaßt werden konnte. Da wir aber gerade über die Persönlichkeiten der befragten Personen nur geringe Erkenntnisse hatten, fiel es uns ebenfalls schwer, das Erleben der einzelnen Befragten so darzustellen, daß es dem tatsächlichem Erleben dieser Person möglichst gerecht wurde. Während wir bei den Interviewpartnern durch die Vorgespräche und auch die längere Kontaktzeit vor, während und nach dem Interview einen gewissen Eindruck von den Persönlichkeiten gewinnen konnten, war uns dies bei der schriftlichen Befragung kaum möglich. Obwohl auch hier zu einigen Befragten ein telefonischer Kontakt hergestellt wurde, mußten wir uns bei der Beschreibung des Erlebens vornehmlich auf die schriftlichen Darstellungen der Patienten beschränken.

Um die Aussagen der Probanden nicht zu verändern, entschlossen wir uns, durch längere Zitate das Erleben der Einzelperson darzustellen. Bei der schriftlichen Befragung stellte uns dieses vor nicht allzu große Probleme, da die Selbstberichte aufgrund ihres Umfanges häufig in ganzer Länge dargestellt werden konnten. Bei den Interviews mußte jedoch eine Auswahl von Textstellen getroffen werden, die das Erleben der Patienten am geeignetsten widerspiegelten. Ferner mußten diese ausgewählten Textstellen in eine Reihenfolge gebracht werden, die es dem Leser ermöglicht, das Erleben des Patienten nachzuvollziehen. Obwohl wir hierbei unserer Meinung nach sehr gewissenhaft vorgegangen sind, möchten wir an dieser Stelle nicht behaupten, daß es uns immer gelungen ist, uns mit den Beschreibungen dem tatsächlichen Erleben dieser Personen ausreichend anzunähern. Um eine Auswahl geeigneter Interviewpassagen treffen zu können, mußten wir das Erleben der einzelnen Personen zunächst als Ganzes verstehen. Hierzu war es notwendig, eine Interpretation der Wortwahl, der dargestellten Zusammenhänge, der Einstellungen und Motivlagen der Befragten vorzunehmen. Daher ist das im Bearbeitungskomplex II beschriebene Erleben der Patienten schon wesentlich von unserer Interpretation des Datenmaterials abhängig, obwohl es sich hierbei vornehmlich um längere Zitate handelt. Mit unseren vorhandenen Fähigkeiten und Fertigkeiten haben wir versucht, unserem Anspruch, der Individualität unserer befragten Personen möglichst nahe zu kommen, gerecht zu werden. Durch die bewußt umfangreiche Verwendung wörtlicher Zitate sollte dem Leser daher die Möglichkeit gegeben werden, selbst interpretativ tätig zu werden. In dem dritten Bearbeitungskomplex der Einzelauswertungen flossen dann unsere persönlichen Interpretationsansätze zum „Gesagten" ein. Bei diesem Auswertungskomplex könnte der Leser andere Schlußfolgerungen aus den wörtlichen Zitaten ziehen, als wir sie an dieser Stelle gezogen haben. Da auch wir bei der Auswertung der Einzelinterviews eine längere Zeit benötigten, um unsere Interpretationen der Einzelbeschreibungen anzugleichen, erscheint uns dieses sogar als recht wahrscheinlich und sinnvoll.

Die Gesamtdarstellung der erhobenen Daten stellte uns vor noch größere Probleme, da wir uns hier vom Erleben der einzelnen Personen loslösen und in den Einzelinterviews gemachte Hinweise zu unserer Fragestellung abstrakt darstellen mußten. Wir stellten zudem fest, daß einige unserer gewonnenen Eindrücke mit den Ergebnissen der Vorüberlegungen und Literaturanalyse korrelierten. Viele der von den verschiedenen Autoren getroffenen Aussagen wurden in unserer Studie bestätigt. Daß hier eine genauere vergleichende Analyse nicht mehr von uns erarbeitet wurde, stellt sich als ein Defizit der Arbeit dar. Auch wurde das Ziel, die gewonnenen Daten einer analytischen Inhaltsanalyse zu unterziehen, nicht erreicht. Es sollten Kategorien gebildet werden, mit deren Hilfe ein Gesamtüberblick über das Erleben aller von uns befragten Personen gegeben werden sollte, um eventuell zum Abschluß der Arbeit einige mögliche Hypothesen formulieren zu können. Zum Abschluß der Einzeldarstellungen sahen wir uns jedoch auch aufgrund der Komplexität und Individualität der erhobenen Daten über das als schädigend oder verletzend erlebte Verhalten nicht in der Lage, „aussagekräftige" Kategorien zu bilden, mit deren Hilfe alle Dimensionen des Erlebens unserer Befragten hätten eingeordnet werden können. Zudem hätten die gebildeten Kategorien überprüft werden müssen, was uns aus zeitlichen Gründen nicht möglich war. Deshalb wiesen wir zum Abschluß der Auswertungsphase auf Probleme hin, die unserer Meinung nach erste Hinweise auf mögliche Zusammenhänge innerhalb unseres Forschungsfeldes geben können. Uns ist bewußt, daß die hier vorgestellten Problemkreise sich im wesentlichen auf unseren persönlichen Eindrücken aufbauen. Jedoch sind wir der Meinung, daß innerhalb dieser einige Hinweise auf mögliche Kategorien zur Inhaltsanalyse vom Patientenerleben zu finden sind. Wir konnten den Eindruck gewinnen, daß durch eine intensive Inhaltsanalyse des vorliegenden Datenmaterials weitreichende Schlußfolgerungen gezogen werden können. Jedoch reichte das Zeitbudget einer Diplomarbeit für eine derartige Analyse nicht aus. Die hier vorgestellten zusammengefaßten Ergebnisse dieser Exploration sind daher für uns als Forscher relativ ernüchternd, da wir uns gern noch intensiver mit dem gewonnenen Datenmaterial auseinandergesetzt hätten. Jedoch sind wir der Überzeugung, daß es uns gelungen ist, mit dieser Diplomarbeit dem Leser einen ersten Eindruck davon zu vermitteln, wie wichtig es für die professionelle Pflegepraxis ist, sich auch weiterhin mit der von uns bearbeiteten Fragestellung zu beschäftigen. Wir können uns vorstellen, daß sich aus unserer Diplomarbeit weitere interessante Forschungsfragen ableiten lassen.

Bei der Konzipierung unseres Forschungsvorhabens wählten wir bewußt eine Fragestellung, die die negativen Aspekte des Erlebens von pflegerischen Verhaltensweisen in den Mittelpunkt der Untersuchung rückten. Obwohl hierdurch teilweise für uns als Pflegende recht erschreckende und ernüchternde Ergebnisse davon, wie Patienten Verhalten von Pflegenden erlebten, zu Tage getreten sind, erachten wir diese Ausrichtung der Fragestellung auch heute noch als sinnvoll. Jedes Forschungsunternehmen kann immer nur einen Ausschnitt aus einem komplexeren Feld beleuchten. Wir haben uns auf diese Aspekte des Erlebens beschränkt, da wir glauben, daß hierdurch wertvolle Hinweise zur Verbesserung der pflegerischen Versorgung von Patienten herauskristallisiert werden können. Es war also keineswegs unsere Absicht, mit der Untersuchung Mängel der pflegerischen Praxis in den Vordergrund zu stellen, sondern wir wollten mit einer derartigen Darstellung vom Erleben der Patienten den Angehörigen unserer Berufsgruppe Hinweise darauf geben, wie pflegerische Arbeit effektiver ausgeführt werden kann. Dadurch, daß uns Pflegenden vor Augen gehalten wird, auf welche Art und Weise Patienten unser Verhalten erleben und welche zum Teil drastischen Folgen hieraus für den einzelnen Patienten erwachsen können, soll die Diskussion über verbessertes patientenorientiertes Pflegehandeln in der Praxis eingeleitet bzw. vorangetrieben werden.

In jeder Forschungsarbeit stellen sich die Forschenden zum Abschluß ihrer Studie die Frage, wie ihre Arbeit für die Praxis nutzbar gemacht werden kann und welche „Erkenntnisse" weiterer Beachtung und Erforschung bedürfen. Die möglichen Konsequenzen aus einer solchen Studie können von verschiedenen Seiten her betrachtet werden. Wir möchten den Leser abschließend mit unseren eigenen Gedanken und Schlußfolgerungen konfrontieren, um ihm zu verdeutlichen, daß auch eine persönliche Auseinandersetzung mit den Ergebnissen der Studie sinnvoll ist. Welchen Nutzen diese Studie für die Pflegeforschung und damit für die gesamte Berufsgruppe der Pflegenden hat und welche möglichen Veränderungen durch sie initiiert werden könnte, soll hier von uns nicht betrachtet werden.

Wir konnten während des Forschungsprozesses wichtige Erfahrungen sammeln, die unser zukünftiges Handeln in der Pflegepraxis nachhaltig beeinflussen werden. In einigen der uns von den Patienten geschilderten Erlebnisse erkannten wir Verhaltensweisen wieder, die auch wir während unserer beruflichen Tätigkeit zeigten. So wurde der gesamte Forschungsprozeß von Diskussionen begleitet, in denen wir eigenes Verhalten gegenüber Patienten rekonstruierten und analysierten. Die Ergebnisse der Studie dienten uns als wertvolle Hinweise, wie wir unser eigenes pflegerisches Handeln verbessern können. Diese Lernerfahrungen wollen wir dem Leser schlaglichtartig vorstellen.

Wir haben gelernt, daß
- der Aufbau einer tragenden menschlichen Beziehung zwischen uns und dem einzelnen Patienten eine wesentliche Voraussetzung zu einem sinnvollen und effektiven pflegerischen Handeln ist.
- wir bei jeder Begegnung mit einem Patienten die Wichtigkeit des Ereignisses erkennen müssen.
- wir einen Patienten nur dann verstehen können, wenn wir auch bereit sind, uns mit seinen Meinungen, Erwartungen, Vorstellungen und Motiven sowie seiner persönlichen Lebenssituation zu beschäftigen. Die Auseinandersetzung mit der Persönlichkeit und den Bedürfnissen des jeweiligen Patienten ist eine wesentliche Voraussetzung dafür, das eigene pflegerische Handeln der Individualität des Patienten anzupassen.
- Patienten uns als ganze Person wahrnehmen und nicht nur als die Ausführenden der Pflege. Persönliche Eigenschaften wie Hilfsbereitschaft, die Fähigkeit, sich in den anderen Menschen und seine Lebenssituation hineinzuversetzen, Toleranz, freundliches Auftreten und Kontaktfreudigkeit erleichtern es dem Patienten, uns als einen ihn unterstützenden Menschen wahrzunehmen.
- uns Patienten nur dann in unserem Handeln verstehen können, wenn wir es transparent machen und uns als ganze Person in den Interaktionsprozeß einbringen. Um mit dem Patienten eine auf Akzeptanz und Vertrauen basierende Beziehung aufzubauen, müssen

wir durch eine offene Kommunikation die Bedingungen, unter denen wir handeln, dem Patienten soweit offenlegen, daß er uns verstehen kann.

- die bestehende Arbeitsorganisation stets kritisch zu beleuchten und auf ihre Funktionalität in bezug auf die Bedürfniserfüllung von Patienten von uns zu überprüfen ist. Die bestehenden Strukturen werden durch uns geschaffen bzw. erhalten und sind daher auch von uns zu ändern.
- unsere eigenen Defizite im Wissen besonders aus der Kommunikations- und Interaktionspsychologie behoben werden müssen. Hierfür sind wir primär selbst verantwortlich.
- die Kritikbereitschaft der Patienten zu fördern ist, da sie die Evaluation unserer Arbeit unterstützt. Der offene Umgang mit Kritik und Reflexion unserer pflegerischen Arbeit durch die Patienten eröffnet uns die Möglichkeit, die Qualität unserer Leistung zu erkennen.
- wir eigenes aggressives Handeln gegenüber den Patienten als solches erkennen müssen, um so die Möglichkeit zu bekommen, die Ursachen zu analysieren und das aggressive Handeln zu verhindern. Dazu bedarf es nicht nur einer Reflexion der gesamten Pflegesituation, sondern auch einer Betrachtung unserer eigenen Persönlichkeit.
- wir für das Handeln unserer Berufskollegen im Arbeitsteam mitverantwortlich sind.
- nicht die Patienten, sondern wir uns verändern müssen.

Mit dieser kurzen Zusammenfassung unserer persönlichen Lernerfahrungen möchten wir unser Forschungsunternehmen und dessen Beschreibung abschließen. Wir sind froh darüber, daß wir im Rahmen einer Diplomarbeit ein Thema bearbeiten konnten, das uns zum Entwickeln eigener Gedanken anregte, so daß wir bisweilen den Druck der Prüfungssituation vergessen konnten. Die Erstellung dieser Studie unter den gegebenen Bedingungen einer Diplomarbeit erforderte die Aktivierung all unserer Ressourcen und wurde in dieser Form nur möglich, da uns Menschen unterstützten, die bereit waren, eigene Zeit zur Verfügung zu stellen und mit uns zusammen in einen Reflexionsprozeß zu treten.

Literaturverzeichnis

Abresch, J. (1981)
Warum und wie behandelt das Pflegepersonal manche Patienten schlechter als andere?
Deutsche Krankenpflegezeitschrift 34 : 6 : 336-342

Aggleton, P. und Chalmers, H. (1989) (übersetzt von **Philbert-Hasucha, S.)**
Pflegemodell und Pflegeprozeß
Deutsche Krankenpflegezeitschrift 42 : 5 : Beilage

Arbeitsgruppe Pflegeforschung im Deutschen Berufsverband für Krankenpflege e.V. **(1989)**
Was ist Pflegeforschung?
Handblatt

Aschenbach, G. und **Hilke, R. (1982)**
Zur Diagnostik menschlicher Aggressivität
in: **Hilke, R.** und **Kempf, W.**(Hrsg.)
Aggression, S. 424–444
Verlag Hans Huber, Bern, Stuttgart, Wien

Athlin, E. et al (1993)
Probleme des Esseneingebens bei schwer dementen Patientinnen unter den Aspekten „Verrichtung" und „Beziehung"
Pflege 6 : 2 : 120–128

Bartholomeyczik, S. (1981)
Krankenhausstruktur, Stress und Verhalten gegenüber Patienten
Technische Universität Berlin (BASIG), Berlin (West)

Baumgart-Fütterer, I. (1994)
Umgang mit dem Schamgefühl im Krankenhaus
Die Schwester / Der Pfleger 33 : 2 : 85–93

Bickhardt, J. (1993)
Der Patient als Partner
Die Schwester / Der Pfleger 32 : 2 : 90–100

Boeck, P. (1993)
Der Arbeitskreis Kunstfehler in der Geburtshilfe (AKG): Zehn Jahre Elternselbsthilfe
in: **Kranich, C.** und **Müller, C.** (Hrsg.)
Der mündige Patient – eine Illusion?, S.45–51
Mabuse Verlag, Frankfurt am Main

Böhm, A. (1993)
Zur psychischen Bewältigung von operativen Eingriffen
Deutscher Universitäts Verlag GmbH, Wiesbaden

Botschafter, P. und Moers, M. (1991)
Pflegemodell in der Praxis, 10. Folge
Myra E. Levine: Das Erhaltungsmodell der Pflege
Die Schwester / Der Pfleger 30 : 12 : 1070–1075

Botschafter, P. und **Steppe, H. (1994)**
Theorie und Forschungsentwicklung in der Pflege
in: **Schaeffer, D. et al.**(Hrsg.)
Public Health und Pflege, S. 72–86
Edition Sigma, Berlin

Chappuis, C. (1984)
Wir müssen lernen, Geduld zu haben
Krankenpflege Soins infirmiers 77 : 4 : 23–26

Dassen, T. und Buist, G. (1994)
Pflegewissenschaft – Eine Betrachtung unter systematischen Gesichtspunkten
in: **Schaeffer, D. et al.**(Hrsg.)
Public Health und Pflege, S. 87–102
Edition Sigma, Berlin
Dätwyler, B., Baillod, J. (1995)
„Mir ist es wichtig, nicht einfach so auf die Krankheit fixiert zu sein“,
Krankenschwestern sprechen über ihren Beruf
Pflege 8 : 1 : 59–69
Der Bundesminister für Arbeit und Soziales (Hrsg.) **(1980)**
Forschungsbericht 27, Humanität im Krankenhaus
Materialband Anhang 1
Materialband Anhang 2
Eigenverlag, Referat: Presse- und Öffentlichkeitsarbeit, Bonn
Der Bundesminister für Arbeit und Sozialordnung (Hrsg.) **(1983)**
Forschungsbericht 115, Von der krankheitsorientierten zur patientenorientierten Krankenpflege
Eigenverlag, Referat: Presse- und Öffentlichkeitsarbeit, Bonn
Deutsche Krankenhaus Verlagsgesellschaft mbH (Hrsg.) **(1992)**
Krankenhausrecht
Herstellung: satz und druck, Düsseldorf
Dörner und Selg (1995)
Psychologie und Wissenschaft – ihre Aufgaben und Ziele
in: **Dörner und Selg** (Hrsg.)
Psychologie, S. 15–29
Kohlhammer Verlag, Stuttgart, Berlin, Köln, Mainz
Eichhorn, S. (1976)
Krankenhausbetriebslehre, Band 2
Kohlhammer Verlag, Stuttgart, Berlin, Köln, Mainz
Elkeles, T. (1993)
Arbeitsorganisation in der Krankenpflege
Mabuse Verlag, Frankfurt am Main
Flade, A. (1988)
Wahrnehmung in: **Asanger, R. und Wenninger, G.** (Hrsg.)
Handwörterbuch der Psychologie, S. 833–838
Psychologie Verlags Union, München, Weinheim
Förster, P. und Kranich, C. (1993)
Wir fordern Patientenfürsprecherinnen oder „Patientenvertrauenspersonen“ an jedem Krankenhaus!
in: **Kranich, C. und Müller, C.** (Hrsg.)
Der mündige Patient – eine Illusion?, S.96–100
Mabuse Verlag, Frankfurt am Main
Friedrichs, J. (1990)
Methoden der empirischen Sozialforschung
Westdeutscher Verlag, Opladen
Ganser. M. (1993)
Aggressionsfördernde Strukturen
Krankenpflege 47 : 3 : 158–160
Gierl, H. und Höser, H. (1992)
Patientenzufriedenheit
Der Markt 31 : 2 : 78–85
Gilles, D.A. et al (1994)
Die Sicht vom Bett aus
Krankenpflege Soins infirmiers 87 : 5 : 22–23
Grond, E. (1991a)
Einsamkeit macht aggressiv
Altenpflege 16 : 7 : 412–414
Grond, E. (1991b)
Pflegende sollen ihre Gewalt aussprechen
Altenpflege 16 : 8 : 467–471
Grond, E. (1991c)
Geklärte Bedingungen mindern Gewalt
Altenpflege 16 : 9 : 529–535
Grond, E. (1992)
Bei steigender Nachfrage sinkt das Angebot
Altenpflege 17 : 1 : 34–44

Haldi, N. (1984)
„. . .ich rede dann sicher lauter als notwendig"
Krankenpflege Soins infirmiers 77 : 4 : 20–22

Hamacher, J. (1991)
Internationale Trends in den Patientenrechten
Krankenhaus Umschau 60 : 8 : 612–615

Hanemann, D. (1984)
Ein Teufelskreis
Krankenpflege Soins infirmiers 77 : 4 : 26–27

Haußer, K. (1982)
Forschungsinteraktion und Forschungskonzeption
in: **Huber, G. L. und Mandl, H. (Hrsg.)**
Verbale Daten, S. 61–78
Beltz Verlag, Weinheim und Basel

Heuser-Schreiber, H. (1983)
Patientenführung im Krankenhaus
Aesopus Verlag, Zug

Hron, A. (1982)
Interview
in: **Huber, G. L. und Mandl, H. (Hrsg.)**
Verbale Daten, S. 119–140
Beltz Verlag, Weinheim und Basel

Juchli, L. (1991)
Krankenpflege
Thieme Verlag, Stuttgart, New York

Kaiser, H. (1993)
Zwischen Liebe und Aggression – Zur Ethik pflegerischen Handlens
Pflege 6 : 2 : 96–101

Käppeli, S. (1995)
Zur Integration der Pflegewissenschaft in der Praxis
Pflege 8 : 1 : 27–36

Karrer, D. (1995)
Der Kampf um Unterschiede – Medizinisches Feld und Wandel des Pflegeberufes
Pflege 8 : 1 : 43–48

Kellnhauser, E. (1991)
Die Bedeutung einer Pflegephilosophie für die Pflegepraxis
Die Schwester / Der Pfleger 30 : 12 : 1098–1101

Kesselring (1991)
Pflege wider den Willen des Patienten?
Pflege 4 : 3 : 195–198

Klessmann, M. (1992)
Ärger & Aggression in der Kirche
Vandenhoeck & Ruprecht, Göttingen

Klessmann, M. (1994)
Aggression im Krankenhaus
Pflegezeitschrift 47 : 9 : 495–499

Knoblich, H. und Stegmüller, B. (1989)
Zufriedenheit der Patienten im Klinikum Göttingen -eine empirische Untersuchung
Krankenhaus Umschau 58 : 1 : 28–31

Kranich, C. (1993)
Patientenstellen: Orientierung, Hilfe und Ermutigung im Gesundheitswesen
in: **Kranich, C. und Müller, C. (Hrsg.)**
Der mündige Patient – eine Illusion?, S. 16–23
Mabuse Verlag, Frankfurt am Main

Kranich, C. und Müller, C. (Hrsg.)
Der mündige Patient – eine Illusion?
Mabuse Verlag, Frankfurt am Main

Krankenhausfinanzierungsgesetz vom 21. Dezember 1992
in: **Deutsche Krankenhaus Verlagsgesellschaft mbH** (Hrsg.)
Krankenhausrecht, S. 9–24
Herstellung: satz und druck, Düsseldorf

Krankenpflegegesetz vom 4. Juni 1985
in: **Deutsche Krankenhaus Verlagsgesellschaft mbH** (Hrsg.)
Krankenhausrecht, S. 297–308
Herstellung: satz und druck, Düsseldorf

Krech, D. und **Crutchfield, R. S.** (Hrsg.) **(1992)**
Grundlagen der Psychologie
Beltz Psychologie Verlags Union, Weinheim

Krohwinkel, M. (1993)
Der Pflegeprozeß am Beispiel von Apoplexiekranken
Nomos Verlagsgesellschaft, Baden-Baden

Kromrey, H. (1990)
Empirische Sozialforschung
Leske und Budrich, Opladen

Kürten, C. (1987)
Texte zur Patienten-Wirklichkeit
CK-Verlag Dr. Sidow, München

Leithäuser, T. und **Volmerg, B. (1988)**
Psychoanalyse in der Sozialforschung
Westdeutscher Verlag, Opladen

Lowe. T. (1993)
Merkmale effektiver Pflegeinterventionen im Umgang mit herausforderndem Verhalten
Pflege 6 : 2 : 102–109

Lübcke, P. (1994)
Hans-Georg Gadamer: Wahrheit und Methode
in: **Hügli, A.** und **Lübcke, P.** (Hrsg.)
Philosophie im 20. Jahrhundert, Band 1, S. 200–213
Rowohlt Taschenbuch Verlag, Reinbek bei Hamburg

Marriner-Tomey, A. (1992)
Pflegetheoretikerinnen und ihr Werk
Recom Verlag, Basel

Mayring, P. (1993)
Qualitative Inhaltsanalyse, 4., erweiterte Auflage
Deutscher Studien Verlag, Weinheim

Merton, R. K. und **Kendall P. L. (1993)**
Das fokussierte Interview
in: **Hopf, C.** und **Weingarten, E.** (Hrsg.)
Qualitative Sozialforschung, S. 171–204
Klett Verlag, Cotta

Noelle-Neumann, E. (1988)
Forderungen des Bürgers an seine Gesundheitsversorgung – Eine Darstellung auf der Grundlage einer aktualisier-
ten Bürgerbefragung
Krankenhaus Umschau 57 : 7 : 511–513

Norberg, A. (1994)
Entscheidung für Ethik – aber für welche?
Krankenpflege Soins infirmiers 87 : 5 : 10–15

Oud, N. (1993)
Aggression und Gewalt: Wie kann Pflege damit professionell umgehen?
Pflege aktuell 47 : 10 : 614–617

Püsschel, M. (1993)
Die Patientenbeschwerdestelle des Städtischen Krankenhauses Solingen
in: **Kranich, C.** und **Müller, C.** (Hrsg.)
Der mündige Patient – eine Illusion?, S. 89–95
Mabuse Verlag, Frankfurt am Main

Raspe, H.-H. (1983)
Aufklärung und Information im Krankenhaus
Vandenhoeck & Ruprecht, Göttingen

Rauchfleisch, U. (1992)
Allgegenwart von Gewalt
Vandenhoeck & Ruprecht, Göttingen

Rohde, J. J. (1975)
Der Patient im sozialen System des Krankenhauses
in: **Ritter-Röhr, D.** (Hrsg.)
Der Arzt, sein Patient und die Gesellschaft, S. 167–210
Suhrkamp Verlag, Frankfurt am Main

Roper, N., Logan, W. N., Tierney, A. J. (1987)
Die Elemente der Krankenpflege
Recom Verlag, Basel

Rosenstiel, L. von (1992)
Grundlagen der Organisationspsychologie Schäffer-Poerschel Verlag, Stuttgart

Rüegg-Dual, R. (1993)
Dreizehn Jahre Patientenstelle Zürich – Entwicklung eines erfolgreichen Projekts
in: **Kranich, C.** und **Müller, C.** (Hrsg.)
Der mündige Patient – eine Illusion?, S.24–30
Mabuse Verlag, Frankfurt am Main

Russ, L. und **Wohlmannstetter, V. (1987)**
Durchführung und Ergebnisse einer Patientenbefragung im Krankenhaus
Krankenhaus Umschau 56 : 1 : 23–26

Schieman, D. (1990)
Zur Qualitätssicherung in der Krankenpflege
Deutsche Krankenpflegezeitschrift 43 : 7 : 526–529

Schmidbauer, W. (1992)
Helfen als Beruf
Rowohlt Verlag, Reinbek bei Hamburg

Schmied, K. und **Ernst, E. (1984)**
Nachbesprechung sollte therapeutische Regel werden
Krankenpflege Soins infirmiers 77 : 4 : 34–38

Schneider, W. (1983)
Der schwierige? Patient
Recom Verlag, Basel

Schnieders, B. (1994)
Krankenpflege – Ein Berufsbild im Wandel
Mabuse Verlag, Frankfurt am Main

Schönpflug, W. und **Schönpflug, U. (1983)**
Psychologie
Urban & Schwarzenberg Verlag, München, Wien, Balitimore

Schröck, R. (1991)
Das Beginnen und das Beenden einer Beziehung
Deutsche Krankenpflegezeitschrift 44 : 10 : 699–705

Schulz, B. (1995)
Mehr Menschlichkeit
Pflegezeitschrift 48 : 3 : 169

Schulze, H. (1989)
Organisationsgestaltung und strategische Organisationsanalyse
Dunker & Humbolt Verlag, Berlin

Schulz von Thun, F. (1994a)
Miteinander reden 1
Rowohlt Taschenbuch Verlag, Reinbeck bei Hamburg

Schulz von Thun, F. (1994b)
Miteinander reden 2
Rowohlt Taschenbuch Verlag, Reinbeck bei Hamburg

Schützendorf, E. (1994)
Die alltägliche Gewalt in der Pflege
Die Schwester / Der Pfleger 33 : 1 : 54–58

Selg, H. und **Mees, U. (1975)**
Menschliche Aggressivität
Hogrefe Verlag, Göttingen, Toronto, Zürich

Selg, H. und **Mees, U.** und **Berg, D. (1988)**
Psychologie der Aggressivität
Hogrefe Verlag, Göttingen, Toronto, Zürich

Siegrist, J. (1978)
Arbeit und Interaktion im Krankenhaus
Ferdinand Enke Verlag, Stuttgart

Siegrist, J. (1988)
Medizinische Soziologie
Urban & Schwarzenberg, München, Wien, Baltimore

Sowinski, C. (1989)
Stellenwert der Ekelgefühle im Erleben des Pflegepersonals
Pflege 3 : 3 : 178–187

Sperl, D. (1994)
Qualitätssicherung in der Pflege
Schlütersche Verlagsanstalt und Druckerei GmbH & Co, Hannover
Staehle, W. (1991)
Management
Vahlen Verlag, München
Stegmann, I. (1994)
„Nervige" Patient/-innen – gereiztes Personal
Pflegezeitschrift 47 : 9 : 502–503
Steinert, T. (1993)
Der aggressive Patient in der Psychiatrie
Die Schwester / Der Pfleger 32 : 7 : 577–582
Steppe, H. (1990a)
Pflegemodelle in der Praxis, 1. Folge
Entwicklung und Strukturmodelle
Die Schwester / Der Pfleger 29 : 4 : 291–293
Steppe, H. (1990b)
Pflegemodell in der Praxis, 2. Folge
Virginia Henderson
Die Schwester / Der Pfleger 29 : 7 : 584–588
Steppe, H. (1990c)
Pflegemodell in der Praxis, 4. Folge
Faye G. Abedellah – 21 Pflegeprobleme
Die Schwester / Der Pfleger 29 : 12: 1046–1050
Steppe, H. (1991a)
Pflegemodelle in der Praxis, 6. Folge
Ida Jean Pelletier (geb. Orlando), Die analytische Beziehung zwischen Patient und Pflegeperson
Die Schwester / Der Pfleger 30 : 4 : 312–317
Steppe, H. (1991b)
Pflegemodelle in der Praxis, 7. Folge
Ernestine Wiedenbach, Die helfende Kunst der klinischen Krankenpflege
Die Schwester / Der Pfleger 30 : 6 : 506–512
Swertz, P. und Steiniger, S. (1987)
Vergleichende Patientenbefragung – Ein Service-Angebot für Krankenhäuser
Krankenhaus Umschau 56 : 10 : 828–831
Thöny, A. (1994)
Subtile Gewalt – Ausdruck verborgener Aggression
Krankenpflege Soins infirmiers 87 : 2 : 48–55
Weidner, F. (1995)
Professionelle Pflegepraxis – ausgewählte Ergebnisse einer Untersuchung auf der Grundlage eines handlungs-
orientierten Professionalisierungsverständnisses
Pflege 8 : 1 : 49–58
Wöhe, G. (1990)
Einführung in die Allgemeine Betriebswirtschaftslehre
Verlag Vahlen, München

Anhang

Anlage 1

Nebenwirkung:

Es ist erreicht:
Die Organisation
funktioniert perfekt!

Täglich kommen
im Durchschnitt
achtundzwanzig
verschiedene Mitarbeiter
ans Bett des Patienten.

Täglich wechseln
viele Gesichter –
nach vier Wochen
sind es bereits
sechsundneunzig
verschiedene Menschen,
die Hand anlegen.

Diese Arbeitsteilung,
verbunden mit dem
Rationalprinzip,
der Mitarbeiter,
gewährleistet den
reibungslosen,
störungsfreien Betrieb.

Irgendwelche Nachteile
bekannt?
Nein, eigentlich nicht –
nur gelegentlich
ist die völlige Vereisung
eines Herzens
zu beobachten.
          (Kürten 1987, 23)

Der kleine Unterschied:

Tränen
eines Menschen
berühren –
sie führen zu
Aufmerksamkeit,
Zuwendung
und oft auch
zu einem
verstehenden Gespräch.

Tränen
eines Patienten
verstimmen,
konfrontieren sie doch
mit den Grenzen
der eigenen
Fähigkeiten;
überfordern sie
doch nur zu oft
die eigenen
seelischen Kräfte.

Die Konsequenz
im besten Fall:

Schweigen.

(Oder
das Angebot
einer Spritze)
          (Kürten 1987, 29)

Pflege im Akkord

Wenn von
acht Mitarbeitern
einer Schicht
nur drei
zum Dienst erscheinen,
dann geht das so:

Die Tür platzt auf,
Zeit zum Anklopfen
ist nicht.

„Wir kommen zum Drehen!"
Zeit für einen Morgengruß
ist nicht.

Wie ein Stück Holz
wird der Patient vom Rücken
auf die Seite gedreht.
Zeit für Behutsamkeit
ist nicht.

Die Spritze
wird abgedrückt
wie eine Pistole.
Dreißig Sekunden,
wie sonst,
gibt es nicht.

„Noch einen Wunsch?"

Zeit
für eine Antwort
bleibt nicht.
            (Kürten 1987, 33)

Gebet:

Wenn es Dich
überhaupt gibt, dann
hilf mir,
bitte hilf mir!

Ich kann
meinen Kopf
und meine Arme
noch bewegen,
aber alles andere
spüre ich
nicht mehr.

Ich rauche viel
und lebe
fast nur noch
von Kaffee
und Zigaretten.

Angst
vor dem Tod
habe ich nicht.

Angst
habe ich
nur noch vor Hilfe.

Behüte mich
vor der Berührung
durch Ärzte,
die über
meine Schmerzen,
meine Tränen
lachen,
Tränen
lachen.

Bewahre mich
vor der Berührung
von Pflegern
und Schwestern,
die mich
als Fall
streng
nach Vorschrift
behandeln.

Wenn's mit mir
soweit ist,

dann sorge dafür,
daß mich
niemand bemerkt,
wenn ich mich
auf den Weg mache
zu Dir –
in einer Winternacht
im warmen Schnee.

            (Kürten 1987, 50, 51)

Entmündigung

Schweigend
liest ein Pfleger
diese Texte
an der Wand
meines Zimmers.

Wortlos
wendet er sich ab
und will
mein Zimmer
verlassen.

„Warum sagen Sie
nichts dazu?"

frage ich ihn,

„Sie machen ein
so zorniges Gesicht!"

Die
präzise
Antwort:

„Solange Sie liegen,
sind Sie
kein Gesprächspartner
für mich!"
(Kürten 1987, 62)

Schwarzmarkt

Jedes
autoritäre System
hat ihn.

Gesetze,
Gebote,
Verbote,
Anordnungen
und
Hausordnungen
bringen in
zum Blühen.

Die Ware:

Vom Klinikpersonal
wird vermarktet:

Die verbotene Zigarette,
zusätzliches Duschen,
verlängerte Besuchszeit.

Die Währung?

Die Patienten
zahlen mit

Schweigsamkeit,
Duldsamkeit,
Gehorsamkeit.
(Kürten 1987, 63)

Anlage 2

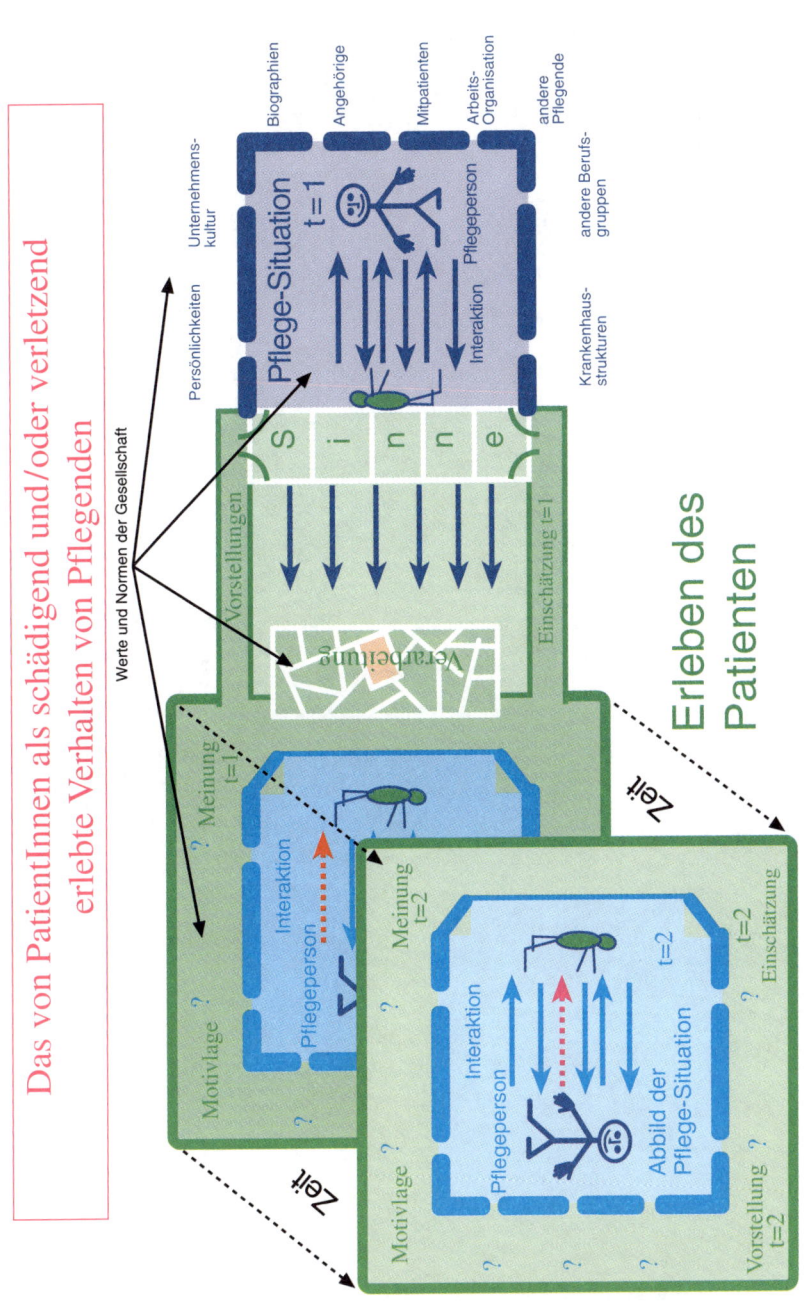

Anlage 3

Interviewleitfaden

---

1. Einleitung durch den Interviewer

- Vorstellung des Themas und Allgemeines
  - Unsere Fragestellung lautet: „Über das von PatientInnen als schädigend und / oder verletzend erlebte Verhalten von Pflegenden."
  - Wir möchten mit Ihnen über Ihre Erfahrungen mit Pflegenden sprechen
  - Es geht in diesem Gespräch nicht nur um die Berufsgruppe der Pflegenden, sondern um das Verhalten einzelner Pflegender Ihnen gegenüber
  - Nur wenn Pflegende von PatientInnen erfahren, was diesen an ihrem Handeln nicht gefällt, können sie ihr Handeln positiv verändern
  - Es geht um unterschiedlichste Aspekte von Pflege
  - Pflege soll von uns nicht schlecht geredet werden
- Länge des Interviews
- Tonbandaufnahme
- Anonymität
- offenes Gespräch, wenig Fragen
- Freiwilligkeit; Soll nur das erzählen, was er wirklich erzählen möchte
- Namen von Pflegenden und Einrichtungen sollten nicht genannt werden
- Warum haben wir gerade diese Patientengruppe angesprochen?

2. Einordnungsphase; Aufwärmphase

Fragen zur Person:
- Um uns in Ihre persönliche Lage hineinversetzen zu können, wäre es uns ganz lieb, wenn Sie sich selber einmal kurz vorstellen könnten
  - Alter
  - Beruf
  - Erkrankung
  - Pflegeprobleme
- Könnten Sie sich vorstellen, daß Pflege Ihnen in Ihrer momentanen Situation hilfreich wäre?
- Beweggründe zum Anschluß an die Selbsthilfegruppe

Bild von Pflege:
- Pflegeprobleme während des letzten Krankenhausaufenthaltes
- In welchen Situationen sind Sie mit Pflegenden in Kontakt gekommen?
- Welche Pflegehandlungen wurden mit Ihnen durchgeführt?

- Konnte die Pflege bei der Bewältigung Ihrer Probleme behilflich sein?
- Welche Erwartungen haben Sie an die Pflege im Krankenhaus?
- Waren Sie mit der Pflege zufrieden?

3.   Fokussierung des Gespräches

- Nachdem wir Sie genauer kennengelernt haben, möchten wir nun auf unser Thema zu sprechen kommen

  Auf zuvor gemachte Hinweise des Interviewpartners, die auf unser Thema hindeuten, eingehen!

- Fragen, die auf das Thema gerichtet sind und auf jeden Fall gestellt werden sollen:

---

1. Fühlten Sie sich während Ihrer letzten Krankenhausaufenthalte irgendwann, auf irgendeine Art und Weise von Pflegenden geschädigt oder verletzt?
2. War Ihnen gegenüber einmal eine Pflegeperson gereizt und hat sich dies auch in ihrem Handeln ausgedrückt?
3. Gab es Handlungen von Pflegenden, durch die Sie sich geschädigt fühlten, die aber in keinem Zusammenhang mit einer gewissen Gereiztheit der Pflegenden auftraten?

Erleben des Interviewpartners in themenrelevanten Situationen

---

A.   Handlungsebene

- Was hat sich zugetragen?
  - Zeit
  - Ort
  - beteiligte Personen
  - Reaktionen aller Beteiligten
- Welches Verhalten wurde als schädigend / verletzend erlebt?
- Welche Reaktionen zeigte der Interviewpartner?
  - Meidung der Pflegekraft
  - Hinnehmen; „in sich hineinfressen"
  - Aktiv werden: z. B. Beschweren, Gespräch suchen

B.   Gefühlsebene/Eigenreflexion

Allgemein:
- Was haben Sie in der Situation empfunden?
- Was haben Sie in der Situation gedacht?
- Beschreibung der Beziehung zum Pflegenden
- Konnte sich ein Vertrauensverhältnis aufbauen?
- Was empfinden Sie jetzt?
- Würden Sie sich heute noch einmal in diesem Krankenhaus/auf dieser Station pflegen lassen?

Speziell:
- Wie wird der Schaden beschrieben?
  - körperlich
  - psychisch
  - sozial
- Wie hat sich das Verhalten ausgewirkt?
- Wurde das Verhalten als aggressiv erlebt?
  - War das Verhalten gegen Sie selbst gerichtet?
  - Warum ist gerade „mir" dies passiert?

C.   Einordnung/Wertung

- Gab es eine Vorgeschichte?
- Was gab es für Einflüsse von außen auf die Situation?
  zum Beispiel:
  - Arbeitsorganisation
  - Krankenhausstrukturen
  - andere Berufsgruppen
  - Mitpatienten
- Beschreibung der Persönlichkeit der Pflegekraft
  - Sympathie
  - Antipathie
  - Beziehung
- Ist dies eine Situation, die häufiger vorkommt, oder war dies eher eine Ausnahmesituation?
- Können Sie sich an ein ähnliches Erlebnis erinnern?

4.   Abschluß des Interviews

- Unabhängig von Ihren jetzt geschilderten Erfahrungen;
  Welche Verhaltensweisen von Pflegenden würden Sie ebenfalls als schädigend einordnen?
- Was haben Sie bei anderen PatientInnen beobachtet?
- Was haben Ihnen andere berichtet?

- Haben Sie den Eindruck, daß bestimmte Patientengruppen unter oben genannten Verhaltensweisen mehr leiden als andere?
- Haben Sie über Ihre Erfahrungen schon einmal mit jemanden gesprochen?
- Gab es im Krankenhaus eine Person Ihres Vertrauens?
- Was fällt Ihnen zu diesem Thema spontan noch ein?
- Was können Sie sich vorstellen?
    - Ansätze zu positiven Veränderungen in der Pflege
    - Wie kann man diese Probleme lösen?

Anlage 4

– Patientenbefragung –

Liebe Patienten und Patientinnen!

Wir sind Pflegende, die im 7. Semester Krankenpflegemanagement an der Fachhochschule Osnabrück studieren, und führen im Rahmen unserer Diplomarbeit eine schriftliche Patientenbefragung durch.

In dieser Befragung möchten wir gerne Patienten ansprechen, die aufgrund ihrer Erkrankung in den letzten Jahren im Krankenhaus waren und dort unterschiedliche Erfahrungen mit der Pflege und den Pflegenden sammeln konnten.

Wir glauben, daß Patienten in der Krankenhausrealität nicht nur positive Erfahrungen mit der Pflege sammeln, doch wird dies nur selten offen ausgesprochen.
Das Thema unserer Diplomarbeit lautet daher:

Was nehmen Patienten als schädigendes bzw. verletzendes Verhalten
von Pflegenden wahr?

Durch Ihre Teilnahme an der Befragung können Sie dazu beitragen, daß Pflegende ihr Handeln und Verhalten überdenken und sich mit möglichen Veränderungen auseinandersetzen.

Bei der Auswertung der Fragebögen garantieren wie Anonymität!!

Wir bedanken uns ganz herzlich für Ihr freundliches Engagement. Vielleicht können Sie sich heute mal etwas von der Seele schreiben; ganz sicher aber helfen Sie zwei Studenten bei einer wichtigen Arbeit und dafür nochmals

HERZLICHEN DANK !!!

Astrid Elsbernd   Ansgar Glane
Augustenburger Straße 9   Heinrich-Schmedt-Straße 82
49078 Osnabrück   49124 Georgsmarienhütte

Fragebogen

Zur Einleitung möchten wir Ihnen kurz einige allgemeine Fragen stellen.

1. Wie alt sind Sie?

<table><tr><td>

</td></tr></table>

Sind Sie:

☐ weiblich   ☐ männlich

2. Welchen Beruf üben bzw. haben Sie ausgeübt?

_____

3. Wann war Ihr letzter Krankenhausaufenthalt (Jahr | Monat)?

_____

4. Wie lange haben Sie damals im Krankenhaus gelegen?

_____

5. Unter welcher Erkrankung hatten Sie dabei gelitten?

_____

6. Waren Sie schon öfter im Krankenhaus?

☐ nein, dies war das erste Mal

☐ ja,
Wie oft? ____ mal

7. Lesen Sie sich bitte nun die nächsten drei Fragen in aller Ruhe durch.

> **1. Fühlten Sie sich während Ihres letzten Krankenhausaufenthaltes irgendwann einmal in irgendeiner Weise durch das Verhalten oder durch Handlungen von Pflegenden geschädigt bzw. verletzt?**
> **2. War Ihnen gegenüber eine Pflegeperson schon einmal gereizt und hat sich dies auch in ihrem Handeln ausgedrückt?**
> **3. Gab es Handlungen von Pflegenden, durch die Sie sich geschädigt fühlten, ohne daß diese Handlungen im Zusammenhang mit einer gewissen Gereiztheit der Pflegenden auftraten?**

**Wir bitten Sie, uns nun Ihre Gedanken und Erlebnisse
anhand folgender Aspekte zu beschreiben:**

a) Was hat sich zugetragen?
b) Wie haben Sie sich in der Situation gefühlt?
c) Wie haben Sie in der Situation reagiert?

**Wie Sie die Fragen beantworten, bleibt selbstverständlich Ihnen selbst überlassen.
Sie können die Fragen einzeln beantworten, einen zusammenhängenden ‚Bericht'
aufschreiben oder aber in Stichworten all das zusammentragen, was Ihnen zu diesen Fragen wichtig erscheint.**

Auf den nächsten Seiten befinden sich daher einige leere Blätter, denen Sie natürlich auch noch weitere hinzufügen können.

**Wenn Sie über die Fragen hinaus noch Anregungen haben:
Schreiben Sie diese für uns auf!!**

Bitte legen Sie den beantworteten Fragebogen in den beigefügten Briefumschlag und senden Sie ihn an uns zurück!

HERZLICHEN DANK !!!

Anlage 5

Zur Auswertung der Interviews

I. Bearbeitungskomplex

1. Allgemeines/Vorstellung der Person
– Länge des Interviews
– Alter
– Ausdrucksvermögen
– unser Eindruck
– Engagement in der Selbsthilfegruppe

2. Selbstbild der Person
– Wie sieht die Person sich selber?
– Auswirkungen der Krankheit
– Verbindungen zum Thema
– Wie sieht er seine Stellung im Krankenhaus?

3. Bild der Person von Pflege
– Einschätzung der Pflegenden (tatsächlich erlebt)
– Erwartungen an Pflegende (realistisch)
– Wunschvorstellungen an die Pflegenden

4. Wie klar war der Person das Thema?
– Vorverständnis vom Thema
– Mußten Informationen gegeben werden?
– Wie nähert sich die Person dem Thema?

II. Bearbeitungskomplex

In diesem Komplex wollen wir in erster Linie mit Zitaten arbeiten!
Was erzählt uns die Person zum Thema?
Patienten selber sprechen lassen

1. Schädigung/Verletzung/negative Folgen
– genaue Beschreibung
– nach Möglichkeit situationsunabhängige Zitate (eher allgemein)

2. Ursächliche/zugrundeliegende Situationen (Verhalten von Pflegenden)
– in die Tiefe gehen

– gesamtes Erleben
– Erlebnisse, in denen das Verhalten der Pflegenden auf dritte Personen gerichtet ist
  (Bedeutung; was hat es in der Person bewirkt?)

3. Bewertung
– Welche Zusammenhänge erkennt die Person?
– nur, wenn die Person über ihr Erleben hinaus reflektiert

III. Bearbeitungskomplex

Resümee:
– Was haben wir gehört?
– Wie haben wir das verstanden?
– mit unseren Worten beschreiben
– Welche Aspekte wurden zu Tage gefördert?

Anlage 6

Zur Auswertung der schriftlichen Befragung

I.   Bearbeitungskomplex

1. Allgemeines zur Person
2. Kontakte zur Person: zum Beispiel auch Telefongespräche
3. In welcher Art und Weise wurde auf die Anregungsfragen geantwortet?
   - Stil: zusammenhängender Bericht, Stichworte
   - emotionale Tiefe und Detaillierungsgrad des Berichtes
   - Hinweise auf die Intention des Verfassers

II.   Bearbeitungskomplex

- Bei kurzen Beschreibungen wird der gesamten Text dargestellt.
- Bei längeren Beschreibungen werden wesentlich Inhalte zusammenfaßt:
  Negative Folgen – Situationen – Wertungen

III. Bearbeitungskomplex

1. Wie wirkte der Text auf uns?
2. Benennung von wesentlichen Aspekten.

Sachwortverzeichnis

Pflege-
forschung

LoBiondo-Wood/Haber
Pflegeforschung
1996. ca. 640 Seiten, ca. 40 s/w-Abbildungen,
ca. 55 Tabellen
Format 17.0 cm x 24.0 cm
Gebunden
ISBN 3-86126-527-3

Deutsche Übersetzung der dritten Auflage von „Nursing Research" (Mosby, 1994).
Herausgeberin der deutschen Ausgabe: Angelika Zegelin, Dortmund.
Mit einem Geleitwort von Prof. Dr. Ruth Schröck

Mit diesem Werk liegt zum erstenmal ein umfassendes Lehrbuch zur Pflegeforschung in deutscher Sprache vor. Die Autorinnen beschreiben die Pflegeforschung als integralen und notwendigen Bestandteil aller Stufen der Pflegebildung und -praxis. Die große Bedeutung der Forschung für die Pflegepraxis wird in diesem Grundlagenwerk eingehend erläutert, wobei der Forschungsprozeß detailliert und verständlich in all seinen Einzelschritten dargestellt wird. Der Leser wird so befähigt, Forschungsergebnisse kritisch zu lesen, auszuwerten und schließlich erfolgreich anzuwenden. Neben der umfassenden Darstellung der quantitativen Pflegeforschung, geht das Buch auch ausführlich auf die qualitative Pflegeforschung ein, deren Ansätze und Methoden eine kritische Würdigung erfahren. Eine klare Gliederung, ein leserfreundliches Layout und zahlreiche anschauliche Beispiele machen dieses Buch zu einem praxisnahen Lehrbuch. Das Buch wendet sich an alle Pflegepraktiker, an Studenten der Pflegestudiengänge, an Weiterbildungsteilnehmer wie auch an Lehr- und Leitungskräften in der Pflege.

Ullstein Mosby
Kreuzberger Ring 66
65205 Wiesbaden
Tel. (06 11) 7 40 33 - 33
Fax (06 11) 70 26 30

**ULLSTEIN
MOSBY**

Essenreichen in der Pflege

Siegfried Borker
Essenreichen in der Pflege
Eine empirische Studie
1995. 194 Seiten, 20 s/w Abbildungen, 2 Farbtafeln, 5 Tabellen
Format 14.5 x 21.5 cm
Broschur
ISBN 3-86126-551-6
Reihe Pflegeforschung
Geleitwort von Prof. Dr. Ruth Schröck

Die Reihe Pflegeforschung von Ullstein Mosby widmet sich der exemplarischen Darstellung einer systematischen, wissenschaftlichen Erforschung und Erweiterung des Wissensbestandes der professionellen Pflege.

Die vorliegende, qualitative Studie hat eine alltägliche pflegerische Handlung - das Essenreichen in der Pflege - zum Gegenstand. In nachvollziehbarer Weise werden die einzelnen Schritte des Forschungsprozesses dargestellt. Die erhobenen Daten wurden u.a. aus Befragungen mit Pflegenden und aus Beobachtungen beim Essensreichen im Patienten/Bewohnerzimmer gewonnen.

Eine Fotodokumentation, die der Autor begleitend zur Forschungsarbeit erstellt hat, illustriert und veranschaulicht eindrucksvoll die Darstellung. Neueste pflegewissenschaftliche Erkenntnisse und nützliche, sich aus der Studie ergebende Anregungen für die Pflegepraxis werden verständlich vermittelt.

Die Studie wurde wissenschaftlich von Frau Prof. Dr. Ruth Schröck, Professorin für Krankenpflege an der Fachhochschule Osnabrück begleitet.

Besonders wichtig für Studenten der Pflegewissenschaft, -pädagogik und -management, Lehr- und Leitungskräfte in der Pflege und Pflegepraktiker.

Ullstein Mosby
Kreuzberger Ring 66
65205 Wiesbaden
Tel. (06 11) 7 40 33 - 33
Fax (06 11) 70 26 30

**ULLSTEIN
MOSBY**